Sache(n) des Sachunterrichts

Dokumentation einer Tagungsreihe

1997 – 2000

herausgegeben von

Gertrud Beck
Marcus Rauterberg
Gerold Scholz
Kristin Westphal

Johann Wolfgang Goethe-Universität
Frankfurt am Main 2002

Frankfurter Beiträge zur Erziehungswissenschaft
Reihe Kolloquien

im Auftrag des Vorstandes
des Fachbereichs Erziehungswissenschaften
der Johann Wolfgang Goethe-Universität
herausgegeben von
Frank-Olaf Radtke

© Fachbereich Erziehungswissenschaften der
Johann Wolfgang Goethe-Universität
Frankfurt am Main 2002

Hergestellt: Books on Demand GmbH

Die Deutsche Bibliothek – CIP-Einheitsaufnahme

Sache(n) des Sachunterrichts : Dokumentation einer Tagungsreihe 1997 - 2000 / Johann-Wolfgang-Goethe-Universität Frankfurt am Main. Hrsg. von Gertrud Beck .... – Korrigierte Neuaufl.. – Frankfurt am Main : Fachbereich Erziehungswiss. der Johann-Wolfgang-Goethe-Univ., 2002
(Frankfurter Beiträge zur Erziehungswissenschaft : Reihe Kolloquien ; 4)

ISBN 3-9806569-3-4

Inhalt

'Sache(n) des Sachunterrichts'
Dokumentation einer Tagungsreihe 1997 – 2000

5 | *Vorwort zu diesem Band*

Teil I: Erkenntnistheoretische Orientierungen

11 | *Einleitung*

13 | *Leibhaftige Vernunft –*   Käte Meyer-Drawe
      Skizze einer Phänomenologie der
      Wahrnehmung

26 | *Was wissen wir über das Denken des Kindes?*   Elfriede
      Neue empirisch-psychologische Zugänge   Billmann-Mahecha
      zum Weltbild des Kindes – vorgestellt am
      Beispiel „Geschichtsbewußtsein"

42 | *Bits als Universal- und Elementarzeichen*   Bernhard Vief
      Transplantation im Digitalen

Teil II: Zum Verhältnis von Ästhetik und Theorie

51 | *Einleitung*

53 | *extrem – Für eine Kunst der Berührung*   Helga Peskoller

67 | *Vom Freiräumen der Räume:*   Gerald Siegmund
      Die Kunst der Gruppe NEUER TANZ

70 | *Vom Freiraum der Räume*   VA Wölfel

73 | *Von der Gegenwartskunst lernen.*   Pierangelo Maset
      Ästhetische Bildung als Wahrnehmung
      des Anderen

Teil III: Vergleich von Grundannahmen: Zum Stand der Erwerbsforschung in den Fachdidaktiken

85 | *Einleitung*

87 | *Zur Einführung: Erfahrungsoffener Schriftspracherwerb und Überlegungen zur Übertragbarkeit auf das Mathematiklernen* | Christa Erichson

103 | *Schluß mit ‚offen‘ und ‚geschlossen‘: Erwerbsforschung statt Festlegung auf didaktische Konzepte* | Christa Erichson

111 | *Zur Sicht auf die „Sachen" – Notizen zum Kontaktfeld von Mathematikunterricht und Sachunterricht in der Grundschule* | Bernd Wollring

135 | *Erwerbsforschung als Desiderat der Sachunterrichtsforschung* | Gertrud Beck

145 | *Die Diskussion: Perspektiven eines teilnehmenden Beobachters* | Marcus Rauterberg

Teil IV: Lehren aus den Farbenlehren

173 | *Einleitung*

175 | *Die Konstruktion der Erkenntnis und die Erkenntnis der Konstruktion: Vom Nutzen der Wissenschaftstheorie für die Didaktik* | Otfried Hoppe

Vorwort zu diesem Band

Am 27. und 28. Juni 1997 fand in der Thomas-Morus-Akademie Bensberg die erste vom „Arbeitskreis Sachunterricht" vorbereitete Tagung mit dem Thema „Die Sache(n) des Sachunterrichts - Erkenntnistheoretische Orientierungen" statt. Ihr folgten bisher drei weitere Tagungen (1998, 1999 und 2000), die in diesem Band dokumentiert werden. Konzipiert sind weitere Tagungen: 2001 mit dem Thema: „Lernprozesse im Sachunterricht"; 2002 mit der Frage nach der „Beziehung zwischen Welt und Bild im Sachunterricht".

Der ersten Tagung im Jahr 1997 vorausgegangen waren Diskussionen in einem „Arbeitskreis Sachunterricht" am Fachbereich Erziehungswissenschaften und dem Institut für Didaktik der Geographie.

Ein Anlass für die interdisziplinär zusammengesetzte Arbeitsgruppe, sich regelmäßig zu einem Gespräch zusammenzufinden, war die Einführung des Studienganges Sachunterricht im Rahmen der Lehrerbildung an der Johann Wolfgang Goethe-Universität Frankfurt am Main. Daraus ergab sich die Notwendigkeit, den Beitrag der einzelnen Wissenschaften für ein transdisziplinäres Fach genauer zu bestimmen. Als ein wesentliches Motiv der Zusammenarbeit für die Entwicklung einer Theorie der Didaktik des Sachunterrichts war die Einsicht grundlegend, dass sich eine Theorie der Didaktik des Sachunterrichts nicht allein aus der Geschichte des Faches – von der Heimatkunde zum Sachunterricht – erklären lässt. Eine Vergewisserung über den Stand der Theoriediskussion schien unabdingbar.

Als aufzuarbeitendes Problem wurde dabei vor allem eine Tradition der Didaktik des Sachunterrichts angesehen, nach der die Beziehung zwischen „Kind" und „Sache" sich gewissermaßen als „bricolage" darstellt, wobei die Regeln nach denen eine Beziehung zwischen beiden gesucht wird, weniger theoretisch fundiert schienen und sich vielmehr auf historisch gewachsene Traditionen beriefen. Aus dieser Sicht weiß die Didaktik des Sachunterrichts schon immer, was ein Kind ist und was die Sache ist. In dem Versuch, zwischen beiden eine Beziehung herzustellen, wurden beide aus dem Blickwinkel der notwendigen Beziehung konstruiert.

Aus dem Unbehagen an dieser Gewohnheit resultiert das inhaltliche Programm und auch die Tagungsform. Die Teilnehmer an dem Arbeitskreis versuchen beide Fragen – die nach der Sache und die nach dem Kind – zunächst auseinander zu halten. Erst aus der Trennung, so die Ausgangshypothese, kann sich ein Wissen ergeben, dass die Beziehung zwischen beiden nicht willkürlich sondern didaktisch begründet herstellen lässt.

Auf der Seite des Kindes bedeutet dies die Frage nach den Lernprozessen einzelner Kinder vor aller didaktischen Strukturierung. Hier kann und wird sich der Arbeitskreis mit den Ansätzen in anderen Didaktiken und in der Kindheitsforschung auseinandersetzen.

In diesem Band dokumentieren wir zum einen die Diskussion um Erwerbsforschung, die wir mit Vertretern der Didaktik des Deutschunterrichts und des Mathematikunterrichts geführt haben. Aber bereits in der ersten Tagung hatten wir gefragt: „Was wissen wir über das Denken des Kindes?"

Auf der Seite der „Sachen" wurde früh in den Gesprächen im Arbeitskreis deutlich, dass zwei Fragen im Mittelpunkt stehen. Zum einen hat sich die Umwelt der Kinder verändert. Neue Technologien, neue gesellschaftliche, politische und kulturelle Gegebenheiten sind zu konstatieren und – genauer als dies bisher geschah – in ihrer Bedeutung für die Beziehung von Kind und Sache zu beschreiben.

Zum zweiten sind in vielen Fachwissenschaften methodologische Diskussionen zu verzeichnen, die im Kern nach der Beziehung von Gegenstand und der Methode seiner Konstruktion fragen.

Das, was im Sachunterricht als „Sache" erscheint ist danach Ergebnis einer bestimmten methodischen Herangehensweise. Von daher lag und liegt es nahe, den Prozessen nachzugehen, die zu dem führen, was sich dann als „Sache" des Sachunterrichts vorfinden lässt.

Von den neuen gesellschaftlichen Gegebenheiten galt unser erstes Interesse den Neuen Medien, denn in der Literatur zur Didaktik des Sachunterrichts lassen sich zwar viele Hinweise darauf finden, dass sich mit den Neuen Medien eine neue Situation ergebe, aber worin diese bestünde, erschien weitgehend unklar.

Von den methodischen Zugängen zu den Sachen wurden in den hier dokumentierten drei Tagungen drei Zugänge diskutiert: Ein phänomenologischer Ansatz (Teil I), ein ästhetischer (Teil II) und ein methodischer (Teil IV).

Dieses inhaltliche Programm, das wir fortsetzen werden, bestimmt auch die Form der Tagung. Grundsätzlich haben wir und werden wir Referentinnen und Referenten einladen, die aus anderen Wissenschaftskulturen als der des Sachunterrichts kommen, aber insoweit eine Nähe aufweisen, dass ein Gespräch möglich wird. Wir möchten deren Diskussionen kennen lernen, uns damit auseinandersetzen und prüfen, welche Bedeutung sie für eine Theorie der Didaktik des Sachunterrichts besitzen. Und wir haben es uns nun zur Gewohnheit gemacht, die Tagung so zu organisieren, dass es an einem Wochenende nur drei Referate zu hören gibt und damit viel Zeit für offizielle Diskussionen und inoffizielle Gespräche bleibt. Dies bisherigen Tagungen haben uns ermutigt, dieses Konzept fortzusetzen, denn es scheint dazu geeignet zu sein, eine Kultur des Streitens zu begünstigen, in der differente Positionen sachlich und hart dargelegt werden können und dies begleitet wird, nicht von dem Versuch rhetorischer Abgrenzung, sondern dem, Verstehen zu wollen.

Gertrud Beck, Marcus Rauterberg, Gerold Scholz, Kristin Westphal

Teil I
‚Sache(n) des Sachunterrichts'

Erkenntnistheoretische Orientierungen

Einleitung

Der erste Tag wurde mit drei Referenten bestritten, der zweite diente insgesamt der Diskussion der Referate in Arbeitsgruppen und der Gesamtgruppe. Als Vortragende eingeladen waren drei WissenschaftlerInnen, die nicht zu dem Kreis der Theoretiker des Sachunterrichts gehören, aber aus ihren Arbeitsgebieten Anstöße versprachen für eine Diskussion über Aspekte einer theoretischen Neuorientierung der Didaktik des Sachunterrichts:

Die Erziehungswissenschaftlerin **Käte Meyer-Drawe**: „Besessen von der Welt" – Zur Leiblichkeit von Erfahrung, die Psychologin **Elfriede Billmann-Mahecha**: „Was wissen wir über das Denken des Kindes?" und der Wirtschaftswissenschaftler **Bernhard Vief**: „Was ist neu an den Neuen Medien? – Die Bits als Universal- und Elementarzeichen."

An den ReferentInnen und den Themen werden auch die vom Arbeitskreis Sachunterricht gesehenen Schwerpunkte für eine didaktische Diskussion des Sachunterrichts deutlich:

- der Blick vom Kinde aus
- die Bedeutung der sog. Neuen Medien
- die Bedeutung von Erfahrung und Erkenntnis

Die Akzentuierung dieser drei Schwerpunkte ergab sich aus der Einschätzung, daß es in diesen drei Bereichen Veränderungen der Diskussion außerhalb der Didaktik des Sachunterrichts gibt, die wahrzunehmen wichtig ist für eine Neubestimmung der Theorie des Sachunterrichts:

- Erstens haben sich die Vorstellungen über Lernen grundlegend verändert. Das Stichwort hier lautet: Das Kind als Subjekt des Lernprozesses.
- Zum zweiten hat sich das, was im Sachunterricht als „Sache" erscheint, deshalb grundlegend verändert, weil sich sowohl Realität(en) als auch der wissenschaftliche Zugriff auf Realität verändert haben.

Zur Vorbereitung ihrer Beiträge haben die ReferentInnen eine Liste der Thesen erhalten, mit denen sich die Arbeitsgruppe zuvor beschäftigt hatte:

Das Verhältnis von Bewußtsein und Gegenstand ist im Zuge der konstruktivistischen Debatte erneut fragwürdig geworden. Damit einher geht die Frage nach dem Verhältnis von Wirklichkeit und Realität. Dem liegt auch die Erfahrung zugrunde, daß Wissenschaft und Aufklärung Erzählungen sind. Der Fortschritt selbst ist ambivalent geworden, Wissen weiß um seine Grenzen. Damit zerfällt auch die Idee einer Letztbegündung oder eines „Innersten, das alles zusammenhält" und letztlich auch der Gedanke des „Exemplarischen". Wenn schon immer das Bewußtsein einen Überschuß gegenüber der Realität hatte, so stellt sich angesichts der Neuen Medien die Frage nach der Beziehung von Phantasie und Realität.

Im gleichen Zusammenhang: Wenn sich anthropologisch eine Orientierung an der Zukunft (an der Möglichkeit, Mensch zu sein) und nicht mehr eine Orientierung an der Vergangenheit (die menschliche Ausstattung als Mängelwesen) verzeichnen läßt, so stellt sich die Frage nach der (industriellen) Produktion von Wünschen.

Der Begriff der Erfahrung und der des Lernens durch Erfahrung wird in dem Sinne problematisch, wie Erfahrung die Möglichkeit ausschließt, Strukturen zu erkennen.

Angesichts der technischen Möglichkeiten der Vernetzung von Informationen und dem sich abzeichnenden Leitbild des Netzes wird die Beziehung zwischen den sich ausdifferenzierenden Fachwissenschaften und dem Versuch, Bildung als ein auf das Ganze (Subjekt) bezogenes Konzept zu bestimmen, prekär.

Der Versuch, die Einheit an der Identität des lernenden Subjekts festzumachen, wird ebenfalls prekär, wenn Erfahrung nicht mehr notwendig als authentische verstanden werden kann.

Bezogen auf den Sachunterricht: Die Differenzierung zwischen dem Maß an Komplexität, das durch Wissenschaft bestimmt wird und der begrenzten Lebenszeit des Einzelnen wird unerträglich; erst recht im Verhältnis zu der Lernzeit von Kindern.

Gerold Scholz

Käte Meyer-Drawe

Leibhaftige Vernunft –
Skizze einer Phänomenologie der Wahrnehmung[1]

1. Irritierende Aktualität des Problems der Leiblichkeit

Der Leib oder auch der Körper machen seit einiger Zeit wieder von sich reden. Ob nun unter dem Stichwort der „Neuen Sinnlichkeit", ob als „Argumentation aus dem Bauch", ob in Trainingsmethoden und Fitnessveranstaltungen, ob im medizinischen oder philosophischen Diskurs, vom menschlichen Leib geht eine Provokation aus, die vor allem die Vorherrschaft wissenschaftlichen Wissens, die Verherrlichung des technologischen Fortschritts und die Effizienz wirtschaftlicher Rationalisierung im Visier hat. Lange Zeit war der Leib als die animalische Seite unserer Existenz eher verachtet worden. Seine schlimmste Eigenschaft ist es ja doch, uns ständig an unsere Vergänglichkeit, an unsere Sterblichkeit zu erinnern. Platon nennt den Leib durchaus folgerichtig das „Grab der Seele" und prangert ihn an, uns in eine Welt zu bannen, die vollständige Weisheit unmöglich macht, die verhindert, daß wir wirklich unsere Höhle jemals verlassen können.

Der Mensch ist als animal rationale (mortale) zwar mit den Tieren verwandt, aber durch seine Vernunft doch „himmelweit" von ihnen unterschieden. Der Ehrgeiz, die unberechenbare animalische Existenz zu überlisten und die zuverlässige Vernunft als maßgebliches Bestimmungsmerkmal der Menschen zu privilegieren, führte dazu, daß Menschen ihre Leiblichkeit als Gegenstand von Theorie vergaßen. Einen Platz im Rampenlicht beansprucht unser Bewußtsein, d.h. unsere Vorstellungen, die klar und unterschieden sein sollen wie die Gedanken eines stets wachen, gesunden Erwachsenen. Descartes hat lediglich einen weiteren Schritt in der Präzisierung der doppeldeutigen Existenz des Menschen vollzogen, indem er zwei Substanzen unterschied: Der Mensch ist ausgedehnt (res extensa) und bewußtseinsmäßig (res cogitans). Dies ist kein geschichtsloser Einfall. Das berühmte „ego cogito, ego existo" des Descartes kennzeichnet einen maßgeblichen Wendepunkt innerhalb der historischen Entwicklung der Selbstauslegung des Menschen als Subjekt. Von nun an ist es nicht mehr so leicht, diese eigentümliche menschliche Doppelexistenz angemessen als solche zu berücksichtigen.

Es drängt sich die Frage auf: Wie denn ausgedehnte Substanz und Idee, nachdem sie unterschieden wurden, wieder zusammenkommen können.

---

[1] Erstmals erschienen in Fellsches, Josef (Hrsg.): Körperbewußtsein. Essen 1991

Von nun an wird es auch üblich, Bekenntnisse auszusprechen und das bedeutet: Entweder ich bin ein Cartesianer, d.h. ich glaube daran, daß das *Denken* hauptsächlich verantwortlich für den Sinn unserer Welt ist, oder ich bin ein Anti-Cartesianer, der dem Bewußtsein das Privileg bestreitet und der nun wieder in verschiedenen Varianten auftreten kann. Eine Erscheinungsweise ist die des Anti-Cartesianers, der jede Form intellektueller Bearbeitung von Wirklichkeit bekämpft und dem *Gefühl* unbegrenzte Herrschaft zuspricht. Der kalten Rationalität wird dann einfach ein warmer Boden des Lebensgefühls gegenübergestellt, und wir könnten aus der Geschichte lernen, zu welch folgenreichen Denunziationen der Rationalität dies führen kann.

Mit Descartes werden auch immer wieder – mit gewissem Recht – die Errungenschaften neuzeitlicher Wissenschaft und natürlich auch deren Mißgeburten in Zusammenhang gebracht. Descartes hat damit, daß er die mathematische Methode für jedes regelgebundene Wissen verbindlich machte, den Wissenschaften ihre heutige Gestalt gegeben. Wissenschaftliches Wissen ist ein Wissen, das ganz bestimmte Muster an Wirklichkeiten heranträgt, sie verfügbar macht und sie schließlich nachstellen kann. Im Bild des Nachstellens kommt die Ambivalenz wissenschaftlichen Fortschritts zum Ausdruck, für die wir in diesem Jahrhundert nach zwei Weltkriegen im Rahmen der ökologischen Bedrohungen im Hinblick auf die rasanten gentechnischen und medizinischen Fortentwicklungen besonders empfindsam sind. Wir stellen die Natur nach, indem wir ihr nachstellen. Dabei haben wir nicht selten vergessen, daß wir auch Naturwesen sind, d.h. *animal,* und daß wir in unserer Ausbeutung der Natur auch uns selbst erfassen, daß wir gerade, weil wir die Naturseite unserer Existenz vergessen haben, uns selbst zerstören. Das Vernunftwesen stellt sich – so gesehen – als gar nicht so sehr vernünftig heraus, weil es sich selbst nur unter intellektuellen Fähigkeiten wahrnimmt und seine volle leibliche Existenz vergessen hat.

Aus diesem Dilemma führt ein Streit um Cartesianismus und Anticartesianismus nicht heraus. Wir müssen vielmehr die Unterscheidung zwischen einer ausgedehnten und einer denkenden Instanz wieder rückgängig machen in dem Sinne, daß wir erkennen, daß wir als Menschen beides sind, animalisch und vernünftig, und daß unsere Vernunft nicht ihre animalischen Verknüpfungen vergessen darf, wenn sie ihre ganzen Möglichkeiten ausschöpfen will.

In diesem Zusammenhang fragt Maurice Merleau-Ponty: „Ist mein Leib Ding, ist er Idee? Er ist weder das eine noch das andere, er ist der *Maßstab der Dinge.*"[2]

Die Frage danach, auf welche Seite man den Leib schlagen soll, erweist sich bei näherem Hinsehen als irreführend. Die deutsche Sprache bietet mit

---

[2] Merleau-Ponty, Maurice. Das Sichtbare und das Unsichtbare gefolgt von Arbeitsnotizen. München 1986 (Paris 1964), S. 199 (Hervh. v. K. M.-D.)

ihrem Wort „Leib" die Möglichkeit, diesen Gedanken zu präzisieren: Leib ist im Unterschied zum Körper die Einheit von Leib und Leben, von Geist und Körper. Ausdrücke wie „leibliche Mutter", „Leib- und Magenspeise", „Leibeigener", „Leibschmerzen", „Leibarzt" zeigen die Unersetzbarkeit dieses Wortes durch „Körper" an und verweisen darauf, daß wir hier einen Erfahrungsbereich zwischen Ding und Bewußtsein meinen. Unsere Leiblichkeit bedeutet insofern einen Maßstab der Dinge, als daß sie uns Bedeutungen ermöglicht, die nicht im bloßen Denken aufgehen. Im strengen Sinne weiß der Mensch nicht, was er tut, denn sein Eingreifen in die Welt weist mehr Sinn auf, als in seinem Wissen präsent ist. Diese merkwürdige Tatsache gilt es im folgenden zu verstehen. Mit anderen Worten: Unser Wissen von Welt geht nicht im Denken auf, sondern wird von unseren leiblichen Erfahrungen in Bewegung gehalten. Wenn es uns gelingt, diese leiblichen Erfahrungen zu verstehen, haben wir vielleicht eine Möglichkeit gefunden, weiter an Rationalität festzuhalten, ohne uns über die historischen Folgen einer auf ihre Instrumentalität reduzierten Vernunft hinwegzusetzen.

2. Das Rätsel des Tulpenrots

Ernst Goldbeck erinnert sich an seinen Physikunterricht. Nachdem festgestellt worden war, daß Licht Farben verändert und beeinflußt, gerät der Lehrer Goldbeck in wissenschaftliche Verzückung:

„Ich erklärte kühnlich, die Tulpe sei an sich gar nicht rot, die Farbe sei nicht dort draußen, an ihr, sondern – wo denn? Ich handelte meiner Meinung nach in bester Absicht; denn ist es nicht etwas Großes, die Menschen von der Stufe des naiven vorwissenschaftlichen Denkens zum wissenschaftlichen emporzuheben? ... Die Jünglingsknaben begannen heftig zu debattieren, meist dawider, sichtlich mit Untertönen des Mißbehagens. Der physikalische Vorgang von der Tulpe bis zum Auge wurde erörtert, der Strahlengang durch das Auge auf die Netzhaut, der dunkle Weg durch den Sehnerv. ... Diese wunderliche Reise hatte das Tulpenrot nicht mitmachen können. ... Mochte es sein, wo es wolle, an der Tulpe draußen war es nicht." Der Höhenflug wird durch die Empörung eines Schülers brüsk unterbrochen: „Solche Lehrer müßten auf der Schule verboten sein." [3]

Das Beispiel ist einfach und führt ins Zentrum der Problematik. Der physikalische Blick sperrt jede konkret-sinnliche Erfahrung aus. Die Empörung des Schülers richtet sich gegen diese Gewaltsamkeit. Er hat offenbar ein anderes Bild von einer Tulpe. Mit der bloßen Entgegensetzung: Hier: exaktes Bild der Tulpe und da: Geruchsbild einer schönen Blume, hätten wir eine Signatur der Kritik am wissenschaftlichen Forschen, wie sie heute mitunter üblich ist, in den Blick gebracht. Wissenschaft quantifiziere, beherrsche, setze alles unter den Terror der Einheit. Eine solche Verteufelung läßt allerdings Schwierig-

---

[3] Goldbeck, Ernst: Die Welt des Knaben. Ratingen, 1962, S. 173 f.

keiten aufkommen, wenn man begründen will, daß man doch auch von den Errungenschaften neuzeitlicher Wissenschaft profitiert.

Sinnvoller wäre ein Weg, der zeigen könnte, daß hier zwei Sichtweisen statthaben, die jeweils ein gewisses Recht für sich beanspruchen können, ohne daß eine die andere lückenlos ersetzen könnte. Die Verzückung des wissenschaftsbesessenen Lehrers wurde gebrochen durch das Wissen, daß physikalische Erkenntnis Voraussetzungen hat, die sie selbst nicht thematisiert, und zu Folgen führt, die sie wiederum nicht selbst abschätzen kann. Physikalisches Wissen würde nicht gegen andere Sinnleistungen ausgespielt oder umgekehrt, sondern replaziert, zurückversetzt in ein Rationalitätsfeld, dem beide auf gewisse Weise angehören.

Nach meinem Verständnis eröffnet Merleau-Pontys Philosophie spezifische Möglichkeiten für diesen Blickwechsel, weil er wissenschaftliches Wissen stets beachtet, es aber nicht für das einzig mögliche Wissen von Welt hält. Der Physiker oder der Philosoph, der als solcher besser zu wissen glaubt, was wahrnehmen heißt, als er selbst in der Wahrnehmung weiß, markiert eine Grenze des Rationalitätsfeldes, der Künstler, der Schweigen für das Medium der Wahrheit hält, eine andere. Eine akzeptable Entwicklung wäre angebahnt, wenn man erkennen könnte, daß der Philosoph als Philosoph, der Physiker als Physiker und der Künstler als Künstler *anders* wahrnehmen als engagierte Akteure in einer konkreten Lebenswelt.

Diese Zielvorstellung führt nun zu meinem nächsten Schritt. Es muß nämlich erläutert werden, warum denn eine Phänomenologie, also eine spezifische Philosophie, besonders geeignet sein soll, diese Aufgabe zu erfüllen.

3. Grundzüge phänomenologischen Denkens

Es kann im folgenden nur darum gehen, einen reflektierten Sprachgebrauch des Wortes Phänomenologie anzubahnen. Phänomenologie wurde nämlich schon alles oder jedes genannt: Von der Wesensschau als ihre abstrakteste Variante bis hin zur Materialsichtung als ihre banalste Ausführung. Beides würde nicht verständlich machen, warum sich Husserl, der Begründer der Phänomenologie unseres Jahrhunderts, so viel Mühe machte, Phänomenologie zu bestimmen. Von Anfang an hat sich phänomenologisches Forschen als wissenschaftskritisch herausgebildet. So war Husserl ein bestimmter Psychologismus ein Dorn im Auge, weil dieser so tat, als ob er jede menschliche Möglichkeit kausal erklären könnte. Husserl kam dem Problem auf die Schliche, indem er aufzeigte, daß Wissenschaften zumeist unterschlagen, daß sie aus der Lebenswelt entstanden sind, daß wissenschaftliches Wissen seine Herkunft aus der Lebenswelt vergessen hat und zwar so gründlich, daß es sich gebärdet, als sei es die einzig akzeptable Form genauen Wissens. Husserls Phänomenologie entwickelte sich aus dieser Kritik als Philosophie der Erfahrung, aber gleichzeitig als strenge Wissenschaft. Er wollte nicht auf letzte Gewißheiten und Gründe verzichten und eigentlich noch Descartes übertrumphen, indem er zu zeigen beabsichtigte, daß unser „letztes Endchen Welt", das uns an unsere Vergänglichkeit erinnert, verschwindet, wenn wir sehen, daß jeder Sinn letztlich jenseits der erdenschweren Gegenstände vom Bewußtsein gestiftet wird.

Husserl betrat damit den schwankenden Steg einer Philosophie, die sich weder in bloßen Ideen heimisch fühlen, noch sich im Positivismus der bloßen Fakten verstreuen will. „Zu den Sachen selbst" lautete die Parole und meinte eine Besinnung darauf, wie uns die Dinge in der Erfahrung gegeben sind. Mit diesem Anspruch kritisierten Phänomenologen stets Allmachtsphantasien wissenschaftlichen Denkens, aber auch die Mechanisierung des Denkens im Empirismus. Es geht um die Kritik wissenschaftlichen Denkens um seiner Optimierung willen, es geht nicht um das Andere der Vernunft, sondern um eine *andere Vernunft*.

Daß man zu den Sachen selbst will, ist in hohem Maße zustimmungsfähig. Wer wollte nicht an die Dinge selbst gelangen. Die Probleme zeigen sich erst, wenn man erkennt, daß man gar nicht so ohne weiteres zu den Sachen selbst gelangt. Vermittelt durch unser gesellschaftliches Wissen, vermittelt aber auch durch unsere eigene Lebensgeschichte, durch die Geschichte unserer Sinneserfahrungen nehmen wir Dinge niemals an sich, sondern immer schon in bestimmter Weise wahr.

Das bloße Hinschauen ist noch keine Phänomenologie. Die Frage nach dem Wie des Hinschauens ist das Entscheidende. Der Wald interessiert so in unterschiedlichen Hinsichten. Für den Spaziergänger ist er vielleicht Ort der Erholung, für Militärstrategen möglicher Hinterhalt, für die Fluggesellschaften bloßes Hindernis, für die Startbahngegner notwendige Bedingung für den Erhalt einer humanen Naturwelt, für den Wissenschaftler, z.B. den Ökologen, Symptom für verheerende Wirkungen moderner Umweltbelastungen.

Auf die Frage, worüber die einzelnen reden, kommt vielleicht die Antwort „Wald", was allerdings noch nicht viel besagt. „Zur Sache selbst" bedeutet die Forderung zu beschreiben, *wie* mir die Dinge in meinen Erfahrungs-, Erkenntnis-, Wahrnehmungs- und Handlungsvollzügen, in Träumen, Phantasien, im Begehren gegeben sind.

Merleau-Ponty versteht sich in der Nachfolge Husserls, allerdings verändert er einige Grundzüge dieser Philosophie der Erfahrung. Gleich zu Beginn seiner umfänglichen Analysen zur Phänomenologie der Wahrnehmung fragt er „Phänomenologie – was ist das?" und antwortet: „Sie ist der Versuch einer direkten Beschreibung aller Erfahrung, so wie sie ist, ohne Rücksicht auf Probleme genetischer Psychologie oder Kausalerklärung, wie sie Naturwissenschaft, Geschichte und Soziologie zu bieten vermögen"[4]. Merleau-Ponty

---

[4] Merleau-Ponty, Maurice: Phänomenologie der Wahrnehmung. Berlin 1966 (Paris 1945), S. 3

bestreitet damit etwa soziologischen Analysen nicht ihr Recht, beharrt aber darauf, daß diese nicht alles sehen, sondern einen spezifischen Blick repräsentieren. Phänomenologie möchte Erfahrungsvollzüge in der Situation, in der sie sich vollziehen, beschreiben und so verstehen und diese nicht aus abstrakten Erklärungsmodellen ableiten. Es ist gerade das natürliche Dahinleben, das interessiert, weil es den Boden all unseres Wissens abgibt. Jedes Forschen basiert auf einem ursprünglichen Vertrauen, einem Glauben, daß es für uns eine Welt gibt, von der wir zahlreiche, zumeist nicht bedachte Vormeinungen haben. Erst wenn die Erde bebt, zeigt sich z.b. unsere Unterstellung, daß wir die Erde normalerweise für einen festen Boden halten. Diese Erfahrungen, die unserem wachen Erwachsenenbewußtsein gleichsam im Rücken liegen, interessieren eine Phänomenologie der Leiblichkeit, denn es zeigt sich, daß wir immer, wenn wir auf unser alltägliches Dahinleben schauen, unsere Sinneserfahrungen an der Arbeit vorfinden. Der Physiker, den das Tulpenrot als Phänomen physikalischer Optik interessiert, hat als Mitglied der Lebenswelt bereits rote Tulpen gerochen, mit ihnen Geschenke bereitet oder Räume verschönert. Er wird zwar einem Blinden erklären, was in der Optik Farben bedeuten, eine sinnliche Erfahrung wird er diesem niemals liefern können. In dieser Sicht sind wissenschaftliche Erklärungen „sekundärer Ausdruck" einer ursprünglichen lebensweltlich-leiblichen Wahrnehmung.

Aufgrund der Verachtung unserer animalischen Seite unserer Existenz und der Bewunderung für unsere intellektuellen Leistungen kommt in gängigen Theorien die Sinneserfahrung oft nur als Vorstufe, als bloße Voraussetzung richtigen Begreifens in den Blick. Immer wird das Wahrnehmen selbst übersprungen. Merleau-Ponty greift nun zwei Varianten dieser Verfehlung auf, um seine Position dagegen abzusetzen.

4. Das Vorurteil einer objektiven Welt

Merleau-Ponty erzählt von einem faszinierenden Experiment von Poudovkine. Dieser machte eines Tages eine Nahaufnahme von Mosjoukine, auf der dieser ein völlig gleichgültiges Gesicht macht. Dann projizierte er dieses Bild jeweils, nachdem er erst einen Teller mit Suppe, dann eine junge Frau tot im Sarg und zuletzt ein Kind, das mit einem Teddybär spielt, zeigte. Man meinte zunächst, daß Mosjoukine den Teller gedankenvoll ansah, die tote Frau traurig und das Kind mit einem strahlenden Lächeln. Das Publikum staunte über dieses reiche Mienenspiel, obwohl dreimal dasselbe Photo gezeigt worden war und das Gesicht, wenn überhaupt, bemerkenswert ausdruckslos war. Der Sinn des Bildes veränderte sich abhängig von den vorher gezeigten. Ihre besondere Reihenfolge schuf eine neue Wirklichkeit, die nicht bloß die simple Summe der eingefügten Elemente ist.⁵

Das Gesicht des Anderen ist nicht nur das, was ich von ihm sehe, aber es ist ebensowenig ein Urteil, das ich über es fälle. Im ersten Fall, wenn ich also behaupten würde, das Gesicht des Anderen setze sich aus physikalischen Reizen zusammen, die wiederum die Physiologie meiner Sinne in Bewegung setzen, kann ich den Wechsel der Bedeutung nicht erklären. Wenn ich – wie im zweiten Fall – aber sage, daß ich die isolierten Reize durch ein Urteil verknüpfe, verfehle ich die Erfahrung, daß ich den Anderen unmittelbar in seiner Situation wahrnehme. Die Verabsolutierung intellektuellen Urteilens ordnet der Sinneswahrnehmung einen minderen Rang im Sinne eines bloßen Materiallagers zu. Sie überschüttet sozusagen die Sinneswahrnehmung mit einem Sinn, der nicht von mir selbst herrührt. Umgekehrt entleert eine empirische Interpretation der Wahrnehmung die isolierten Erscheinungen vollständig ihres Zusammenhangs.

Beide Sichtweisen reduzieren die eigene Leistung der leiblichen Erfahrung, die darin besteht, daß wir *etwas stets als etwas wahrnehmen*. Weder werden immer nur bestimmte Reaktionen durch bestimmte Reize gesetzmäßig hervorgerufen, noch urteile ich explizit über an sich sinnloses Sinnesmaterial.

Abb. 1

Beim Anblick dieser Abbildung legt man sich vermutlich folgende Beschreibung nicht unmittelbar zurecht:

„Eine Schar übereinander liegender Linien, die in der Mitte, von oben begonnen, dreiecksförmige Einbuchtungen nach unten besitzen, welche, je tiefer die Linie liegt, immer stärker abgeflacht sind. Die unteren Linien sind gerade und durchgehend. Direkt über der tiefsten

---

⁵ Merleau-Ponty, Maurice: Sens et Non-Sens. Paris 1966, S. 96 f.

Stelle der Einbuchtung der oberen Linie befindet sich ein schrägschraffiertes, gleichseitiges, spitzwinkeliges, aufrecht mit dem spitzen Winkel nach unten stehendes Dreieck."[6]
Diese Beschreibung entspräche verhältnismäßig genau der realen Reizkonfiguration. Aber wir nehmen so nicht wahr. Unsere Augen wandern nicht zuordnend über die Zeichnung wie über einen Text. Wir nehmen vielmehr gestalthaft und bedeutungshaft wahr, etwa einen Keil, der in einen Stapel Papier drückt, oder eine Straße, die in eine Hochhauszeile führt o.a.

„Stets liegt das ‚Etwas' der Wahrnehmung im Umkreis von Anderem, stets ist es Teil eines ‚Feldes'. Nie vermöchte eine schlechthin homogene Fläche, auf der durchaus *nichts wahrzunehmen* wäre, *Gegenstand einer Wahrnehmung* zu werden. Was Wahrnehmung ist, kann einzig und allein die Struktur des wirklichen Wahrnehmens lehren. Die reine Impression ist sonach nicht allein unauffindbar, sie ist unwahrnehmbar, und folglich undenkbar als Moment der Wahrnehmung."[7]

Es gibt weder eine reine Qualität noch eine reine Impression. Wir nehmen vielmehr etwas immer als etwas wahr, wir konturieren ein Wahrnehmungsfeld im Rahmen unserer Erfahrungsgeschichte. Wir nehmen nicht den „Fleck an sich" wahr, sondern den Fleck an der Wand oder auf der Hose. Wir denken kein „rot an sich", sondern eine rote Fläche, eine rote Blutspur o.a. Es handelt sich nicht um „stumme Impressionen", die durch Reflexion redend gemacht werden. Unseren konkret-leiblichen Wahrnehmungen ist eigentümlich, „Zweideutigkeiten, Schwankungen, Einflüsse des Zusammenhangs einzuschließen". Dies ermöglicht, daß sich Wahrnehmungen unter dem Einfluß der Äußerung anderer umorganisieren können. Die empiristische Reduktion besteht in dem Vorurteil einer eindeutig bestimmten Welt. Eine solche ist aber in keiner konkreten menschlichen Erfahrung ausweisbar. Unser Wahrnehmen ist vielmehr eine Strukturierungsleistung in bestimmten Kontexten. Deshalb ist das Hören eines Konzertes im Konzertsaal grundsätzlich verschieden von dem Zuhören einer Reproduktion etwa auf einer Schallplatte. Die Atmosphäre des Konzertsaales konstituiert das Hören mit, weil dieses immer mehr ist als ein bloßes Reiz-Reaktionsgeschehen.

Wie steht es aber mit der intellektualistischen Version der Erklärung von Wahrnehmungsvollzügen? Hier wird der Begriff des Urteils zum Gegenbegriff des bloßen Empfindens. Folgen wir wiederum Merleau-Ponty:

„Die Menschen, die ich vom Fenster aus sehe, sind mir verdeckt von ihren Hüten und Mänteln, ihr Bild kann sich auf meiner Netzhaut nicht wiederspiegeln. Ich sehe sie also nicht, ich urteile nur, daß sie da sind. Ist so das Sehen einmal nach der Weise des Empirismus als Besitz einer meinem Körper durch Reize eingezeichneten Qualität bestimmt, so genügt die geringste Illusion, insofern sie dem Gegenstand Eigenschaften zuschreibt, die

---

[6] Stadler, Michael; Seeger, Falk u. Raeithel, Arne: Psychologie der Wahrnehmung. München 1972, S. 121. Hier findet sich auch die Darstellung der phänomenalen Kausalität nach Massironi und Bonainto von Abb. 1.
[7] Merleau-Ponty, Phänomenologie der Wahrnehmung, a.a.O., S. 22.

auf der Netzhaut nicht sich abzeichnen, die Feststellung zu veranlassen, daß Wahrnehmen Urteilen sei."[8]

Wahrnehmen wäre dann nichts anderes als ein Akt logischen Schließens zum Zwecke der Erklärung sinnlicher Zeichen. Und der andere, der nicht sieht oder hört, was ich ihn sehen oder hören lassen will, hat Defizite im Hinblick auf sein logisches Denken? Vergegenwärtigen wir uns nochmals unsere eigenen konkreten Wahrnehmungserfahrungen.

Je nachdem, was wir zuerst wahrnehmen, haben wir spezifische Schwierigkeiten, in dem berühmten Vexierbild (vgl. Abb. 2) die andere Gestalt aufzufinden. Woran liegt das? Wir nehmen die alte oder die junge Frau unmittelbar wahr, d.h. wir haben nicht ein Chaos von Sinnesdaten vor uns, die wir nach dem Urteil: Das ist eine alte Frau, sortieren. Selbst wenn wir wissen, daß hier auch eine junge Frau dargestellt ist, kann sich uns das Wahrnehmungsfeld in dieser Struktur versperren.

Die Figur kann sich gleichsam weigern, mir das zu zeigen, was ich sehen soll. Mein Wissen ist darauf angewiesen, „seine intuitive Verwirklichung abzuwarten"[9].

Wie im Empirismus verliert im Intellektualismus die Wahrnehmung schließlich ihren eigentümlichen Sinn. Es wird nicht mehr erkennbar, wie denn der Leib Maßstab der Dinge sein kann, eine spezifische Sinngebung, die sich vom Bewußtsein unterscheidet.

Aber: „Mein Leib ist jener Bedeutungskern, der sich wie eine allgemeine Funktion verhält, jedoch existiert und der Krankheit zugänglich ist", stellt Merleau-Ponty fest[10] und bringt damit die Sortierung nach Sinnesdaten und Urteilsakten in Bewegung. Mein Leib erhält seine Bedeutung nicht nur vom Bewußtsein.

Er agiert vielmehr selbst in einer Welt, der er angehört, von der er auch verletzt werden kann. Unsere Leiblichkeit beflügelt uns nicht nur, sondern sie bedingt, daß wir krank werden können, daß wir uns als leidende Wesen in einer Welt einrichten, die uns befördert, aber auch behindert. Merleau-Ponty faßt zusammen:

---

[8] Ebenda, S. 54 f.
[9] Ebenda, S. 56
[10] Ebenda, S. 177

Abb.2: (Boringsche Täuschung)

„Ein Gegenstand ist ein Organismus von Farben, Düften, Tönen, Tasterscheinungen, die einander wechselseitig symbolisieren und modifizieren und miteinander zusammenstimmen in einer realen Logik, deren Analyse und Auslegung die längst nicht vollendete Aufgabe der Wissenschaft ist. Diesem lebendigen Wahrnehmungsphänomen gegenüber bleibt der Intellektualismus unzugänglich, hinter ihm zurückbleibend oder darüber hinausschießend: er findet seine Grenze an den mannigfaltigen Qualitäten, die bloß die Hülle des Gegenstandes sind, und von da aus führt er ohne Vermittlung zu einem Bewußtsein des Gegenstandes, das im Besitz von dessen Gesetz und Geheimnis ist, dadurch aber den Erfahrungsgang seiner Kontingenz und den Gegenstand seines perzeptiven Stils beraubt."[11]

Beide, der Empirismus und der Intellektualismus, werden in ihren radikalen Konsequenzen dem Wahrnehmungsphänomen nicht gerecht. Der Empirismus deshalb nicht, weil er nur das für wahr hält, was wir unserem Netzhautbild

---

[11] Ebenda, S. 61

zufolge wahrnehmen, der Intellektualismus nicht, weil er Wahrnehmen nach dem Muster intellektueller Denkleistungen beschreibt und so den originalen Sinn von Wahrnehmungserfahrungen reduziert. Beide rauben den Dingen und dem Anderen sämtliche Geheimnisse und damit deren Unausschöpflichkeit an Sinn.

5. Vorzüge phänomenologischen Philosophierens

Die Aufgabe des phänomenologischen Fragens besteht also zumindest in zweierlei: Es muß den Gang der Erfahrung rekonstituieren, und es muß den perzeptiven Stil des Wahrnehmungsgegenstandes rehabilitieren. D.h. es muß das Zusammenspiel des Leibsubjekts und seiner Welt thematisieren. Schauen wir auf unsere konkreten Wahrnehmungserfahrungen, so werden wir zugleich zwei Grundstrukturen wiederfinden, die Merleau-Ponty als wesentlich aufweist: zum einen die Horizonthaftigkeit unserer Wahrnehmung, die die Ansprüche des Objektes wahrt, und die Perspektivität, die die subjektiven Leistungen berücksichtigt.

Wir existieren in bestimmten Situationen, d.h. wir sind in unserem Erkennen bestimmt durch unseren Lebensraum, unseren Aktionsraum und unsere zeitliche Situiertheit. Wir können nicht so ohne weiteres davon absehen, Menschen des 20. Jahrhunderts zu sein, die in der Bundesrepublik Deutschland leben. Wir können uns nicht einfach entschließen, morgen als Japaner weiterzuleben. Wir leben in Verweisungsbezügen, die an uns wie Kometenschweife haften. Die Horizonte unseres Wahrnehmens sind nicht statisch, sie werden im Gang der Erfahrung modifiziert, differenziert und umorganisiert.

Unser Bewußtsein ist als leibhaftiges an einen erfahrungsmäßigen Standort gebunden, wir können uns aus unserem Leib nicht herausreflektieren. Von hier aus erklärt sich die Offenheit, die man auch als Unvollkommenheit unserer Wahrnehmungen bezeichnen könnte, die aber deshalb nicht ein „rein negatives Vermögen der Nicht-Reflexion" sind.[12]

Wir müssen die Rationalität vielmehr in der leiblichen Erfahrung aufsuchen und nicht vor oder über ihr. Wie wir gesehen haben, ist Wahrnehmung bereits vor jedem „Eingriff der urteilenden Vernunft" reflexiv strukturiert, d.h. bedeutungshaft. Unsere Wahrnehmungen haben einen Sinn, auch wenn dieser noch so vage ist. Die Täuschungen in den Wahrnehmungen belegen diese Bedeutungshaftigkeit. Denn wie sollte ich von Täuschungen sprechen, wenn ich ihnen ihre Sinnhaftigkeit abspräche.

Wir sehen nicht einfach Strukturen. Wir nehmen Hindernisse wahr. Wir hören nicht einfach nur Geräusche. Wir hören den Lärm des Autos, das Knallen der Tür.

---

[12] Ebenda, S. 60

Unser Leib ist dabei insofern unser allgemeiner Gesichtspunkt zur Welt, als wir ihn nicht zu verlassen vermögen. Er ist gleichzeitig unsere Verankerung in der Welt. Wir sind sozusagen aus demselben Stoff wie unsere Welt und immer schon in einem vitalen Kommunikationsgeschehen mit unserer Welt verbunden. Die Sinneswahrnehmung durch das Tasten macht diesen Befund unmittelbar einleuchtend: denn hier durchkreuzen sich innere und äußere Wahrnehmung unmittelbar: berühre ich mich selbst, so kann ich Berühren und Berührung beinahe gleichzeitig empfinden.

Der Wahrnehmungsgegenstand ist nicht zu isolieren von den Bedingungen, unter denen ich ihn wahrnehme. Das bedeutet nicht nur, daß meine Stimmungen meine Wahrnehmungen beeinflussen – etwa ob ich „dieselbe" Musik einmal als angenehm und das andere Mal als belästigend empfinde –, sondern daß die Wahrnehmung der Welt durch die Erfahrung unseres Leibes bestimmt ist.

Unsere Wahrnehmung verbindet unsere Erfahrungsgeschichte mit dem Stil des wahrgenommenen Gegenstandes, der in bestimmter Weise an uns appelliert. Der Gegenstand selbst induziert ein Bedeutungsfeld. Das Sehen, das Hören, das Riechen werden nicht allein von mir hervorgebracht. Es bleibt gebunden daran, daß da etwas existiert, was gesehen, gehört und gerochen werden kann. Unsere Sinneswahrnehmungen setzen unsere Welt für uns in Szene, sie inszenieren ein bedeutungshaftes Schauspiel, in das wir eintreten, ohne die einzelnen Akte entworfen zu haben, und das im Verlaufe der Geschichte seinen Sinn durch unsere Übernahme ändert.

Wahrnehmungsgegenstände und wahrnehmende Subjekte bilden ein Feld offener Bedeutungen, mit vielen Anknüpfungspunkten, aber auch mit blinden Flecken. Vor diesem Hintergrund könnten sich Schüler und Lehrer aus meinem ersten Beispiel wieder begegnen und akzeptieren, daß sie die Dinge anders sehen. Der Schüler hat dann recht, wenn er sich gegen seinen Lehrer mit dem Vorwurf wendet, daß die ausschließlich physikalische Sicht gewaltsam und blasiert ist, er geriete allerdings in ein ebensolches Unrecht, wenn er nun die Schönheit der Tulpe mit ebensolcher Einseitigkeit auf den Thron wahrer Erkenntnis setzte. Einem leiblichen Wesen sind verschiedene Gesichtspunkte zu seiner Welt möglich, aber nicht beliebig viele.

„Sofern die Welt meinem Leib anhaftet wie das Nessoshemd, besteht sie nicht nur für mich, sondern für alles, was in ihr ist und ihr ein Zeichen gibt. Es gibt eine Allgemeinheit des Empfindens – und auf dieser beruht unsere Identifikation, die Verallgemeinerung meines Leibes und die Wahrnehmung des Anderen. Ich nehme Verhaltensweisen wahr, die in dieselbe Welt eingetaucht sind wie ich, weil die Welt, die ich wahrnehme, auch noch meine Leiblichkeit mit sich zieht, weil meine Wahrnehmung so etwas ist wie der Aufprall der Welt auf mich und der Zugriff meiner Gesten auf sie."[13]

---

[13] Merleau-Ponty, Maurice: Die Prosa der Welt. München 1984, S. 152

Literatur

Fellsches, Josef (Hrsg.): Körperbewußtsein. Essen 1991
Goldbeck, Ernst: Die Welt des Knaben. Ratingen, 1962
Merleau-Ponty, Maurice: Phänomenologie der Wahrnehmung. Übers. und mit einem Vorwort eingef. von Rudolf Boehm. Berlin 1966 (Paris 1945)
Merleau-Ponty, Maurice: Die Prosa der Welt. Hrsg. v. Claude Lefort. Übers. v. Regula Giuliani, eingel. v. Bernhard Waldenfels. München 1984
Merleau-Ponty, Maurice: Sens et Non-Sens. Paris 1966
Merleau-Ponty, Maurice: Das Sichtbare und das Unsichtbare gefolgt von Arbeitsnotizen. Hrsg. und mit einem Vor- und Nachwort vers. v. Claude Lefort, übers. v. Regula Giuliani und Bernhard Waldenfels. München 1986 (Paris 1964)
Stadler, Michael; Seeger, Falk; Raeithel, Arne: Psychologie der Wahrnehmung. München 1977

Elfriede Billmann-Mahecha

Was wissen wir über das Denken des Kindes?

Neue empirisch-psychologische Zugänge zum Weltbild des Kindes – vorgestellt am Beispiel „Geschichtsbewußtsein"

1. Einleitung

Wurden noch in den siebziger Jahren das mechanistische und das organismische Menschenbildmodell als die beiden vorherrschenden Metamodelle der Entwicklungspsychologie beschrieben (vgl. Reese und Overton 1979), so wird heute das seine Umwelt und seine sozialen Beziehungen aktiv mitgestaltende Kind in den Mittelpunkt der Aufmerksamkeit gestellt. Insbesondere die neuere Säuglingsforschung, methodisch auf umfangreichen Direktbeobachtungen und Habituations-Experimenten basierend, hat wesentliches zu dieser Veränderung beigetragen. Aufgrund der Untersuchungen von Daniel Stern (1979) muß heute z.b. festgestellt werden, daß das Kleinkind „bereits unmittelbar nach der Geburt aus sich heraus eine hochdifferenzierte präverbale Kommunikation einleiten [kann], es kann sie selbstaktiv aufrechterhalten, schöpferisch auf ihren Ablauf einwirken und aus sich heraus abschließen" (Heisterkamp 1992, S. 23).

Diese sozial-kommunikative Kompetenz, die bereits dem präverbalen Verhalten zugrunde liegt, widerspricht den Annahmen eines narzißtischen oder autistischen Säuglings (vgl. auch Bruner 1997). Der „kompetente Säugling" ist zum Motto für diese neue Sichtweise geworden (vgl. Dornes 1993, 1997).

In ähnlicher Weise wird vermutlich auch das Piaget'sche Bild der kindlichen Denkentwicklung differenziert werden müssen, wie bereits von Donaldson 1978 nahegelegt. In einer Studie zum Egozentrismus im Vorschulalter konnte ich selbst anhand detailliert analysierter Alltagsepisoden, die mit Hilfe von Videoaufnahmen dokumentiert sind, veranschaulichen, wie kompetent Vorschulkinder, aber auch bereits Zweijährige, im Rahmen sozialer Verständigungssituationen die Perspektiven anderer Personen erkennen und in ihrem eigenen Verhalten berücksichtigen können (Billmann-Mahecha 1990).

Auch für die historische Sozialisationsforschung, um noch ein drittes Forschungsfeld zu nennen, wird zunehmend die Ergänzung bisheriger Ansätze durch die Erschließung der kindeigenen Perspektiven gefordert (vgl. Berg 1991). In den Blick gerät hier das Kind, das an der Mit- und Umgestaltung seiner Kinderwelten und damit an der Gestaltung seiner eigenen Kindheit aktiven Anteil hat.

Der Forschungsansatz, auf den ich mich im folgenden beziehe, ist ebenfalls einem Subjektmodell des Kindes verpflichtet (vgl. Billmann-Mahecha 1994). Es geht dabei um die inhaltlichen Vorstellungsgehalte kindlichen Denkens und um die subjektiven Sinnorientierungen kindlichen Verhaltens und Handelns im Grundschulalter. Damit zusammenhängend interessiert mich die Frage, wie Kinder ihre Vorstellungen und Orientierungen in sozialen Prozessen formulieren, erst herausbilden und / oder aushandeln. Als methodischer Zugang hat sich für diese Fragen das Gruppendiskussionsverfahren als besonders geeignet erwiesen, und zwar deshalb, weil es Situationen der sozialen Herausbildung von Denkweisen, Vorstellungen, Meinungen und Handlungsorientierungen näher kommt als etwa das Einzelinterview.

Gruppendiskussionen werden heute vorwiegend in der qualitativen Sozialforschung und vorwiegend mit Erwachsenen und Jugendlichen durchgeführt. Aus der sogenannten Kinderphilosophie kommt der Vorschlag, mit Kindern in Gruppen philosophische Probleme, orientiert an der „sokratischen Methode", zu erörtern. Als empirische Erhebungsmethode ist die Gruppendiskussion mit Kindern allerdings auch geeignet, kindliche Meinungen und Vorstellung zu nicht genuin philosophischen Themen zu erheben.

2. Kindergruppendiskussionen: Anregungen aus der Kinderphilosophie

Seit den siebziger Jahren hat sich nach den amerikanischen Pionierarbeiten von Lipman und Matthews in den Schnittpunkten von Philosophie, Philosophiedidaktik und Pädagogik ein neues Forschungs- und Praxisfeld entwickelt, das als „Kinderphilosophie" zunehmend populär wird. Die bekanntesten Vertreter im deutschsprachigen Raum sind derzeit Ekkehard Martens, Helmut Schreier, Hans-Ludwig Freese und Detlef Horster in Deutschland, Daniela Camhy in Österreich und Eva Zoller in der Schweiz.

Sie alle arbeiten mit Gruppengesprächen, orientiert an der „sokratischen Methode"[1]. Kinderphilosophie-Kurse haben zum einen das Ziel einer Denkschulung von Kindern, zum anderen dienen sie aber auch der Explikation kindlichen Denkvermögens und des inhaltlich-philosophischen Gehalts kindlichen Denkens.[2]

---

[1] Vgl. z.B. Brüning (1985), Freese (1989), Matthews (1989), Martens (1990), Zoller (1990), Horster (1992). Zu Geschichte, Theorie und Praxis der sokratischen Methode vgl. Horster (1994).

[2] Im einzelnen lassen sich inzwischen verschiedene theoretische Richtungen innerhalb der Kinderphilosophie identifizieren (vgl. Englhart 1997).

Die Kinderphilosophie ist eigentlich ein „Rückimport" aus den USA nach entsprechenden Ansätzen in den 20er und 30er Jahren bei uns. Der sokratische Weg des Selbstdenkens, angeregt nur durch Fragen, nicht durch Belehrungen, ist in der Pädagogik der 20er Jahre mehrfach reflektiert worden; expliziert und praktisch umgesetzt aber wurde sie vor allem von Leonard Nelson (vgl. Nelson 1987) und dessen Schülern Minna Specht und Gustav Heckmann (vgl. Heckmann 1981).

Die Entwicklungspsychologie hat von der Kinderphilosophie bisher kaum Notiz genommen, obwohl die Erfahrungen, die in den verschiedenen kinderphilosophischen Kursen gewonnen wurden, und die auch publiziert sind, unsere Grundauffassung vom kindlichen Denken nicht unerheblich erschüttern. Gerade darin liegt die Herausforderung an die psychologische Forschung zur kognitiven Entwicklung. Als qualitative Erhebungsmethode interpretiert, können philosophische Gespräche mit Kindern insbesondere dort, wo es um die originären Denkinhalte der Kinder geht, die Grenzen standardisierter Verfahren wie Experiment und Test überschreiten und sind in gewissen Aspekten auch Piagets Methode des klinischen Interviews überlegen. Bei einer wissenschaftstheoretischen Orientierung an der Konzeption der „grounded theory" nach Anselm Strauss (vgl. Strauss und Corbin 1996) können die Ergebnisse solcher Kindergruppendiskussionen auch einen Beitrag zur Theoriebildung leisten.

3. Durchführung und Auswertung von Kindergruppendiskussionen

Ausgangspunkte der Gespräche bilden zum Beispiel kleine, im Ausgang offene Geschichten über verschiedene Themenbereiche, die der Gesprächsleiter vorliest, oder auch von Kindern eingebrachte Fragen oder Erlebnisse. Im weiteren Gesprächsverlauf diskutieren die Kinder dann einen oder mehrere Aspekte der Geschichte; der Gesprächsleiter bzw. die Gesprächsleiterin fragt nach, regt die Kinder zu Meinungsäußerungen und Begründungen an und versucht gegebenenfalls, die vorgebrachten Meinungen zu explizieren oder vorsichtig Widersprüche aufzudecken. Die gesamte Gruppendiskussion wird auf Tonband aufgenommen und wörtlich transkribiert.

Die hermeneutische Textanalyse zielt über die Rekonstruktion des thematischen Verlaufs zunächst einmal auf die Inhalte der kindlichen Äußerungen ab. Es interessieren dabei die verschiedenen Aspekte, die die Kinder zu einem Thema erörtern, die Vermutungen und Überzeugungen, die sie dabei äußern und die Argumente, die sie hierfür geltend machen. Darüber hinaus werden über Feinanalysen ausgewählter Sequenzen spezielle Fragen der Interaktion untersucht, z.B. Fragen der gegenseitigen (zustimmenden oder ablehnenden) inhaltlichen Bezugnahmen oder Fragen der gemeinsamen Herausbildung von Gedanken. Auf der Basis eines umfassenden Fundus entsprechend ausgewerteter Gruppendiskussionen erfolgt schließlich die Zusammenstellung theoretisch relevanter Kategorien für den anvisierten inhaltlichen Bereich. Wir unterscheiden folgende Auswertungsschritte:

1. *Offenes Kodieren:* Zunächst wird das Transkript der Gruppendiskussion gemäß der Methode des offenen Kodierens (vgl. Strauss und Corbin 1996) Satz für Satz analysiert. Es interessieren dabei die verschiedenen Aspekte, die die Kinder zu einem Thema erörtern, die Vermutungen und Überzeugungen, die sie dabei äußern und die Argumente, die sie hierfür geltend machen.
2. *Erstellen einer Übersicht:* Auf der Basis des Kodier-Protokolls wird eine inhaltlich nach Ober- und Unterthemen gegliederte Übersicht über die Diskussion mit den jeweils vorgebrachten Argumenten und Gegenargumenten erstellt.
3. *Feinanalysen ausgewählter Sequenzen zu bestimmten Fragestellungen:* Gesprächspassagen, in denen sich die Kinder in besonderer Weise engagieren, werden einer Feinanalyse unterzogen. Dabei werden z.B. Fragen der gegenseitigen (zustimmenden oder ablehnenden) inhaltlichen Bezugnahmen oder Fragen der gemeinsamen Herausbildung von Gedanken untersucht.
4. *Entwicklung theoretisch relevanter Kategorien:* Die Auswertungsschritte 1 bis 3 beziehen sich auf je eine Gruppendiskussion. Mehrere auf diese Weise ausgewertete Gruppendiskussionen werden schließlich einer vergleichenden Analyse unterzogen. Diese dient der Entwicklung theoretisch relevanter Kategorien, die gemäß dem Konzept der „grounded theory" nach Anselm Strauss (vgl. Strauss und Corbin 1996) als „Bausteine" für eine empirisch begründete Theorie im untersuchten Themenbereich dienen.

4. Zum Konzept „Geschichtsbewußtsein"

Geschichtsbewußtsein wird heute vielfach als „zentrale Kategorie der Geschichtsdidaktik" (Jeismann 1988) aufgefaßt, gleichwohl mangelt es an empirischen Untersuchungen darüber, wie Geschichtsbewußtsein in verschiedenen Altersgruppen und Regionen konkret aussieht und vor allem darüber, wie es sich entwickelt (vgl. Rüsen 1994a). In der aktuellen entwicklungs- und sozialpsychologischen Forschung findet sich das Thema Geschichtsbewußtsein allenfalls auf Jugendliche und Erwachsene bezogen, nicht jedoch auf Kinder. Bodo von Borries (1994, 1995) untersuchte das geschichtliche Bewußtsein und die politische Orientierung von Jugendlichen über eine repräsentative Befragung von über sechstausend Schülerinnen und Schülern aus 6., 9. und 12. Klassen in Ost- und Westdeutschland. Die umfangreichen statistischen Analysen geben einen guten Überblick über Kenntnisstände, Einstellungen und Meinungen der Jugendlichen in Abhängigkeit von Geschlecht, Schulform und Parteipräferenzen. Da aus methodischen Gründen aber ausschließlich „geschlossene" Fragen formuliert wurden, konnten sich die Jugendlichen mit ihren Antworten auch nur in dem vorgegebenen Rahmen bewegen.[3]

„Geschichtsbewußtsein", umfassend verstanden, ist allerdings nicht direkt zu beobachten oder zu erfragen, sondern muß über die individuellen Deutungsmuster erschlossen werden, die konkreten Äußerungen in Interviews oder anderen Formen der Datenerhebung zugrunde liegen. Um zu solchen Deutungsmustern zu kommen, bedarf es entweder einer Reihe von interpretativen Schritten, die von diesen Äußerungen ausgehen (bei eher „offenen" Erhebungsverfahren), oder theoretisch fundierter „operationaler" Definitionen, wofür erst wenige Vorschläge für bestimmte Basiskompetenzen vorliegen.

Die verschiedenen theoretischen und begrifflichen Bestimmungen von „Geschichtsbewußtsein" laufen alle mehr oder weniger darauf hinaus, dieses als eine psychische oder mentale Struktur aufzufassen, die in einem – wie auch immer theoretisch ausgearbeiteten – Kompetenzmodell dargestellt werden kann (vgl. Meyer und Straub 1995):

„Unter historischer Sinnbildung werden die mentalen Prozeduren verstanden, in denen die Vergangenheit so gedeutet wird, daß mit ihr Gegenwart verstanden und Zukunft erwartet werden kann. In ihr werden die drei Zeitdimensionen in eine übergreifende Vorstellung von Zeitverläufen integriert, mit der die Erfahrung der Vergangenheit in der Form einer Geschichte vergegenwärtigt und zum Zweck der Handlungsorientierung und sozialen und personalen Identitätsbildung erinnert wird." (Rüsen 1994 b, S. 2).

Geschichtsbewußtsein manifestiert sich in konkreten inhaltlichen Stellungnahmen, kann aber nicht auf solche reduziert werden:

„Mehr als bloßes Wissen oder reines Interesse an der Geschichte umgreift Geschichtsbewußtsein den Zusammenhang von Vergangenheitsdeutung, Gegenwartsverständnis und Zukunftsperspektive." (Jeismann 1979, S. 42).

Da die empirisch-psychologische Forschung zur Entwicklung von Geschichtsbewußtsein erst am Anfang steht, scheint es zunächst einmal sinnvoll zu sein, das ganze Methodenspektrum der empirischen Sozialforschung daraufhin zu untersuchen, welchen Beitrag es im Hinblick auf die Erfassung verschiedener Basiskompetenzen des Geschichtsbewußtseins zu leisten vermag (vgl. Billmann-Mahecha 1997). Allerdings ist theoretisch noch nicht hinreichend geklärt, welche Basiskompetenzen als notwendig und hinreichend für die Entwicklung von Geschichtsbewußtsein angesehen werden müssen. Dennoch sollen hier einige wenige Beispiele genannt werden:

---

[3] Beispiel: "Woran denkst Du bei Mittelalter?" Es folgen fünf mögliche Assoziationen (z.B. „glanzvolle Turniere tapferer Ritter"), die auf einer fünfstufigen Skala eher bejaht oder eher verneint werden sollen.

Mit Hilfe von Experimenten können Gedächtnisleistungen sehr junger Kinder nachgewiesen werden, wodurch auf ein autobiographisches Gedächtnis bereits in frühester Kindheit zu schließen ist (vgl. z.B. Perris, Myers und Clifton 1990). Die teilnehmende Beobachtung ermöglicht es, schon bei zweijährigen Kindern die Fähigkeit zum Perspektivenwechsel in alltäglichen Verständigungssituationen zu beschreiben. Auch für einen Zugang zur narrativen Kompetenz junger Kinder scheint die teilnehmende Beobachtung – neben der Analyse von Nacherzählungen (vgl. z.B. Hänni und Hunkeler 1980; Boueke, Schülein und Wolf 1995) – ein geeignetes Verfahren zu sein. Um zu erfahren, welche historischen Kenntnisse Grundschulkinder vor einer systematischen schulischen Unterweisung tatsächlich haben, sind standardisierte Fragebögen sicherlich sinnvoll.

Welchen Sinn Kinder aber mit den vorhandenen Kenntnisbruchstücken verbinden, ob und inwieweit es ihnen gelingt, einen „Zusammenhang von Vergangenheitsdeutung, Gegenwartsverständnis und Zukunftsperspektive" (Jeismann a.a.O.) herzustellen, kann mit Experiment, standardisierter Befragung und teilnehmender Beobachtung nur wenig erhellt werden. Ein geeigneteres Verfahren erscheint mir für solche komplexere Fragestellungen das Gruppendiskussionsverfahren zu sein, das zwar nicht bei sehr jungen, sehr wohl aber – wie bereits in anderen Themenbereichen bestätigt (vgl. z.B. Billmann-Mahecha, Gebhard und Nevers 1997) – bei Kindern ab etwa sechs bis sieben Jahren anwendbar ist.

5. Wie manifestiert sich Geschichtsbewußtsein in Kindergruppendiskussionen? – Ein Beispiel

„Geschichtsbewußtsein ermöglicht nicht nur, es verlangt die Fähigkeit zum kontroversen Diskurs, der auf der Einsicht in die Partialität und Irrtumsanfälligkeit der eigenen Deutungen und Wertungen beruht. ... Geschichtsbewußtsein dieser Art macht die Kommunikation verschiedener Personen oder Gruppen, Völker oder Religionen möglich, ja erforderlich und erweist sich in diesen Spannungen und Kontroversen als tendenziell 'weltbürgerliches' Bewußtsein." (Jeismann 1988, S. 22)

Angesichts dieser Bemerkungen erstaunt es ein wenig, daß das Gruppendiskussionsverfahren bisher im Themenfeld Geschichtsbewußtsein noch kaum zum Einsatz gekommen ist, schon gar nicht bei Kindern.

Die Gruppendiskussion, anhand derer der mögliche Ertrag dieser empirischen Zugangsweise diskutiert werden soll, wurde von meiner Projektmitarbeiterin Monika Hausen mit vier Kindern einer vierten Grundschulklasse in Hannover geführt. Als Anregung der Diskussion wurden eine Reihe „historischer" Gegenstände auf dem Tisch ausgebreitet, z.B. ein Lorgnon mit Etui, eine Dose mit einer Ansicht von Hannover aus dem Jahre 1850, Kopien der deutschen Schrift und einer Ansicht von Hannover von ca. 1800. Die breite

Palette der in unserer Kindergruppendiskussion verwendeten Gegenstände als Gesprächsanreiz ermöglichte eine große Offenheit hinsichtlich der Relevanzsetzungen durch die Kinder selbst. [4]

Nachdem die Kinder die Gegenstände und Bilder betrachtet und spontan kommentiert hatten, entspann sich eine facettenreiche Diskussion, teilweise strukturiert durch Zwischenfragen der Diskussionsleiterin. Bei ihrem Zwischenfragen orientierte sich die Diskussionsleiterin überwiegend an Themenaspekten, die die Kinder bereits selbst in kürzeren Sequenzen angeschnitten hatten, um diese nochmals ausführlicher zu diskutieren. Des weiteren sah die Diskussionsleiterin ihre Aufgabe in einer sanften gruppendynamischen Lenkung, so daß alle Kinder relativ regelmäßig zu Wort kommen und auch ausreden konnten. Weitere „didaktische" Interventionen gab es nicht; die Kinder wurden nicht etwa berichtigt oder belehrt, wenn sie etwas ungewöhnliche historische Auffassungen vertraten. Vielmehr beschränkte sich die Diskussionsleiterin in solchen Fällen auf Interesse bekundende neutrale Bemerkungen (wie z.B. „Aha" oder „Mhm") oder auf Rückfragen, die die kindlichen Aussagen nochmals spiegelten (wie z.B. „Also, Du meinst, die Menschen haben die Dinosaurier gejagt?"), teilweise ergänzt um Fragen an die anderen Kinder („Was meinen denn die anderen?"). Meist bekundeten die Kinder aber selbst ihre eventuell gegenteiligen Meinungen. Die Diskussion war so umfangreich, daß sie hier nicht als ganzes vorgestellt werden kann. Es folgt ein strukturierter Überblick über die angesprochenen Hauptthemen; sodann werden exemplarisch solche Passagen der Gruppendiskussion vorgestellt, die theoretisch für die Frage nach dem Geschichtsbewußtsein relevant sein könnten.

Zunächst die Themenliste: [5]

A. Themen, die ausführlicher behandelt wurden (von den Kindern eingebracht):
- Gab es Vögel in der Urzeit?
- Gab es bereits Menschen, als es Dinosaurier gab?
- Was hatten die Menschen in der Steinzeit?
- Wie sah die Eiszeit aus?
- Wie war das mit den Hieroglyphen und den Pyramiden?
- Welchen Sinn haben Museen?
- Sind die Gegenstände in Museen echt oder nachgemacht?
- Sind alte Gegenstände wertvoll?

---

[4] Für die qualitative Sozialforschung, zu der die Methode der Gruppendiskussion zählt, ist die Möglichkeit der Relevanzsetzung durch die untersuchten Personen ein wichtiges Prinzip.
[5] Die Themenüberschriften sind zusammenfassende Charakterisierungen von mir.

B. Themen, die kürzer behandelt wurden (von den Kindern eingebracht):
- Wie sahen die Menschen in der Urzeit aus?
- Gab es Schnecken in der Urzeit?
- Kann man eingefrorene Mammutbabys wiederbeleben?
- Wie funktioniert ein Lorgnon?

C. Themen, die explizit von der Gesprächsleiterin eingebracht wurden:
- Warum beschäftigen wir uns mit Geschichte?
- Aus welcher Zeit könnten die mitgebrachten Gegenstände sein?

Die hermeneutische Textanalyse nach dem oben beschriebenen Verfahren ermöglichte es, aus dem Material heraus eine Reihe von Auswertungskategorien zu formulieren, die sich für die weitere Theoriebildung als theoretisch relevant erweisen dürften. Sie sollen im folgenden mit Hilfe von Textbeispielen veranschaulicht werden.

5.1 Gemeinsame Konstruktion historischer Szenarios

Obwohl die Kinder nur über sehr punktuelle natur- und kulturhistorische Kenntnisse verfügen, scheinen sie sich dennoch über das Leben in früheren Zeitepochen ein – wenn auch unscharfes – „Bild" zu machen. An mehreren Stellen der Diskussion wurden, angeregt durch die Bemerkung eines Kindes, gemeinsam richtiggehende historische Szenarios entwickelt, wobei jedes Kind sein aus Büchern, Bildern, Fernsehsendungen und dem Sachkundeunterricht erworbenes „Wissen" einbrachte und damit entweder die „Geschichte" fortführte oder durch neue Fragen und Behauptungen neue Wendungen in das Ganze brachte. „Historische Szenarien", wie ich sie hier verstehe, bestehen also aus Kenntniselementen, die narrativ zu einem kommunizierbaren Vorstellungsbild verknüpft werden, gelegentlich angereichert durch Beschreibungen (wie z.B. „Aber heutzutage haben die zwar noch Härchen, aber kein Fell mehr ...") und historische Argumente (siehe dazu unten). [6]

Ein solches Szenario findet sich z.B. bei dem Thema „Gab es Vögel in der Urzeit?" Dieses Thema führte sehr schnell zu den bei der heutigen Kindergeneration äußerst beliebten Dinosauriern, dann zu der Frage, ob Archeopterix ein Vogel war, und schließlich zu den frühen Menschen, die nach Auffassung zumindest von drei der vier Kinder Dinosaurier gejagt und sich dabei in Höhlen versteckt haben. Ein anderes Szenario wurde für die Eiszeit ent-

---

[6] Die Unterscheidung zwischen Erzählung, Beschreibung und Argumentation ist eine idealtypische. Die konkrete Alltagskommunikation, derer sich die Kinder hier bedienen, enthält eine Reihe von Mischformen aus diesen Typen.

wickelt. Dabei übertrugen die Kinder ihre subjektiven Vorstellungen darüber, wie Eskimos leben, auf die Eiszeit und erzählten unter anderem: [7]

A.: Die Eiszeit, wo's nur Eis gibt und so, also, wo die Menschen sich ganz warm anziehen mußten, weil's ja, und sie mußten mal in den Häusern bleiben und sie mußten probieren, Holz noch zu finden oder sie haben immer Löcher in, also in die Ei, also jetzt ins Eis getan, damit sie die, ähm, Fische auch also Luft kriegen und so, oder damit sie nicht, also damit sie noch Luft kriegen.

T.: Und angeln können. Das machen die Eskimos doch auch. Die essen ja auch tiefgekühlten Fisch. Also angeln 'se und essen sie sofort.

A.: Die machen dann immer so'n kleines Loch rein, die haben nicht solche richtigen Angeln, solche Holzangeln und dann nehmen sie da so'n ganz gewöhnliches Seil, aber sie hatten da ja noch kein Seil, deswegen ...

St.: Pflanzen!

A.: Ja, solche Pflanzen, die ganz biegsam sind. Dann ham'se dann irgendwas drangehängt und dann haben sie sich immer um das Loch gesetzt und haben probiert, auch was zum Essen zu kriegen. Und dann konnten sie das Loch ja nicht immer zumachen und deswegen war's ja auch für beide gut. Sie konnten da angeln und die Tiere haben auch, also, die Tiere konnten auch ein bißchen Luft kriegen.

Interessant an diesem Beispiel ist, wie die Kinder versuchen, historische Sachverhalte, so wie sie sie sehen, in Form von ihnen offensichtlich vertrauten Abenteuergeschichten zu verstehen. Ähnliches finden wir auch bei der Dinosaurierjagd.

Theoretisch gestützt ist diese Interpretationshypothese durch die in neueren Arbeiten zum Geschichtsbewußtsein vertretene Auffassung, daß historische Sinnbildung wesentlich auf der im Alltag erworbenen Fähigkeit beruht, Erfahrungen in Form von Geschichten zu (re-)konstruieren, zu reflektieren und miteinander auszutauschen (vgl. Rüsen 1994a).

Da Realität und Fiktion in keiner Erzählung scharf getrennt werden kann (vgl. Schröder 1993), ist der fiktionale Gehalt in der Konstruktion historischer Szenarios kein grundsätzliches Argument gegen die Auffassung, daß sich aus der Anlehnung an Abenteuergeschichten Geschichtsbewußtsein entwickeln kann. Sicherlich reflektieren Kinder weniger oder gar nicht den möglichen fiktionalen Gehalt ihrer Konstruktionen. Allerdings zeigt sich in den „Geschichten" unserer Gruppendiskussion so etwas wie ein soziales Korrektiv, wenn zum Beispiel bei der Dinosaurierjagd Stephan mehrfach seine Zweifel darüber einbringt, ob es zur Zeit der Dinosaurier überhaupt schon Menschen gegeben habe.

---

[7] Die Namen der Kinder sind geändert, die Abkürzung "Int." steht für die Diskussionsleiterin.

5.2 Historische Argumentation

In der Gruppendiskussion finden sich auch Ansätze historischer Argumentationen. Darunter verstehe ich solche Argumentationsformen, bei denen zur Stützung der vorgebrachten Behauptungen oder Meinungen auf – wenn auch rudimentäre – historische Kenntnisse zurückgegriffen wird und diese in Form eines Argumentes verknüpft werden. Hierfür zwei Beispiele von Stephan. Auf die Frage, seit wann die Menschen denn Brillen hätten, meinte Tanja „10 Millionen Jahre". Stephan konterte mit einem historischen Argument:

„Also, ich sage, 10 Millionen Jahre kann's doch gar nicht sein, da war doch dieser Frühmensch, und der hat doch sowas noch nicht erfunden. Der hat sich doch noch von der Natur ernährt und das alles. Und da hat er doch noch nicht solche Sachen gebaut."

Auf die Frage, von wann die Abbildung von Hannover auf der mitgebrachten Dose sein könnte, meinte Stephan nach verschiedenen Schätzungen der anderen Kinder:

„1900 kann's, glaub ich, nicht sein, sonst würde man das Rathaus im Hintergrund auch noch sehen. Äh, und, das neue [Rathaus] mein ich. Und ich denke mal so 1500 vielleicht."

5.3 Identifikation mit der Geschichte

Auffällig in der Diskussion war eine gelegentliche Verwendung des Wir-Begriffs, wenn von historischen Zeiten die Rede war. Dafür drei Beispiele:

„Und das ist hier auch aus ganz alten Zeiten, da wurden wir noch gar nicht geboren, da wurdest Du noch gar nicht geboren, da wurden noch nicht einmal Vögel geboren." (Tanja)

„So sahen sie [die Urmenschen auf einer Abbildung] aber wirklich aus, so sahen wir mal wirklich aus!" (Tanja)

„(...) Also, die Stadt, wie sie im Krieg aussah und so, die sind ja da auch [im Museum]. Und dann kann man mal sehen, wenn man da sein Haus oder irgendwas draufsieht, was man bewundert, ne, dann kann man sehen, wie gut wir das nachgemacht haben. (...)." (Anne)

Aufgrund solcher ganz unscheinbarer, wie zufälliger Verwendungen des Wir-Begriffs könnte man die Interpretationshypothese aufstellen, daß Identifikation insofern stattfindet, als sich die Mädchen hier unreflektiert und quasi selbstverständlich als Teil der Menschengeschichte betrachten oder empfinden. Dieser Aspekt, der noch genauerer Untersuchungen bedarf, könnte eine Voraussetzung für die sinngebende Verknüpfung zwischen Vergangenheit, Gegenwart und Zukunft sein. Auch Meyer & Straub zählen den Wir-Begriff zu den Basiskompetenzen des Geschichtsbewußtseins (1995, Schema 1).

5.4 Zeitvorstellungen

Während die Kinder in der Diskussion durchaus eine Reihe von Basiskompetenzen des Geschichtsbewußtseins zeigten, wie an den Beispielen zur Konstruktion historischer Szenarios und zur historischen Argumentation veranschaulicht wurde, finden sich bei den von der Gesprächsleiterin angeregten Überlegungen zum Alter der mitgebrachten Gegenstände, trotz der zitierten argumentativen Einlagen, für uns Erwachsene sehr fremd anmutende Schätzungen, die über Zeiträume von zum Teil mehrere Millionen Jahre reichen.

Nach Friedman (1990) beziehen sich Kinder bis zum Alter von etwa 12 Jahren auf das „verbal list system", um größere Zeiträume zu konzeptualisieren. Detailliert erforscht wurde dies für die Anordnung von Wochentagen und Monaten. Erst ab einem Alter von etwa 15 Jahren gelingt eine bildlich-räumliche Vorstellung längerer Zeiträume. Die Vorstellungen, die Kinder von historischen Zeiträumen haben, sind noch kaum erforscht. Als Hypothese kann hier nur formuliert werden, daß hundert, tausend oder eine Million Jahre für Kinder keine Zahlbegriffe im eigentlichen Sinne darstellen, sondern schlichte Wortmarken, ähnlich dem von Friedman untersuchten „verbal list system".

5.5 Zur Ästhetik alter Gegenstände

Angeregt durch das Etui zum Lorgnon überlegten die Kinder auch, ob solche Dinge wertvoll sind und kamen in diesem Kontext auf die Schönheit alter Dinge zu sprechen. Mehrmals ist die Rede von Seidenstoffen, die die Menschen im Mittelalter hatten, des weiteren von schön gemalten alten Bildern. Hierzu zwei Beispiele von Anne:

„Und bei dem hier [dem Etui], da ist auch ganz – ganz feiner Stoff drinne. Da – die haben alles ganz vorsichtig genommen, weil die früher das ganz wertvoll fanden, daß sie sowas überhaupt besitzen. Und heute ist das ganz – und heute ist es ja – und heute gibt's diese Sachen ja gar nicht mehr. Und wenn man die sehen würde, findet man sie vielleicht toll, aber dann würde man sie nicht gerne haben."

[Zu einem gemalten Bild]:

„ ...aber nur für manche Menschen ist das wertvoll, die was von Kunst verstehen oder so. Aber die anderen, die denken, daß da ja nur so'n Bild draufgemalt ist. Das kann ja jeder malen. Aber wenn man mal richtig vom Weiten sieht oder vom ganz Nahen, dann denkt man, daß – da ist schon was dahinter."

Was die Kinder in diesen und anderen Passagen zu alten Gegenständen und Abbildungen ausdrücken, könnte man als einen gewissen „Respekt" interpretieren, auch wenn sie sich dessen nicht ganz sicher sind. Rüsen bemerkt zu dieser Art des Zugangs zu alten Dingen:

„Mit dem sichtbaren Alter gewinnen sie eine eigene ästhetische Qualität. An ihnen erscheint der ästhetische Reiz des Vergangenen. Die Dinge werden allein wegen ihres Alters 'auratisch'. ... Also kann sich auf der ästhetischen Ebene Geschichtsbewußtsein in der sinnlichen Wahrnehmung von Zeitdifferenz initiieren." (1994c, S. 33 f.)

5.6 Welchen Sinn haben Museen?

Angesichts der neueren Diskussion um eine angemessene Museumspädagogik (vgl. z.B. Liebelt 1990) soll abschließend noch dargestellt werden, was die Kinder selbst über den Sinn von Museen denken. An einer Stelle der Diskussion brachte die Gesprächsleiterin die Frage ein, womit sie sich gerade beschäftigen würden. Auf den von der Gesprächsleiterin angepeilten Begriff „Geschichte" kamen die Kinder nicht von selbst, konnten sich dann aber trotzdem etwas darunter vorstellen. Anne, Tanja und Stephan meinten im weiteren Gesprächsverlauf zunächst, man brauche Geschichtskenntnisse, um bei Geschichtstests in der Schule gute Noten zu schreiben und eventuell für den späteren Beruf (wobei ihnen aber nur Forscher und Geschichtslehrer einfiel). Anne meinte noch zusätzlich, man könne sich ja dafür interessieren, weil es Spaß macht.

Kathrin hingegen sagte, sie habe kein Interesse an Geschichte. Als Stephan schließlich meinte, man betreibe Geschichte, „damit man mehr in's Museum geht", entspann sich eine längere Gesprächseinheit über den Sinn von Museen. Während Tanja und Kathrin zunächst die Auffassung vertraten, die Museen nutzten das aus, um Geld zu verdienen, kamen zunehmend weitere Aspekte in die Diskussion, z.B.: „damit man sich dann mehr für die Geschichte interessiert" (Stephan; man beachte die zirkuläre Auffassung: Ursprünglich führte er das Thema ein, indem er sagte, man betreibe Geschichte, damit man mehr ins Museum geht.); „damit man das sieht, ihre Funde" (Stephan); „Und dann, wenn man dann ins Museum geht, dann weiß man auch, ja, was haben sie sich angezogen und wie haben sie den ermordet und alles" (Tanja); „und die Leute im Museum wollen da nicht nur Geld verdienen. Sie wollen den Menschen ja auch mal 'ne Freude machen." (Anne) Schließlich kam Anne zu folgender Argumentation, in der sie auch versucht, die Dimensionen Vergangenheit, Gegenwart und Zukunft miteinander zu verknüpfen, nach Jeismann (1988) eine grundlegende Ausdrucksweise von Geschichtsverständnis:

„Wir -, ähm, bei den meisten, da sind ja – bei den meisten Museums, da sind ja auch immer die Stadt von denen. Also, die Stadt, wie sie im Krieg aussah und so, die sind ja da auch. Und dann kann man mal sehen, wenn man da sein Haus oder irgendwas drauf sieht, was man bewundert, ne, dann kann man sehen, wie gut wir das nachgemacht haben und daß die Menschen nicht nur Geld haben wollen, sondern auch den anderen Menschen, die dann noch geboren werden auch -, ähm, also, daß sie denen auch wieder 'ne Freude machen wollen. Die hatten die Freude das zu besitzen, aber die anderen müssen das ja erst noch besitzen. Aber, wenn jetzt Krieg ist und alles ist kaputtgegangen, dann können sie das ja gar nicht machen."

Im weiteren Verlauf dachten die Kinder darüber nach, ob die Dinge in den Museen echt oder nachgemacht seien. Wichtig zur Findung der Lösung scheint den Kindern die Frage danach zu sein, wie die Dinge überhaupt ins Museum kommen. Daraus seien einige Ausschnitte zitiert:

K.: Manche, die sind ja da noch gar nicht geboren gewesen und dann können sie das ja gar nicht so einfach kriegen. Die haben bestimmt über das gelesen und so, die haben hier gelesen und mal da gelesen und dann haben sie mal die Farben alle gesucht und da haben die das irgendwie – dann haben sie alles nachgemacht. Weil sie ...

Int.: Aha.

A.: ... das genau jetzt alles gewußt haben.

Int.: Mh, Stephan, was meinst Du?

St.: Mh, gelesen. Da muß es ja irgendwie ein anderer dann nochmal farbig gefunden haben, weil, und früher gab's ja noch keine Bücher und außerdem gefunden, man kann's ja auch finden unter der Erde, so Forscher können das doch auch finden.

(...)

K.: Aber Stephan, wie soll man die Kutschen finden? - - -

St.: Kutschen?

K.: Ja, die Kutschen.

A.: Ja, die Kutschen sind doch auch im Museum, oder...

St.: Jaaa, die Kutschen sind doch, o.k., aber das ist doch im Mittelalter. Aus der Steinzeit, da findet man, da muß man das echt finden.

(...)

T.: Also, ich glaube auch nachgemacht, ähm, denn – denn sonst würde ja – würden ja – das schon längst wie – hätten die das schon geklaut. (nachdenklich)

St.: Die – die sind ja alarmgesichert.

(...)

A.: Also, ich – bei diesem – wir sind ja auch im Museum gewesen und dort sind, wo die Sachen waren – Anziehsachen und so und diese ganzen Broschen, die sie anhatten, da -, ne, was sie alles hatten, ne, und dort war auch so'n Text, den haben sie bestimmt aus 'm Buch so ähnlich geschrieben. Aber, aber ich glaube, es ist nicht echt, weil, ähm, also, die Anziehsachen, die haben die bestimmt so schön gestrickt oder so, weil – ich glaube, sie würden die Broschen nicht hergeben oder sowas.

6. Schlußbemerkung

Insgesamt liefert uns diese Gruppendiskussion eine Reihe von Hinweisen auf verschiedene Aspekte des Geschichtsbewußtseins von Kindern, die allerdings auf unterschiedlichen Ebenen liegen. So erhalten wir Hinweise auf Basiskompetenzen ebenso wie Hinweise auf komplexere historische Deutungsmuster. Insbesondere die „Konstruktion historischer Szenarios", aber auch andere Passagen, geben bereits einigen Einblick in kindliche Vergangenheitsdeutungen. Die bisher vorliegenden Ergebnisse, die hier nur ausschnittsweise an einem Beispiel dargestellt werden konnten, zeigen die Fruchtbarkeit des Verfahrens nicht nur im Hinblick auf die Vorstellungen von Kindern in bezug auf „Geschichte", sondern auch im Hinblick auf Fragen nach kindlichen Argumentationsformen und nach der sozialen Dimension kindlichen Denkens. Die Bezugnahmen auf die geäußerten Gedanken anderer Kinder – auch bei einem vermeintlichen Aneinandervorbeireden – verweist auf eine kommunikative Kompetenz, die wir möglicherweise unterschätzen, wenn wir unsere erwachsenen Maßstäbe an eine „geordnete" Diskussion anlegen. Hinzu kommt das häufig zu beobachtende allmähliche Herausbilden von Gedanken beim Sprechen. Kinder kommen zu erstaunlichen Einsichten, wenn man sie in Ruhe ausreden läßt und sie nicht etwa ermahnt, erst nachzudenken und dann zu reden.

Literatur

Berg, Ch. (1991). Kinderleben in der Industriekultur. In Ch. Berg (Hg.), Kinderwelten (S. 15-40). Frankfurt a.M.: Suhrkamp.
Billmann-Mahecha, E. (1990). Egozentrismus und Perspektivenwechsel. Empirischpsychologische Studien zu kindlichen Verstehensleistungen im Alltag. Göttingen: Hogrefe.
Billmann-Mahecha, E. (1994). Argumente für eine verstehende Kinderpsychologie aus kulturpsychologischer Sicht. In E. Martens & H. Schreier (Hg.), Philosophieren mit Schulkindern (S. 150-158). Heinsberg: Dieck.
Billmann-Mahecha, E. (1998). Empirisch-psychologische Zugänge zum Geschichtsbewußtsein von Kindern. In J. Straub (Hg.), Erzählung, Identität und historisches Bewußtsein. Zur psychologischen Konstruktion von Zeit, Geschichten und Geschichte. Frankfurt a.M.: Suhrkamp.
Billmann-Mahecha, E., Gebhard, U. und Nevers, P. (1997). Naturethik in Kindergesprächen. Grundschule 5/97, 21-24.
Borries, B. v. (1994). Geschichtliches Bewußtsein und politische Orientierung von Jugendlichen in Ost- und Westdeutschland 1992. Neue Sammlung, 34, 363-382.

Borries, B. v. (1995). Das Geschichtsbewußtsein Jugendlicher. Eine repräsentative Untersuchung über Vergangenheitsdeutungen, Gegenwartswahrnehmungen und Zukunftserwartungen von Schülerinnen und Schülern in Ost- und Westdeutschland. Weinheim: Juventa.

Boueke, D., Schülein, F., & Wolf, D. (1995). Wie lernen Kinder, eine Geschichte zu erzählen? Zur Entwicklung narrativer Strukturen. Forschung an der Universität Bielefeld, 11, 27-33.

Bruner, J. (1997). Sinn, Kultur und Ich-Identität. Zur Kulturpsychologie des Sinns. (Amerik. Originalausg. 1990). Heidelberg: Auer.

Brüning, B. (1994). Philosophieren mit sechs- bis achtjährigen Kindern in der außerschulischen Erziehung – Überlegungen zu einem handlungsorientierten Ansatz unter Berücksichtigung praktischer Erfahrungen. Hamburg: Unveröff. Diss.

Donaldson, M. (1982). Wie Kinder denken. (Engl. Originalausg. 1978). Bern: Huber.

Dornes, M. (1993). Der kompetente Säugling. Die präverbale Entwicklung des Menschen. Frankfurt a.M.: Fischer.

Dornes, M. (1997). Die frühe Kindheit. Entwicklungspsychologie der ersten Lebensjahre. Frankfurt a.M.: Fischer.

Englhart, St. (1997). Modelle und Perspektiven der Kinderphilosophie. Heinsberg: Dieck.

Freese, H.-L. (1989). Kinder sind Philosophen. Weinheim: Quadriga.

Friedman, W.J. (1990). About time: Inventing the fourth dimension. Cambridge: MIT Press.

Hänni, R. & Hunkeler, R. (1980). Von der Entwicklung der kindlichen Erzählsprache. Schweizerische Zeitschrift für Psychologie, 39, 16-32.

Heckmann, G. (1981). Das sokratische Gespräch. Erfahrungen in philosophischen Hochschulseminaren. Hannover: Schroedel.

Heisterkamp, G. (1992). Zur Psychologie frühkindlicher Selbstbewegungen. Zwischenschritte 2/1992, 23-35.

Horster, D. (1992). Philosophieren mit Kindern. Opladen: Leske + Budrich.

Horster, D. (1994). Das Sokratische Gespräch in Theorie und Praxis. Opladen: Leske + Budrich.

Jeismann, K.-E. (1979). Geschichtsbewußtsein. In Handbuch der Geschichtsdidaktik, hg. von Klaus Bergmann u.a., Band 1 (S. 42-45). Düsseldorf: Schwann.

Jeismann, K.-E. (1988). Geschichtsbewußtsein als zentrale Kategorie der Geschichtsdidaktik. In G. Schneider (Hg.), Geschichtsbewußtsein und historisch-politisches Lernen. Jahrbuch für Geschichtsdidaktik Band 1 (S. 1-27). Pfaffenweiler: Centaurus.

Liebelt, U. (Hg.) (1990). Museumspädagogik. Museum der Sinne. Bedeutung und Didaktik des originalen Objekts im Museum. Hannover: Sprengel Museum.

Lipman, M. (1984). Über den philosophischen Stil von Kindern. Ztschr. für Didaktik der Philosophie 1/84, 3-11.

Martens, E. (1990). Sich im Denken orientieren. Philosophische Anfangsschritte mit Kindern. Hannover: Schroedel.

Matthews, G.B. (1989). Philosophische Gespräche mit Kindern. (Amerik. Originalausg. 1984). Berlin: E.G. Freese Verlag.

Meyer, M. & Straub, J. (1995). Literaturdokumentation und erste Hinweise zur Ausarbeitung einer Psychologie historischer Sinnbildung. Bielefeld: Zentrum für interdisziplinäre Forschung.
Nelson, L. (1987). Die sokratische Methode (Nachschrift des Vortrages von 1922). Kassel: Weber, Zucht & Co.
Perris, E.M., Myers, N.A. & Clifton, R.K. (1990). Long-term memory for a single infancy experience. Child Development, 61, 1796-1807.
Reese, H.W. und Overton, W.F. (1979). Modelle der Entwicklung und Theorien der Entwicklung. In: P.B. Baltes, L.H. Eckensberger (Hg.), Entwicklungspsychologie der Lebensspanne (S. 55-86). Stuttgart: Klett.
Rüsen, J. (1994a). Historische Orientierung: über die Arbeit des Geschichtsbewußtseins, sich in der Zeit zurechtzufinden. Köln: Böhlau.
Rüsen, J. (1994b). Historische Sinnbildung. Interdisziplinäre Untersuchungen zur Struktur, Logik und Funktion des Geschichtsbewußtseins im interkulturellen Vergleich. Bielefeld: Zentrum für Interdisziplinäre Forschung.
Rüsen, J. (1994c). Geschichte sehen. Zur ästhetischen Konstitution historischer Sinnbildung. In M. Flacke (Hg.), Auf der Suche nach dem verlorenen Staat. Die Kunst der Parteien und Massenorganisationen der DDR (S. 28-39). Berlin: Deutsches Historisches Museum/ARS NICOLAI.
Schröder, H.J. (1993). Interviewliteratur zum Leben in der DDR. Das narrative Interview als biographisch-soziales Zeugnis zwischen Wissenschaft und Literatur. Materialien und Ergebnisse aus Forschungsprojekten des Institutes für kulturwissenschaftliche Deutschlandstudien an der Universität Bremen, FB 10, Heft 5.
Stern, D. (1979). Mutter und Kind. Die erste Beziehung. Stuttgart: Klett.
Strauss, A. und Corbin, J. (1996). Grounded Theory: Grundlagen Qualitativer Sozialforschung. Weinheim: Beltz, Psychologie Verlags Union.
Zoller, E. (1990). Philosophieren mit den Kleinsten. Ztschr. für Didaktik der Philosophie 1/91, 50-53.

Bernhard Vief

Die Bits als Universal- und Elementarzeichen

Transplantation im Digitalen

Eine Zumutung vorab

König Ödipus blendete sich selbst. Van Gogh schnitt sich das Ohr ab. Die digitale Technik amputiert und transplantiert. Sie vermittelt zwischen beiden.

Eine Stimme wird generiert

How are you? Ich gebe diesen Satz mit Hilfe einer alphabetischen Tastatur ein, und er gibt ihn mir aus, mündlich, in gesprochenen Worten. „Er" – das ist ein Sprachgenerator der Firma Macintosh. Er kann Schrift in Sprache übersetzen. Der Satz ist keine Tonkonserve wie bei Tonband und Kassette. Er ist in dem Moment synthetisiert worden, als ich ihn eingegeben habe, sogar mit der richtigen Intonation. Der Sprachgenerator erkennt den Fragesatz und hebt seine Stimme etwas an. „Seine Stimme" ist die Stimme eines phonetisch ausgebildeten Sprechers. Allerdings hat sich die Stimme von ihrem Sprecher gelöst. Sie wurde in kleinste lautliche Einheiten, in Phoneme, zerhackt und auf Sprachchips gespeichert. Diese können in beliebiger Reihenfolge abgerufen und von einem Lautsprecher als synthetische Sprache ausgegeben werden. Eigentlich ist es also gar nicht „seine" Stimme. Der Sprachgenerator ist nichts Lautliches. Für ihn gilt, was Ferdinand de Saussure einmal von der Sprache gesagt hat. Auch diese sei nichts Lautliches. Der Laut sei „für sie nur etwas Sekundäres, ein Stoff, mit dem sie umgeht"[1].

Diese Aussage mutet zunächst mysteriös an. Dennoch trifft sie den Kern dessen, was die Wirkung der digitalen Medien ausmacht. Und sie läßt an Klarheit nichts zu wünschen übrig, bezieht man sie nicht auf die natürliche, sondern auf die Maschinensprache. Die Maschinensprache repräsentiert ein sprachliches Atommodell. Die „Sprache" wird in kleinste, nicht weiter teilbare Sprachelemente zerteilt – in Bits. Dabei hat sie ihre natürliche und lautliche Haut abgestreift: Ein Bit ist nichts Lautliches.

Der Sprecher liefert mit seiner Stimme nur das Material, mit dem die „Sprache" umgeht. So kann ich der Stimme beliebige Sätze unterlegen, die der Sprecher nie gesagt hat. Damit sei angedeutet, was man in der Medientheorie als den „Verlust des Originals" bezeichnet. Herkömmliche

---

[1] Ferdinand de Saussure: Grundfragen der allgemeinen Sprachwissenschaft, S. 141

theorie als den „Verlust des Originals" bezeichnet. Herkömmliche Medien wie das analog kodierte Fernsehen bedürfen einer Vorlage – einer realen Stimme und eines realen Gesichts. Der Computer kann auf diese Vorlage verzichten und die akustischen und visuellen Aspekte eines Menschen „generieren".

Erster Befund: Eine Stimme wurde amputiert und steht zur Transplantation bereit. Damit sind wir in ein neues Zeitalter getreten. Mit der Stimme eines Menschen verbinden wir gewöhnlich die Vorstellung von Echtheit und Authentizität. Von dieser Vorstellung, so selbstverständlich sie scheinen mag, müssen wir uns in Zukunft verabschieden. Da ein Sprachgenerator Lautelemente beliebig aneinanderreihen kann, werden Stimmen zu variablen Texten. Eine synthetische Stimme drückt keine persönliche Identität aus, auch wenn bei dem erwähnten Sprecher noch der Anschein entstehen kann, es handele sich um eine „natürliche" Stimme. Im Prinzip ist auch der Sprecher überflüssig, dann nämlich, wenn eine fiktive Stimme „generiert" wird, die nie ein Mensch gesprochen hat. Dann erst ist es eine rein synthetische Stimme, an die wir erst gar nicht die Erwartung richten, daß sie „natürlich" oder „echt" sein muß. Ebensowenig erwarten wir von den Gutenbergschen Lettern oder einem Laserdrucker eine „persönliche Handschrift".

Was für die Stimme und den Sprecher gilt, der Verlust des Originals, ist auch auf die „Musik" und den „Komponisten" anwendbar. Eine Melodie ist ein lautliches und zeitliches Ereignis, d.h. sie ist chronologisch: Sie hat einen Anfang und ein Ende und folgt einer zeitlichen Logik. Darauf beruht ihre Dramaturgie. In der digitalen Klangkunst (Soundart) wird diese Chronologie aufgelöst und der Ton „verräumlicht". Zum Beispiel erzeugen Klanginstallationen akustische Standbilder. Töne und Klänge werden hier zu variablen Texten. Dem zum „Nutzer" mutierten Zuhörer wird eine Infrastruktur bereitgestellt, die zwar Töne „in der Zeit" produziert, aber Anfang und Ende sind beliebig. Wie die Phoneme eines Sprachgenerators ist die Reihenfolge der „Tongranulate" variabel. Die Lautsegmente gruppieren sich also nach einer Ordnung, die frei ist von einer Hierarchie des Vorher und Nachher. Dabei verliert der Laut seinen lautlichen und zeitlichen Charakter. Offensichtlich handelt es sich bei dem akustischen Standbild nicht um Töne oder Klänge.

Vielmehr ist der „Ton" aus einem akustischen Raum herausgetreten – in eine andere Dimension. Hier ist ein Punkt erreicht, wo der Begriff des „Tones" nicht mehr anwendbar ist und die Vorstellung des Auditiven nicht mehr greift. Es gibt kein stehendes Tonbild.

Ein Bild wird generiert

Während die digitale Technik den Laut und Ton „verräumlicht", führt die Digitalisierung des Bildes, aus einer anderen Richtung kommend, zum gegen-

43

teiligen Ergebnis – zum „bewegten Bild". Die Bilder haben laufen gelernt, und das war eine Voraussetzung dafür, daß sich das Bild an den Ton angleichen konnte – im Sinne einer „Taktilität" oder „Synästhesie", d.h. eines Zusammenwirkens der Sinne. In der Medientheorie wird das die „Verzeitlichung des Bildes" genannt. Dazu mußte man das Bild rastern – in Bild- und Zeitsegmente: Besteht der traditionelle Film noch aus Momentaufnahmen, so das Fernsehbild aus Bildpunkten und das Computerbild aus Bits.

Auch hier, in der Miniaturisierung der Bildelemente, wird eine Grenze erreicht. Beim Übergang von der analogen zur binären Abbildung, vom Fernsehen zum Computer nämlich, geschieht ein entscheidender Schritt: Der elektronische Bildpunkt, die kleinste visuelle Information, wird weiter zerlegt – in Bits. Binarisierte Bilder sind bis zum äußersten zerlegte Bilder. Sie bestehen aus 0 und 1. Das Bild verliert bei dieser Demontage seine Substanz: Ein Bit ist nichts Visuelles. Es unterscheidet sich darin vom Fernsehbildpunkt, der immer noch der Punkt eines Bildes, also ein Miniaturbild ist. Ein Bit ist die kleinste Einheit der Zeichen, ein Elementar- und Universalzeichen.

Hier endet die Verkleinerung und wird in synthetische Kraft umgesetzt. In Bits lassen sich ebenso Zahlen, Buchstaben, logische Operationen, Töne und – im Roboterarm – Bewegungen darstellen. In der Robotertechnik und Künstlichen Intelligenz werden diese Signalsysteme kombiniert und integriert. Dies hat den Charakter der Bildinformation vollständig geändert und den visuellen Rahmen der Fotografie gesprengt. Bis zum Stummfilm kann man noch mit einiger Berechtigung von der Spezialisierung des Augensinns reden – mit Hilfe „optischer Prothesen". Im Computerbild verschmelzen auditive, visuelle und sonstige Medien – wie etwa in der Radmontage, wo die Kamera die Radnabe ortet und den Roboterarm zu ihr hinsteuert. Die Bits sammeln die zersprengten Körperteile ein. Das technische Auge bekommt ein Gehirn und einen Körper.

Zweiter Befund: Die Zerlegung des Bildes in Bild- und Zeitsegmente führt zum „bewegten Bild". Die Beschleunigung der Bilder und die Verlangsamung des Tones treffen sich dabei in einer gemeinsamen „Dimension" – einer Dimension, in der die Amputation von Auge und Ohr stattfindet und in der sich weitere Transplantate ansammeln. Um welche Dimension handelt es sich? Welchen Regeln und Gesetzen folgt sie? Markiert sie einen neuen „Aggregatzustand"?

Die Bits als Grundalphabet

Zunächst ist einmal von diesem Aggregatzustand zu sagen: Er ist weder lautlich noch visuell. Er richtet sich weder an das Auge noch an das Ohr. So sind digitale „Töne" zum Beispiel keine Töne. Dies gilt für Klanginstallationen ebenso wie für das Telefon: Das digitale „Telefon" ist kein Telefon. In der

Digitalisierung des Telefons ist das Bildschirmtelefon bereits angelegt, also seine Veränderung als Medium enthalten. Ebensowenig ist das digitale Computerbild ein „Bild" im herkömmlichen Sinne. So dient die Bildinformation nicht der visuellen Abbildung, wenn numerische Bilder dem Entwurf einer Autokarosserie dienen, der Identifizierung von Werkstücken oder der Steuerung eines Roboterarms mit Hilfe einer Kamera. Die visuelle Abbildung als äußerer Sehvorgang tritt hinter einen universellen Datentransfer zurück, der die Erkennung und Gestaltung realer Objekte miteinschließt.

Gehen wir also davon aus, daß die Digitalisierung gar nichts Sinnliches zum Gegenstand hat. Sie ist weder auditiv noch visuell, sondern völlig abstrakt. Digitalisierung beruht auf einem sprachlichen Atommodell und heißt soviel wie „Teilung" eines Sprachfeldes. Vor der Informatik hat bereits die Linguistik ein solches formales Sprachmodell bereitgestellt, spätestens seit Ferdinand de Saussure. Saussure faßt die Sprache als „Artikulation" auf, d.h., die Sprache wird in „articuli" zerteilt. Das sind „kleine Glieder". Letzteres macht auch das Alphabet. Deshalb ist das Alphabet ein solches formales Sprachmodell. Das Alphabet teilt nämlich den Klangkörper einer Sprache, also Schallwellen, in Lautelemente und ordnet diesen visuelle Zeichen zu, also Buchstaben. Es wird oft über den visuellen oder lautlichen Charakter des Alphabets gesprochen. Das Alphabet ist aber weder lautlich noch visuell. Es geht hier gar nicht darum, daß die Buchstaben sichtbar oder die Phoneme hörbar sind. Vielmehr geht es darum, Laut in Schrift umzusetzen, also etwas Akustisches in etwas Visuelles und umgekehrt. Es geht also um einen Übersetzungsmechanismus. Das Alphabet steht deshalb in der „Mitte" zwischen Laut und Schrift, und das lateinische Wort für „Mitte" heißt „Medium". Der Vorgang der Teilung, der selbst nichts Sinnliches zum Gegenstand hat, ist das Medium. Und das ist eine ganz aktuelle Definition von Medium, weil nämlich der Computer auch nichts anderes macht: Er teilt ein Sprachfeld in „kleinste Informationseinheiten", in Bits, und setzt diese wieder zu größeren Einheiten zusammen. Und eine solche Kombination aus Sprachelementen ergibt die Maschinensprache. Daraus folgt unter anderem, daß das Alphabet nicht verschwindet, sondern von einem 26-wertigen Alphabet in ein zweiwertiges Grundalphabet transformiert wird – in eine binäre Universalschrift. Die Bits sind ein Grundalphabet, in dem jedes andere Alphabet (z.B. auch das dreiwertige Morsealphabet) dargestellt werden kann. Dies eröffnet auch ein tieferes Verständnis dessen, was ein Alphabet überhaupt ist. Die Informationstechnik ist nicht „analphabetisch", sondern entfaltet gegenüber dem bisherigen Alphabet eine höhere Entwicklungsstufe: In Bits können beliebige Zeichen „buchstabiert" werden. Der Computer steht daher in einer historischen Kontinuität mit der Schriftkultur und setzt diese fort. Was die Phönizier erstmals mit ihrem Alphabet gemacht haben, nämlich die Sprache in Phoneme zu zerteilen und diesen Schriftzeichen zuzuordnen – das machen heute Sprachgeneratoren auf technologisch höherer Ebene. Dazwischen liegt der Buchdruck.

Geometrie der Zeit

Was heißt es eigentlich, Akustisches in Visuelles zu übersetzen und umgekehrt? Das Alphabet hat augenscheinlich etwas mit dem Austausch von Sinneseigenschaften zu tun, oder, um mit McLuhan zu sprechen, „ein Auge für ein Ohr zu setzen".[2] Meines Erachtens berührt dieser Austausch der Sinne die grundlegende Wirkung der digitalen Medien. Daß sie dabei Hörbares oder Sichtbares produzieren, ist Ambiente und vergleichsweise nebensächlich. Die digitalen Medien stellen eine doppelte „Struktur" bereit:

- einmal als innere Struktur – sie betrifft den Wahrnehmungsapparat und das Verhältnis der Sinne zueinander
- zum zweiten als eine äußere Struktur der Zeichen, die sich in Opposition zu Raum und Zeit begibt und mit ihr kollidiert.

Töne sind zeitlich und bewegen sich im Fluß der Zeit. Sie gehören einer anderen Dimension an als Bilder. Bilder existieren in der Fläche und – im Falle der Skulptur – im Raum. Damit folgen sie einer Ordnung, die in gewisser Weise mit einer zeitlichen Ordnung nicht kompatibel ist. Die Leistung des Alphabets besteht also nicht nur darin, Töne in Bilder zu übersetzen. Es geht hier ganz allgemein darum, ein zeitliches Ereignis auf eine Fläche zu projizieren – um eine Geometrie der Zeit. Heraklit folgend, ist der Strom der Zeit fließend: „Man kann nicht zweimal in denselben Fluß steigen."[3]

Dem Alphabet liegt eine andere Zeitkonzeption zugrunde. Die Zeit wird hier als teilbarer Körper betrachtet, der sich in Zeitspannen und Zeitpunkte unterteilen läßt. Das ist eine Voraussetzung für jede phonetische Lautschrift, wie das herkömmliche Alphabet sie darstellt – aber auch dafür, daß man Bits durch Kupferdrähte oder Glasfaser schicken kann. Den Zeitsegmenten werden nun Flächensegmente zugeordnet: Jedem Phonem ein Buchstabe, jedem Zeitpunkt ein Flächenpunkt – und zwar ganz wörtlich: auf einem Blatt Papier, auf einer Magnetplatte, auf einer CD. Und bei dieser Übersetzung von Zeit in Fläche geschieht das Ungeheuerliche: Die Zeit wird reversibel. Im Gegensatz zu Zeitpunkten, das klingt fast trivial, sind Flächenpunkte reversibel. Man kann zu ihnen zurückkehren, sie beliebig abtasten und „reproduzieren". Indem man Ereignisse speichert und wiederholt, kann man – vordergründig gesehen – auch zu Zeitpunkten zurückkehren, d.h., Zeit- in Flächenpunkte verwandeln und diese in Zeitpunkte zurückverwandeln. Das aber heißt: Die Zeitpunkte werden austauschbar. Damit wird ihr zeitlicher Charakter negiert. Es entsteht ein medialer Kontext, der sich zu Raum und Zeit aperspektivisch verhält, indem er verschiedene Raum- und Zeitebenen ineinander schachtelt und montiert – zu einer teleskopischen Zeit. In einer Welt

---

[2] Marshall McLuhan: Die magischen Kanäle, S. 91
[3] Heraklit, Fragment Nr. 91, in: Hermann Diels, S. 29

der Wiederholung gibt es kein Vorher oder Nachher. Vergangenheit und Zukunft werden im Abbild vergegenwärtigt und führen zur „Ausdehnung der Gegenwart auf Kosten der übrigen Zeit" (Alexander Kluge).[4]

Letztlich handelt jede Verschriftlichung davon, die Zeit auf eine Fläche zu projizieren. Für das phonetische Alphabet bedeutet dies, daß eine irreversible zeitliche Ordnung in einer reversiblen Ordnung gebrochen wird *und zur Fläche wird*. Für eine digitale Notenschrift, die in Bits und Bytes geschrieben wird, bedeutet dies: die Musik wird Fläche.

Auf der Schnittstelle zwischen Zeit und Fläche, „Musik" und Grafik arbeiten viele Künstler, so eine Gruppe aus Wien um Andrea Sodomka und Martin Breindl. Sie übersetzen „Musik" in Grafik und manipulieren diese in der Fläche. Die grafische Information wird anschließend in einen Synthesizer zurückgeschickt, und es kommt neue „Musik" heraus. Es sind dann folgende Manipulationen möglich: Die „Musik" kann gedehnt, gestaucht, in Ausschnitten gezoomt, im Winkel geneigt oder um 180 Grad gedreht werden. Die „Musik" erfährt also eine Veränderung in der Fläche, d.h. in einer Dimension, *in der sie gar nicht existiert*. Wie in der perspektivischen Malerei die Illusion des Raumes, so entsteht hier die Illusion einer Bewegung in der Zeit. Dabei handelt es sich, das will ich unterstreichen, um eine Illusion – die gleiche Illusion, wie wir sie aus der Zentralperspektive kennen. Die „Verzeitlichung" des Bildes durch die neuen Medien ist also keine Verzeitlichung. Das „bewegte" Bild ist nicht fließend. Es besteht aus diskreten, voneinander isolierten Bild- und Zeitsegmenten. Zwar fließen diese durch den Wahrnehmungsapparat, da mit wachsender Bildauflösung die Trennschärfe der Netzhaut und der Sinne unterschritten wird. Das erzeugt die Illusion der Bewegung und des Fließens. „In Wirklichkeit" bewegt sich nichts. Mögen zwischen den Bild- und Zeitpunkten noch so geringe Zeitspannen liegen: Input und Output sind getrennt, und darin ist die Möglichkeit enthalten, daß aus Nanosekunden Tage oder Wochen werden. Damit sind die Bild- und Zeitpunkte aus dem Kontext der Zeit entlassen.

„Realtime" ist ein naiver Begriff, ebenso wie „3D-Darstellungen". Wenn ich, wie in der perspektivischen Malerei, Räumliches auf eine Fläche projiziere, dann ist der „Raum" nicht mehr Raum, sondern Fläche. Um die Illusion einer Räumlichkeit aufrechtzuerhalten, muß ich außerhalb der Fläche Bezugspunkte setzen – Fluchtpunkte und Fluchtlinien. Diese müssen als hinter der Fläche liegend vorgestellt werden, und dadurch verleihen sie dem Bild räumliche Tiefe. Verzichtet man auf diese äußeren Bezugspunkte, nimmt man also die Fläche als reine Fläche, so ergeben sich absurde Konsequenzen, mit denen zum Beispiel René Magritte gespielt hat. („Das ist keine Pfeife.")

Der Blick auf einen raum-zeitlichen Kontext wird in der Kunst als Perspektivismus bezeichnet. Dieser Blick fixiert die Perspektive (und schränkt

---

[4] Alexander Kluge hat einen gleichnamigen Film dazu gedreht.

einen Wechsel der Perspektive ein). Dabei erzeugt er die Illusion eines perspektivischen Raumes. Dagegen ist der Blickwinkel der Postmoderne aperspektivisch – und vielleicht desillusionierend. Die Schnitte und Bruchstellen werden hervorgehoben und sichtbar gemacht. Gleiches gilt für eine Geometrie der Zeit, und es hängt vom Blickwinkel ab, welche Seite hervorgekehrt wird – die Illusion eines zeitlichen Kontextes oder die Zeitschnitte.

Fragt man nach dem Fluchtpunkt einer solchen Geometrie der Zeit, so beruht er auf der Vorstellung des Zeitpunktes. Einen Zeitpunkt zu setzen, heißt, ihn aus einem raum-zeitlichen Kontext herauszulösen. Dies aber negiert den Charakter der Zeit als fließenden Organismus. Der Zeitpunkt ist deshalb ein Kunstprodukt, ja, er ist gar nichts Zeitliches, sondern liegt außerhalb, gewissermaßen „hinter" der Zeit und ist nie gegenwärtig, denn wenn man ihn setzt, ist er schon verflossen. Vielmehr wird die „Zeit" im Prisma der Fläche gebrochen. Daraus ergeben sich Reibungen und Transformationen, die einen virtuellen Raum eröffnen. Dieser steckt den Rahmen dafür ab, daß die auditiven und visuellen Realisierungen „in der Zeit" permutieren können. Die Zeitbrüche dabei hörbar und sichtbar zu machen, und zwar als virtuelle Realitäten und als Ausstieg aus der Zeit, verlangt einen aperspektivischen Blick. Darin liegt meines Erachtens ein produktiver Umgang mit den digitalen Medien.

Literatur

Barthes, Roland: Elemente der Semiologie. Suhrkamp, Frankfurt a.M. 1983.
Baudrillard, Jean: Agonie des Realen. Merve, Berlin 1978
Baudrillard, Jean: Der symbolische Tausch und der Tod, Matthes & Seitz, München 1982
Benjamin, Walter: Das Kunstwerk im Zeitalter seiner techn. Reproduzierbarkeit. Suhrkamp, Frankfurt a.M. 1963
Cassirer, Ernst: Philosophie der symbolischen Formen. Teil I. Die Sprache. 7. Aufl. 1977, Wissenschaftl. Buchgesellschaft, Darmstadt (1953)
Diels, Hermann: Die Fragmente der Vorsokratiker. Rowohlt, Hamburg 1957
Eco, Umberto: Über Gott und die Welt. 3. Aufl., Carl Hanser, München/Wien 1985
McLuhan, Marshall: Die magischen Kanäle. Econ, Düsseldorf/Wien 1968 (im Original als „Understanding Media" 1964 bei McGraw-Hill erschienen)
Saussure, Ferdinand de: Grundfragen der allg. Sprachwissenschaft. Hrsg. v. Charles Bally/Albert Sechehaye, 2. Aufl., Walter de Gruyter & Co., Berlin 1967
Virilio, Paul: Das öffentliche Bild. Benteli, Bern 1987
Virilio, Paul/Lotringer, Sylvère: Der reine Krieg. Merve, Berlin 1984

Teil II
‚Sache(n) des Sachunterrichts'

Zum Verhältnis von Ästhetik und Theorie

Einleitung

Die Tagung bezog sich auf ein Feld, das aus wissenschaftstheoretischer Perspektive zunächst einmal schwer zugänglich ist oder zu sein scheint. Normalerweise bekommen wir es in der Wissenschaft mit diskursiven Texten zu tun. Es stellt sich aber die Frage, ob unterschiedliche Sachzusammenhänge nicht auch unterschiedliche Weisen der Beschreibung erfordern bzw. ob nicht durch eine bestimmte Form der Beschreibung auch ein anderer Sachzusammenhang hergestellt wird. Es gibt eine Weise eines Zugangs zur Wirklichkeit, der eigentlich älter ist und angesichts der Technologisierung und Informationsverdichtung gerade heute ein besonderes Gewicht erhält. Das ist der ästhetische, wahrnehmende, empfindende Zugang zur Welt.

Drei Beiträge, die unterschiedliche Akzente innerhalb dieses Zugangs zur Welt suchen, stehen im Mittelpunkt:

Frau Dr. Helga Peskoller arbeitet an der Universität Innsbruck am Institut für Erziehungswissenschaften. Sie beginnt mit dem schwierigen Unterfangen, die Sprache des Körpers, des wahrnehmenden und spürenden Körpers in die Nähe des wissenschaftlichen Diskurses zu bringen, das Verwickeltsein von Natur und Kultur, Sprache, Körper und Denken aufzudecken.

Über den Körper ist in den letzten Jahrzehnten viel geschrieben wurden, auch der Körper als Text wurde befragt, der disziplinierte Körper in der Pädagogik. Peskoller möchte noch etwas anderes:

„Der lebendige Körper drückt, wie kulturell auch immer er gedacht wird, einen ungemein komplizierten Zusammenhang aus. Wie sollte er sonst atmen, aufnehmen, ausscheiden und sich bewegen können? Demzufolge hat ein KörperDenken immer von dem Verbunden- und nicht von einem Getrenntsein auszugehen. (...) Ich gehe nicht von einem Körperbild aus, derer es viele gibt, auch nicht von einer Theorie über den Körper, denn dann hätte ich ihn Kategorien und Klassifikationen auszusetzen, die ihn als zerlegten und zerlegbaren analysieren. Der Analyse zum Trotz empfinde ich den Körper als ein stoffliches Erlebnis, das sich zugegebenermaßen mit immer weniger Erfolg, der Auflösung widersetzt" (Peskoller 1997, 171).

VA Wölfl arbeitet als Bildender Künstler und Choreograf seit über einem Jahrzehnt in Düsseldorf und international mit dem festen Ensemble „Neuer Tanz". Zwei Tänzerinnen brachte er 1998 zur Tagung nach Bensberg mit, um seine Idee verkörpern und demonstrieren zu können. Er macht das, worüber so schwer zu sprechen ist. Wie ist unsere Wahrnehmung in Bezug auf unsere Körper im Raum, wie gestaltet sich das Verhältnis von Körper und Raum und Zeit? Welche Gewohnheiten versperren uns den Blick bzw. das Hören? Christoph Wulf beschrieb 1995 in einem Aufsatz die Probleme, die sich ergeben, will ich die Erscheinungen transformieren, mit Sprache und Begriffen füllen.

„Die sinnlich verkörperte Welt, wie sie sich über Gesten, Laute, Schrift, Bewegungen, Rituale, Darstellungen äußert und ausdrückt, hat kein Medium, das darüber steht. Erst über die Interaktion mit anderen Welten entsteht Verständnis und Erkenntnis. Die empirische Welt kann nicht für sich genommen werden. Das Problem stellt sich, daß zwischen Empirie und Theorie nach einem Modus gesucht werden muß, der das Sinnliche und Körperliche zu erfassen weiß" (Wulf/Gebauer 1995, 84).

Der unter der Leitung von VA Wölfel 1998 inszenierte tänzerische Beitrag in Bensberg wird im vorliegenden Band wortlos mit zwei Photographien dokumentiert und von Gerald Siegmund kommentiert.

Der dritte Beitrag wird von Dr. **Pierangelo Maset** bestritten. Er lehrt an der Universität Lüneburg ästhethische Bildung. Mit Hilfe ästhetischer Theorie verspricht dieser Beitrag, die Differenzen auszuweisen, wenn das „Andere" zunächst Unbestimmbare, Unsichtbare, Unerklärliche, so wie wir es aus der Kunst kennen, aufscheint. Wie entfalten sich differente Wahrnehmungen und differentielle Praxen?

„Das ästhetische Moment von Lehre, von Lernen, von Vermittlung ist die Entfaltung differenter Wahrnehmung" (Maset, 1996, 110).

In dieser Aussage spiegelt sich der aktuelle Stand der Diskussion über den Stellenwert der Ästhetik als fächerübergreifende philosophische und ethische Kategorie in Differenz. Wenn man sich die Schule der Zukunft auf Perzeptionen gegründet vorstellt, dann wird diese Kategorie vielleicht noch eine zukunftsweisende Bedeutung erhalten. Dann nämlich, wenn Lernende sich selbständig und kommunikativ ihr Lernen organisieren bzw. inszenieren werden. Es sammeln sich an dieser Stelle bereits all die Fragen, die für die eigene Arbeit auf den Nägeln brennt oder zunächst auch einmal neu sein dürfen. Welchen Stellenwert kommt der ästhetischen Bildung für den Sachunterricht zu? Wie steht es mit dem Verhältnis Sinnlichkeit und Bewußtsein?

Intention der Tagung war es nicht, Rezepte zu vermitteln für eine ästhetische Praxis und Theorie, noch nach solchen zu suchen. Vielmehr wollte die Tagung 1998 dazu anregen, ästhetisch-erkenntnistheoretisch die Sachen der Welt und andere Zugänge zu den Wirklichkeiten als die im schulischen und universitären Rahmen gewohnten zu befragen. Welchen Wert geben wir der ästhetischen Weise, die sich an den Grenzen des Sagbaren bewegt?

Besteht ihr Wert nicht gerade darin, in produktiver und kreativer Weise auszuhalten, daß es Dinge gibt, die nicht erklärbar sind, und sozusagen Rätsel unserer eigenen Existenz aufgeben, die mehr bedeuten, als jedes funktional ausgerichtete Lernziel zu fassen weiß?

Kristin Westphal

Helga Peskoller

extrem – Für eine Kunst der Berührung

Für die Einladung, Einführung und Medientechnik bedanke ich mich und begrüße Sie herzlich zu den folgenden, zugegeben schwierigen da ungewohnten Ausführungen. Sie richten sich – auf experimentelle Art – an Sie als Erwachsene und öffnen, wodurch eine unmittelbare Anwendung im Unterricht nicht gelingt. Aber gerade deshalb, um mehrfach und anders zu vermitteln, haben wir uns hier zusammengefunden, was Geduld, Anstrengung und einer Beweglichkeit bedarf. Es geht um Berge und um Erkenntnistheorie in 2 Schritten. Zuerst der Vortrag, wie ein Kunstwerk gebaut, dauert 30, dann der Übergang in die Diskussion 7 Minuten.[1] Er hat zum Ziel, Kategorien einer ästhetischen Orientierung im Sachunterricht vorzubereiten. Das geschieht in Rückgriff auf 3 Beispiele, eines ist die Kletterroute „Silbergeier". Der Titel spielt auf Ereignisse an, die Ordnungen durch Bewegung kreuzen. Bewegungen verdichten sich zu einer Kunst der Berührung, eine, immer unter dem Vorzeichen des Körperlichen, unvollkommene Methode. Sie bleibt singulär und entsteht, das ist der Gegenstand, aus einem Denken des Extrem.

1. Erfahrung

Die Rede extrem[2] hebe ich mit Hängen an und lese, um Enden abzustecken, Jerzy Kukuczka, einer der Extremsten knapp unter dem Gipfel des K2:[3]

„Während ich das letzte Stück des Felsriegels überwand, war ich nicht ganz bei Bewußtsein. Die Mauer, die fast durchgehend senkrecht war, hing genau am Ende über. Die letzten Meter mußte ich an den Armen hängend hinter mich bringen. Daran kann ich mich absolut nicht mehr erinnern. Wegen des Keuchens, das meinen ganzen Körper durchschüttelte, hörte ich nichts. Doch schlimmer wurde es, als ich ganz außer Atem kam. Schwarze Flecken tanzten vor den Augen; ich konnte nichts erkennen. Ich weiß nicht, wie lange dies dauerte. Die letzten Bewegungen fielen mir so schwer, daß ich die Kontrolle über meine Körperfunktionen verlor. Und daß meine Hose von Urin durchnäßt war, merkte ich erst über dem Felsriegel, als ich irgendwie wieder zu mir kam."[4]

---

[1] Dieser Text des Übergangs ist hier nicht aufgenommen.
[2] Etymologisch: äußerst, maßlos, radikal; aber auch außerhalb befindlich, auswärtig, fremd
[3] Juli 86 an der Magic Line, Südwand des K2, V./VI.Schwierigkeitsgrad, auf ca. 8300m Höhe
[4] Kukuczka 1990, 185

Sehr viel länger, keine Sorge, geht das nicht weiter. Kukuczka überlebt,[5] aber nicht sein Denken.[6] Denn was der polnische Höhenbergsteiger zuerst verliert, ist die Einbildungskraft. Daß die fast durchgehend senkrechte Mauer am Ende auch noch überhängt, das übersteigt seine Vorstellung. Die letzten Meter mußten hängend bewältigt werden, ein Entsetzen für Körper und Verstand. Und so schreitet im Scheitern die Reduktion voran: das Erinnern hört auf, mit dem Hören klappt es nicht mehr, denn das Keuchen der Lunge verschluckt jedes Geräusch der Welt außen; schließlich versagt, mit der Atemlosigkeit, auch noch das Sehen und mit dem Sehen die Erkenntnis und jeder Bezug. Kukuczka weiß nicht, wie lange der Entfall gedauert hat. Mit den Sinnen schwindet die Zeit, mit der Zeit der Standort und jene Kontrolle über den Körper, die normalerweise erst kurz vor dem Hinüberscheiden abhandenkommt.[7] Die letzten Bewegungen, sagt er, fielen ihm, so schwer. Aber, und das tönt schrill für aufgeklärte Ohren, genau diese Bewegungen erretteten ihn.[8] Während alledem war er nicht ganz bei Bewußtsein.[9]

2. Sprache

Das reicht, weil schwierig genug, möglicherweise zu schwierig, um „Kategorien" für ein Sprechen an der Grenze auszubilden.[10] Zuerst die einfachste aller Ordnungen, die *Quantität*.[11] Mit Kukuczka befinden wir uns auf dem zweithöchsten, vermutlich schwierigsten und der Form nach auf einem der schönsten Berge der Erde, in etwa 8 300 Meter, dort, wo die Erde aufzuhören beginnt. Um wirklich an diese ausgesetzte Stelle zu gelangen, mußte man weit gehen. Die Strecke ließe sich in Meter und Höhenmeter, in Stunden und Tage, in mitgeschlepptem Gewicht und verlorene Kilos, oder auch in Schwankungen der Herzfrequenz und des Hämoglobins angeben.[12] Messen und vermessen läßt sich beinahe alles, und wer in Maßen zu lesen weiß, wäre

---

[5] Kukuczka kommt im Herbst 89 an der Lhotse-Südwand ums Leben.
[6] Wurzelform zu a) denken: fühlen, danken, abwiegen, wahrnehmen, sich erinnern, (er)kennen, sehen. b) erfahren: erleben, erleiden, durchmachen, erreichen, einholen, erforschen, reisen, durchfahren; Erfahrung: durch wiederholte Wahrnehmung und Übung erzeugte Einsicht. Vgl. dazu auch die Verlustgeschichte im neuzeitl. Denken als entleiblichte Verkörperung bei Kutschmann, insbes. 34ff.
[7] vgl. willkürliche und unwillkürliche Tätigkeit von verschiedenen Muskeln/Organen
[8] vgl. von Weizsäcker 1956, insbes. 35ff; bewegen kommt von *vega* 'schwingen, heben, wiegen', es hat mit schütteln, ziehen zu tun; später: die Lage verändern, verlassen, beeindrukken; Bewegung: Lage- und Ortsveränderung (12. Jh.), dann auch Aufruhr, rev. Vorgänge.
[9] vgl. von Braun 1988, insbes. 300ff
[10] hier im Sinne Wittgensteins verwendet: Die Grenze zwischen dem Denk- und Undenkbarem als eine Annäherung an das Materiale.
[11] vgl. Bergson 1993, insbes. 153ff; Nigsch 1998; Castoriadis 1983; Minois 1996, insbes. 229ff
[12] vgl. Höhenkrankheit u.a. in Kukuczka 1990,43f,75,129f,136,145,148,168. vgl. aber auch Klee 1997,216ff

im Bilde.[13] Im Bilde zu sein hieße, auch anders denken anfangen zu können, wodurch die erste in eine zweite Ordnung trifft: *Qualitäten*.[14] Sie entfalten sich langsam und nur unter Einsatz dessen, was soeben verlorenging: Imagination, Erinnerung, die Sinne, Atem, Körperkontrolle und das Bewußtsein.

Somit geht es um 6 „Kategorien",[15] welche, bei Tageslicht betrachtet, ähnlich Schwindel erregen, wie es Kukuczka geschah, weil sie von dem abweichen, was rational und sinnlich zu fassen ist. Wie können Sinne oder Atem verstanden oder gar ausgedacht werden?[16] Bleibt die Bewegung, welche einzig nicht verlorenging.[17] Lassen sich Bewegungen ordnen? Und wenn es gelänge, diese Ordnung hätte keinen Bestand, bliebe unruhig, wäre vorläufig und immer nur für den Augenblick. Alles, was von der Bewegung abweicht, drängt in sein Gegenteil, dorthin, wo nicht das Lebendige Grundlage des Erkennens ist.[18] Womit umrissen wäre, worum es mir geht. Die Kunst der Berührung handelt vom Extrem. Sie ist weniger Inhalt, als vielmehr eine Methode, ein Weg, sich denkend dort fortzubewegen, wo es dicht wird, weil die Grenze naht. Eine Grenze, die immer zwei Regionen verbindet wie auch voneinander trennt: links, rechts; stabil, labil; fest, flüssig; Sinne und Verstand. An der Grenze berührt sich beides, im Ernstfall Leben und Tod, wobei über den Ausgang nicht die Regel, sondern die Umstände entscheiden.[19] Sie sind wie das Meer, in dem ab und zu eine kleine Insel auftaucht. Die Insel ist die Ausnahme und diese Ausnahme ist die Vernunft. Nichts anderes erzählt Kukuczka. Nach und nach schwindet, was im Normalfall hält.

Aber, und darauf kommt es an, der Normalfall ist die Ausnahme und nicht die Regel. Das Gleichmäßige ist das Besondere vor dem Hintergrund der Stockungen, wie der Ton die Ausnahme des Rauschens und das rhythmische Pulsieren selten bleibt vor dem Hintergrund der Regellosigkeit.[20]

Stellt sich die Grenze als Rätsel, an der sich beides – Besonderes und Allgemeines / Regel und Ausnahme – ineinander verwandelt. Die Frage lautet: Wie können wir die Grenze zwischen Ordnung und Unordnung erkennen? Mit dieser Frage verschiebt sich ein drittes Mal die Ordnung. Jetzt befinden wir uns ganz nahe am Leben, dessen *Komplexität* unüberbietbar ist. Komplexität kennzeichnet „einen Zustand, ein System, bei dem die Zahl der Elemente oder Wechselwirkungen unermeßlich groß oder unzugänglich ist".[21]

---

[13] vgl Kamper 1995, insbes. 97f.
[14] vgl. Nigsch 1998, insbes.20ff
[15] Kategorien im Sinne von Elementar-und Gundbegriffe des Denkens, i.d. Philosophie: allgemeinste Begriffe für endliches Sein
[16] vg.l u.a. Rittelmeyer 1996; Novalis Geistliche Lieder (Wer kann sagen, daß er das Blut versteht?)
[17] vgl. zur Wahrnehmung ungeteilter Bewegung bei Bergson 1993, insbes. 149-179
[18] vgl. Serres 1994, insbes. 58ff.
[19] vgl. Serres, "Sinne" 1994, 380ff ('circumstance'); vgl. auch Trabant 1993, 69 ('circum-jekt')
[20] vgl. Serres 1994, 67ff und Serres 1993, 271ff; method. Bourdieu/Wacquant 1996, 40ff., 251ff.
[21] Serres 1994, 78; vgl. auch Bergson 1991, insbes. 168

3. Leben

Nichts ist so unzugänglich, da immer schon gegeben, wie Konkretes. Niemand der Anwesenden könnte sich z.b. aufhalten wo Kukuczka war, und auch er hatte, wie man weiß, mehr Glück als Verstand. Das Unmögliche wird durch die Einbildungskraft ersetzt. Sie geht voran und ist Teil dessen, was soeben der Textstelle entnommen wurde: Quantität, Qualität und Komplexität, man könnte auch sagen: Zahl, Wort/Bild und Leben. Sie strukturieren im Wechsel ein Sprechen, das, je weiter gegen das Extrem, desto unzugänglicher wird. Extremes Sprechen stößt an die Grenzen des diskursiv Ansprechbaren und zwar deshalb, weil es selbst zu einem Erlebens- und Handlungsprozeß wird. Als solcher ist er leidenschaftlich und eignet sich, wie alle leidenschaftlichen Prozesse, nicht nur für ein Medium[22]. Das Denken des Extrem öffnet den Weg vom rationalen Denken zur ästhetischen Wahrnehmung; oder andersherum: Extremes erzwingt ein Denken, das in ästhetischer Wahrnehmung gründet und sich auf alle Sinne in ihrem leiblichen Zusammenhang erstreckt. Dadurch entsteht, parallel zum Gegenstand, annähernd jene Intensität, die durch Vielschichtigkeit, Offen- und Gebrochenheit über das „Normale" hinausreicht.[23] Genau an dieser Stelle kreuzt sich, was sonst weit auseinanderzuliegen scheint – extremes Bergsteigen, Bildung, Kunst und Wissenschaft, sowohl die exakte als auch die von den Menschen. Ich versuche heute, gerade über die Differenz, alle vier zusammenzuhören.[24] Nun wird es angewandt und kompliziert und verlangt einen Wechsel in der Darstellungsart und im Medium.[25]

4. Zur Sache

Ich gehe von dem aus, was gegeben ist. Während dieser Vortrag entstand, gab es in Innsbruck 2 schöne Ausstellungen. Die eine hieß „Landschaft. Die Spur des Sublimen", die andere „Verlorene Welten". Von den Exponaten beider Ausstellungen – die eine im Kunstraum, die andere im Alpenvereinsmuseum – habe ich, ergänzend zum „Silbergeier", je eines ausgewählt. Es handelt sich um Bilder von Axel Hütte, einem noch lebenden Deutschen und von Ernst

---

[22] vgl. Schuhmacher-Chilla 1993, 48f
[23] Anf. 18.Jh., der Norm entspr., vorschriftsm., gewöhnl., allgem. Üblich und geistig gesund.
[24] vgl. Kamper 1993, 117; Serres "Sinne" 1994, 139ff.
[25] vgl. u.a. Dickel 1996; Heiz 1998.

Brunner, einem verstorbenen Schweizer Fotografen. Auf den ersten Blick scheint ihnen nur das Medium, die Fotografie, gemein.[26]

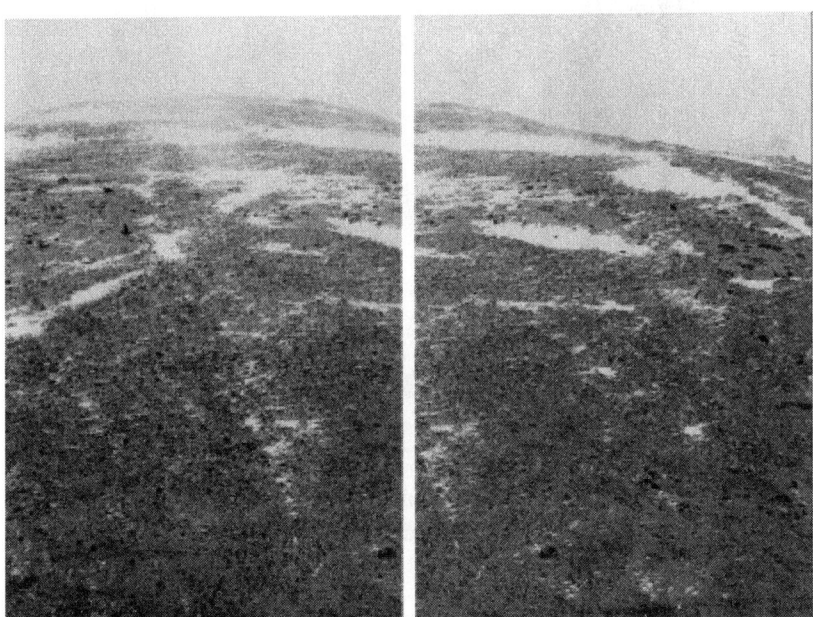

AXEL HÜTTE: Parnassos I/II, Griechenland (Diptychon) 1996, Farbfotographie je 205 x 150 cm[27]

Dem zweiten Blick drängen sich weitere Gemeinsamkeiten auf: Gegenstand, Horizont und Stimmung. Es handelt sich um einen Berg, der, teilweise bedeckt mit Schnee, im Nebel endet und, trotz genauer Ortsangabe, eine Stimmung des Unbestimmten hervorruft.[28]

---

[26] vgl. u.a. Barthes 1985, 21ff; Sonntag 1988; von Braun 1989, 118ff; Kamper 1996b, 2; Böhme 1996.
[27] aus: Katalog zu "Landschaft...." 1998,15ff. und Katalog zu "Alpenblick" 1997, 122ff.
[28] vgl. Serres "Sinne" 1994, insbes. 84ff.

ERNST BRUNNER: Landbriefträger in Ried-Frutigen, Schweiz, SW-Photographie, 1945[29]

5. Bezüge

Was beide Bilder unterscheidet, ist u.a. Zeit, Ort, Format und Absicht. Konzentrieren wir uns aber jetzt auf etwas noch anderes: Brunners Foto bleibt nicht, wie das von Axel Hütte, menschenlos. Aus dem unteren Bildsaum steigt eine kleine Figur nach oben, sie stapft ins Bild hinein und begeht, doppelt, jene Achse, die sowohl für den Menschen als auch für das Bild maßgeblich ist: die Vertikale. Sie richtet Mensch wie Bild auf, wodurch der Ort des Bildes zu einem Ort des Lebens wird.[30]

Um welches Leben handelt es sich? Diese harmlose Frage trifft ein Dilemma: Ist Leben universell oder kulturell zu denken?

---

[29] vgl. "Ernst Brunner..." 1998, insbes. 188ff. und 77ff, 110ff (Strukturvergleich: Photogr./Ethnogr.)

[30] vgl. Schuhmacher - Chilla 1997; vgl. R. Long, A. Goldsworthy, H. Fulton

Das Kulturelle neigt zum Relativen, Zeitgebundenen, Singulären und Phantastischen, wohingegen das Strenge zum Globalen tendiert. Folglich läge die größte Schwierigkeit darin, das Strenge in der Kategorie des Kulturellen zu denken.[31] Brunners kleine Figur, die das Bild betritt, steht für ein hartes Leben und heißt Albert Allenbach, ein Landbriefträger, dessen Aufgabe darin besteht, in den rund 100 Haushaltungen der weit verstreuten, zwischen 900 und 1500 Metern überm Meer gelegenen Siedlungen, in einer 8-10 Stunden mitunter gefährlichen und einsamen Tour, beladen mit über 30 Kilogramm Gepäck, die zeitweise einzige Verbindung zur Welt herzustellen.

Unbestimmt, wie er unter widrigen Umständen, zuweilen auf schmalen Felsbändern, die tiefen Runsen überqueren kann. Aber oben auf den Höfen erwartet man sein Erscheinen und nutzt die Gelegenheit, Berg- und Talzeit aufeinander abzustimmen, bevor der Landbriefträger, nach dem Mittagessen, wieder heimwärts geht. Allenbach wurde 1945 von Brunner auf einer seiner längsten Touren ins Engstligental begleitet und dieser hielt nüchtern fest, was vor sich ging. Im exakten Zusammenspiel zweier Blicke, den des Volkskundlers und den, durch das Bauhaus geprägten Blick des Fotografen, entstanden sorgfältige Dokumente von einer, sich rasch verändernden Welt.

Und 1994 macht Allenbachs Sohn praktisch noch immer dieselbe Tour, dank neuer Zufahrtsstraßen allerdings leichter zu bewältigen.[32]

---

[31] vgl. Serres 1994, 92; vgl. zur Methode auch Geertz 1994, insbes. 7ff.
[32] aus: "Ernst Brunner..." 1998, 188; Photograph der 'longue dureé' (vgl. Schule der 'annales': langsamer Wandel, langfristige Prozesse 'verborgener Geschichtlichkeit' vs. Ereignisgeschichte)

6. Exkurs: Senkrechte

Nun gibt es aber auch die Gegenbewegung. Menschen, die sich freiwillig erschweren, was um vieles leichter ginge. Unwegsam, steil bis überhängend das Gelände, streng im Stil der Bewegung, die, um fortzukommen, auf zusätzliche Technik verzichtet. Dokumentiert Ernst Brunner das Zweckmäßige, so Gerhard König das Unzweckmäßige. Aber beide wollen letztlich dasselbe: die exakte Darstellung konkreter menschlicher Praktiken.

Folgende 3 Minuten zeige ich ihnen Beat Kammerlander 1995 im X. Schwierigkeitsgrad, Seillänge 5 des „Silbergeiers" an der 4. Kirchlispitze – Südwand im Rätikon/Vorarlberg und zwar nicht aus Lust an der Sensation, damit ihr Hormonhaushalt durcheinandergerät,[33] sondern aus einem anderen Grund. Zu Beginn hörten wir den Text von Kukuczka, ihn erretteten Bewegungen, um die er nicht mehr weiß. Dann die Fotografie, sie friert die Bewegung ein. Extreme aber bewegen sich, auch dort, wo andere längst aufhören, und sie tun es, sagten wir, an einer Grenze zwischen Ordnung und Unordnung. Diese Grenze ist jedoch kaum zu erkennen. Ordnung und Unordnung steht in einem bewegten Verhältnis zueinander. Komplexität regelt dieses Verhältnis. Je komplexer, desto mehr muß geordnet werden, aber je weiter die Ordnung fortschreitet, desto schneller nähert sie sich jener Stelle, wo

---

[33] vgl Ölz 1998; Kukuczka 1990, 96ff; vgl. auch Csikszentmihalyi 1993, insbes. 181ff

Unordnung ein- und alle bisherige Ordnung zusammenbricht. Ordnen ist nicht nur das Geschäft der Wissenschaften, sondern auch das der Kunst, mag sein, auf eine je andere Weise, aber darum geht es jetzt nicht. Es geht um den Augenblick, jenem imaginären Punkt, wo sich beide – Ordnung und Unordnung – ineinander verwandeln.[34] Genau dort blitzt, strenggenommen unbegriffen aber um so deutlicher für die Wahrnehmung das auf, was Gegenstand des Vortrags ist: extrem.

7. Leere

Kammerlander zieht das Seil ab und klettert diese Stelle im zweiten Anlauf sturzfrei. Der Sturz war Ergebnis einer winzigen Unachtsamkeit bei höchster Komplexität. Worin besteht diese Komplexität? Was im „Silbergeier" vorliegt, ist ein mehrfaches Kunstwerk[35] und Folge vieler Ausschnitte. Da ist zuerst der Berg, die 4. der Kirchlispitzen. Der Berg – warum nicht – als Skulptur. In ihr die Wand, hier die Südwand, wie ein Bild. Es durchzieht, imaginär, eine Linie, benannt „Silbergeier". Diesen 3 Medien – Skulptur, Bild und Text – folgt eine vierte, die Bewegung. Ein Mensch steigt, nur mit Hilfe seiner Hände und Füße, also selbsttragend, real an dieser Linie durch das Bild aus Stein. Dieses Steigen, eine Performance im Raum, läßt keine scharfe Trennung zu. Mensch zu Fels bleibt ein offenes Verhältnis und so verschieden beide auch sind, in der Berührung vibrieren die Grenzen, verflüssigt sich das Feste beider Körper. Die Bewegung besteht aus einer unablässigen Verteilung des Gewichts,[36] das seinerseits gegen jene Kraft spielt, die beständig nach unten zieht: die Schwerkraft. Jede Abweichung vom Gleichgewicht reduziert die Sicherheit, ist aber zugleich Bedingung für die Bewegung. Die Berührung findet an den Umkehrungen, exakt also dort statt, wo die Unordnung, sprich die Verrenkung des Körpers so enorm wird, daß dieser aus der Wand zu kippen droht. Die Berührung von Fels und Hand oder Fuß vergewissert Ordnung und muß, bevor diese umschlägt in ihr Gegenteil, weil einen die Kräfte verlassen, wieder und wieder aufgegeben werden. So sammeln sich die vielen Bewegungen aus der Berührung zu einer feinen unterbrochenen Grenze. Die Grenze gibt Halt, wie sie ihn wieder nimmt. Das gilt für den, der klettert ebenso, wie für den, der dabei zusieht. Beide sind einer schlagartigen Wirkung ausgesetzt. Wobei das Zusehen in der Regel, insbesondere Laien, fassungslos macht. Wie macht das der Körper? – fragen sie – Wie kann sich jemand dort noch bewegen, wo eigentlich nichts mehr als Leere ist?

---

[34] vgl. u.a. "Augenblick und Zeitpunkt" 1984; "Augen-Blicke" 1988; Seitz 1996, 49ff und Bergson 1993, insbes. 39ff.
[35] vgl. u.a. Eco 1977, insbes. 7ff und 237ff
[36] vgl. Serres 1993, insbes. 206ff.

8. Buchstabieren

Beat Kammerländer in der 3. Seillänge des „Silbergeiers" X+, Rätikon, 1994; s. Zak 1995, 165

Diese Fragen kehren geradewegs zu Bild 1 zurück. „Die Alpen lassen sich in ihrer Dimension nicht abbilden", sagt Axel Hütte, und das führe zu zwei Strategien: Die Auflösung und die Verschleierung des Raumes.[37] Hütte verbleibt damit *diesseits* des Erhabenen,[38] wie Brunner, König / Kammerlander und Kukuczka auch. Alle fünf sind, jeder auf eigene Weise, sparsam im technischen Einsatz der Mittel, knapp in der Bezeichnung, präzise, sachlich und dokumentarisch. Durch die Konzentration auf die Praktiken verliert das Metaphysische die ersten vier Buchstaben, wodurch der Rest, und das ist nicht einfacher, zu buchstabieren wäre. Das Physische, der Leib als das Wunderwerk schlechthin,[39] ist der Horizont, denn ein menschliches Denken jenseits desselben gibt es nicht. Unmißverständlich ernst mit dieser Einsicht macht Beat Kammerlander und was daraus entsteht, ist Sport wie auch Kunst.

Bei Jerzy Kukuczka gibt es eine Verschiebung. Nicht sein Ich oder Bewußtsein hält ihn am Leben, sondern das Gedächtnis des Körpers als rätselhaftes Zusammenspiel.[40] In existentiellen Situationen entscheidet, das kränkt den Geist, der Instinkt, als Wille zum Leben.[41] Die Geschichte der Zivilisation ist eine gegen den Instinkt, und so nimmt es kaum wunder, daß dieser heute nur um den Preis erhöhter Selbstgefährdung zutage tritt. Das ist eine Nachdunklung, unter der ich Berichte aus der Senkrechten und aus gro-

---

[37] Hütte in: "Alpenblick" 1997, 122
[38] vgl. u.a. Böhme 1989; Katalog "Landschaft..." 1988, 9-13; Lyotard 1986.
[39] vgl. Willmanns Quantifizierungsspiel 1998, 70
[40] vgl. Bergson 1991, insbes.172ff
[41] vgl. Nietzsche, Götzen-Dämmerung, 1988, 85

ßer Höhe lese.[42] Vieles bleibt, wie bei Hütte, unbestimmt. Gerade aber das Fehlen von eindeutig sinnstiftenden Momenten macht den Reiz hier wie dort aus. Dadurch gerät weniger der Gegenstand als die Tätigkeit selbst ins Zentrum. Bei Hütte wird der Blick durch die Kamera Gegenstand der Kunst; auf den nackten, zeichenentleerten Halden des Parnassos[43] findet das Auge keinen Halt, er muß imaginär betreten werden. Nichts anderes tat Kammerlander, mit dem Unterschied, daß sein Einlaß in den Bildraum leibhaftig war. Bleibt in Folge denen, die betrachten, eine andere Variante als bei Hütte, um selbstfremd haltlos noch ein homo ludens zu sein.[44] Aber vielleicht beginnt heute, wer weiß, das Schöpferische dort, wo es vormals zu Ende ging: an der Einbildungskraft. Eine Einbildungskraft, die sich und mit ihr das, wodurch erkannt wird – vor allem die Sinne – mehrfach an dem bricht, was sie selbst hervorgebracht hat.[45]

Literatur

„Alpenblick - Die zeitgenössische Kunst und das Alpine". Ausstellungskatalog, Kunsthalle Wien (31.10.97 - 1.2.98). Stroemfeld/Roter Stern: Wien 1997

„Augen - Blicke. Das Auge in der Kunst des 20. Jahrhunderts", Katalog. Hgg. von Christiane Vielhaber. Vista Point Verlag: Köln 1988 [Ausstellung Kölnisches Stadtmuseum, 13.4. - 12.6. 1988]

„Augenblick und Zeitpunkt". Studien zur Zeitstruktur und Zeitmetaphorik in Kunst und Wissenschaften". Hgg. von Christian W. Thomsen und Hans Holländer. Wissenschaftliche Buchgesellschaft: Darmstadt 1984

Barthes, Roland. Die helle Kammer. Bemerkungen zur Photographie. suhrkamp TB: FaM 1989 (1980)

Beck, Johannes / Wellershoff, Heide, SinnesWandel. Die Sinne und die Dinge im Unterricht. scriptor: FaM 1989

Bergson, Henri, Materie und Gedächtnis. Eine Abhandlung über die Beziehung zwischen Körper und Geist. Meiner: Hamburg 1991 (1896)

ders., Denken und schöpferisches Werden. Aufsätze und Vorträge. Europäische Verlagsanstalt: Hamburg 1993 (1946)

Böhme, Hartmut, Natur und Subjekt. edition suhrkamp: FaM 1988

---

[42] vgl. Peskoller 1998 und 1999; Böhme 1996, insbes. 1996, 113ff.
[43] vgl. Peskoller 1997, 118
[44] vgl. Seitz 1996, 1997
[45] Es ginge um ein Ausdenken der reflexiven Einbildungskraft und damit um eine andere Einsicht in die Struktur von Erfahrung, auch um aus der Macht des Imaginieren und Symbolischen fallweise aussteigen zu können. Es wäre ein Aussteigen auf Zeit aus der Selbstverschließung der Bilder gegen die Welt. Vgl. u.a. Beck/Wellershoff 1989; Kamper/Wulf 1984; Böhme 1988 insbes. 14ff; Hoppe-Sailer 1996, vgl. insbes. 172f; Kamper 1981, 1994, 1986, 1995, 1996, 1997, insbes. 70-78; Serres "Sinne" 1994, insbes. 88ff; erkenntnistheoretisch: Bergson 1991, insbes. 1-61; vgl. auch die Darstellung der einzelnen Sinne in der Schriftenreihe Forum der Kunst-und Ausstellungshalle Bonn

ders., Das Licht als Medium der Kunst. - Über Erfahrungsarmut und ästhetisches Gegenlicht in der technischen Zivilisation. In: Paragrana. Internationale Zeitschrift für Historische Anthropologie. Band 5 (1996), Heft 1, 92 -116

ders., Das Steinerne. Anmerkungen zur Theorie des Erhabenen aus dem Blick des ‚Menschenfernsten'. in: Das Erhabene: zwischen Grenzerfahrung und Größenwahn. Hgg. von Christina Pries; VCH - Acta Humaniora: Weinheim 1989, 119 - 141

Bourdieu, Pierre / Wacquant, Loic J.D., Reflexive Anthropologie. Suhrkamp: FaM 1996 (1992)

Braun, Christina von, Die schamlose Schönheit des Vergangenen. Zum Verhältnis von Geschlecht und Geschichte. verlag neue kritik: FaM 1989

dies., Nicht ich. Logos, Lüge, Libido. verlag neue kritik: FaM 1988 (2. Aufl.)

Castoriadis, Cornelius, Durchs Labyrinth: Seele, Vernunft, Gesellschaft. FaM 1983

Csikszentmihalyi, Mihaly, Das Flow - Erlebnis. Jenseits von Angst und Langeweile: im Tun aufgehen. Klett-Cotta: Stuttgart 1993 (1975)

„Das Schwinden der Sinne". Hgg. von Dietmar Kamper und Christoph Wulf. edition suhrkamp: FaM 1984

Dickel, Hans, Die Sehnsucht nach Natur in den Medien der bildenden Kunst: Caspar David Friedrich - Gerhard Richter - Bill Viola. In: Paragrana. Zeitschrift für Historische Anthropologie. Band 5 (1996), Heft 1, 153 -169

Eco, Umberto, Das offene Kunstwerk. suhrkamp TB: FaM 1977 (1962)

„Ernst Brunner. Photographien 1937 - 1962". Offizin Verlag: Zürich 1998 (4. Aufl., 1995)

Geertz, Clifford, Dichte Beschreibung. Beiträge zum Verstehen kultureller Systeme. suhrkamp TB: FaM 1994 (1983).

Heiz, André Vladimir, Medium - eine Welt dazwischen. In: Museum für Gestaltung. Schriftenreihe 23, Zürich 1998, 79 Seiten

Hoppe - Sailer, Richard, Elementare Wahrnehmungen. Zur Präsenz der Elemente in Werken der modernen Kunst. In. Paragrana. Internationale Zeitschrift für Historische Anthropologie. Band 5 (1996), Heft 1, 170 -187

Kamper, Dietmar, Zur Geschichte der Einbildungskraft. Hanser:München, Wien 1981

ders., Nach dem Schweigen: Hören. Das Ohr als Horizont der Bestimmung. In: Paragrana. Internationale Zeitschrift für Historische Anthropologie. Band 2 (1993) Heft 1-2, 116 -119

ders., Der eingebildete Mensch. in: „Anthropologie nach dem Tode des Menschen." Hgg. von Dietmar Kamper und Christoph Wulf. edition suhrkamp: FaM 1994, 273 - 278

ders., Unmögliche Gegenwart. Zur Theorie der Phantasie. Fink: München 1995

ders.,(a) Abgang vom Kreuz. Fink: München 1996

ders.,(b) Das Bild als Tod in Person. Über Präsenz, Repräsentation und Simulation eines Abwesenden. Manuskript zur Tagung „Virtualität. Illusion. Wirklichkeit - Wie die Welt zum Schein wurde". Luzern 1996, 12 Seiten

ders., Im Souterrain der Bilder. Die Schwarze Madonna. Philo: Bodenheim 1997

ders., Zur Soziologie der Imagination. Hanser: München, Wien 1986

Klarer, Mario, Locker vom Hocker - Die Benennung von Sportkletterouten. In: Berg '90. Alpenvereinsjahrbuch 1990, 91 - 98

Klee, Ernst, Ausschwitz. Die NS-Medizin und ihre Opfer. S.Fischer: FaM 1997

König, Gerhard, Dokumentation einer Unzweckmäßigkeit. Film / Video, 32min., Farbe; 1995

Kukuczka, Jerzy, Im vierzehnten Himmel. Wettlauf im Himalaya. Verlag J.Berg: München 1990

Kutschmann, Werner, Der Naturwissenschaftler und sein Körper. Suhrkamp: FaM 1986

„Landschaft. Die Spur des Sublimen" - Ausstellungskatalog Kiel, Innsbruck, Esbjerg 1998

Lyotard, Jean-François, Philosophie und Malerei im Zeitalter ihres Experimentierens. Merve: Berlin 1986 (1985)

„Metamorphosen des Raums", hrsg. Von Eckart Liebau/Gisela Miller-Kipp/Christoph Wulf. Beltz, Deutscher Studien Verlag: Weinheim 1999

Minois, Georges, Die Hölle. Zur Geschichte einer Fiktion. stv: München 1996 (1991)

Nietzsche, Friedrich, Götzen - Dämmerung. Kritische Studienausgabe 6. Hgg. von G. Colli und M. Montinari. dtv/de Gryter: Berlin 1988 (2. Aufl., 1980)

Nigsch, Otto, Die Quantität der Qualität. in: „Exemplarische Erkenntnis. Zehn Beiträge zur interpretativen Erforschung sozialer Wirklichkeit." Hgg. Von W. Studien Verlag: Innsbruck, Wien 1998, 15 - 33

Ölz, Oswald, Die Risikosucht als medizinisches Phänomen. IN: Neue Züricher Zeitung. Nr. 37, 14./15. Februar 1998, 58.

Peskoller, Helga, BergDenken. Eine Kulturgeschichte der Höhe. W. Eichbauer Verlag: Wien 1997

dies., Raumverdichtung durch Vertikalität. in: „Metamorphosen des Raumes" 1999, S. 275-280.

dies., 8000. Ein Bericht aus großer Höhe. In: Paragrana. Internationale Zeitschrift für Historische Anthropologie. Band 7 (1998), Heft 2, 228-240

dies., „...unfaßbar und doch wirklich". Grundzüge eines anderen Wissens von Menschen. in: Berg'99, München 1998, 241-248

Rittelmeyer, Christian, Synästhesien. Entwurf zu einer empirischen Phänomenologie der Sinneswahrnehmung. in: Aisthesis/Ästhetik. Zwischen Wahrnehmung und Bewußtsein. Hgg. von Christoph Wulf und Klaus Mollenhauer. Deutscher Studien Verlag: Weinheim 1996, 138 -152

Schuhmacher - Chilla, Doris, Ort des Bildes - Ort des Lebens. Ästhetische Verhältnisse. In: „Metamorphosen des Raums", 1999, S.281-292

dies., Wenn das Auge das Ohr übermannt. In: Paragrana. Internationale Zeitschrift für Historische Anthropologie. Band 2 (1993), Heft 1-2, 45 - 55

Seitz, Hanne, „Und die Spur führt ins Leere..." - Der andere Raum oder Wie aus einer Lichtung ein Stück Wirklichkeit wird. in: „Metamorphosen des Raums", 1999, 293-305.

dies., Räume im Dazwischen. Bewegung, Spiel und Inszenierung im Kontext ästhetischer Theorie und Praxis. Klartext: Essen 1996

Serres, Michel, Die fünf Sinne. Eine Philosophie der Gemenge und Gemische. Suhrkamp: FaM 1994 (2. Aufl.)
ders., Hermes III. Übersetzungen. Merve: Berlin 1992
ders., Hermes IV. Verteilungen. Merve: Berlin 1993
ders., Hermes V. Die Nordwest-Passage. Merve: Berlin 1994
Sonntag, Susan, Über Fotographie. Fischer TB: FaM 1988
Trabant, Der akroamatische Leibniz: Hören und Konspirieren. In: Paragrana. Internationale Zeitschrift für Historische Anthropologie. Band 2 (1993), 64 - 71
Weizsäcker, Victor von, Patosophie. Vandenhoeck & Ruprecht: Göttingen 1956
Willmann, Urs, Wo ist Gott? in: Die Zeit Nr. 13 bzw. Nr. 17, 70, 1998
Zak, Heinz, Rock Stars. Bergverlag Rother: München 1995

Gerald Siegmund

Vom Freiräumen der Räume:
Die Kunst der Gruppe NEUER TANZ

Es kratzt, scharrt und atmet, man hört es, man spürt es, doch man sieht es nicht. Was bewegt sich da im völlig dunklen Bühnenraum, der weder eine sichtbare Form noch eine Gestalt hat? Was bewegt die Dunkelheit, der man sich in den Stücken der Düsseldorfer Gruppe NEUER TANZ lange und geduldig aussetzen muss, bis man das Licht durch seine Abwesenheit hindurch endlich sehen kann?

Ihre Stücke heißen *LEITZ, dem Nachlass verfallen* (1988) und spielen in der völligen Dunkelheit mit den übriggebliebenen Bewegungsfolgen aus vorangegangenen Produktionen.

Oder programmatisch *Räumen* (1989), weil in ihnen die Bühne ständig umgeräumt wird. Die Tänzer liegen auf dem Rücken und kippen ihre Beine über die seitliche Begrenzungslinie der Bühne hinaus, die sich auf diese Weise nach oben öffnet wie ein Trichter.

In *ELEPSIE, die Künstler sind anwesend* (1994) markiert ein weißer Vorhang, aufgehängt an einer ellipsenförmigen Schiene, einen Raum im Raum. Filmprojektoren ziehen Wände aus Licht ein, Tänzerinnen benutzen mit einem Skateboard auf dem Rücken die Bühnenrückwand als Boden, als sei der Raum nach hinten weggekippt. Immer wieder springen die Künstler, die in der ersten Reihe des Zuschauerraums Platz genommen haben, von außen auf die Spielfläche und lösen so die Trennung der Räume in Parkett und Bühne auf.

In *xyz*, das 1996 beim Festival "Theater der Welt" im alten Festspielhaus in Hellerau bei Dresden uraufgeführt wurde, perspektiviert ein riesiger Metallrahmen unseren Blick auf die Szene, in der sich die Tänzer im rechten Winkel vor und zurück und von links nach rechts bewegen. doch die starren Achsen des Koordinatensystems, die sie abschreiten, werden unweigerlich in Bewegung versetzt, wenn sich der Bilderrahmen zu drehen beginnt und der scheinbar festgefügte Raum sich ausdehnt und zusammenzieht. An jedem Ort, an dem das Stück gezeigt wird, wird es anders aussehen, wird es in einem ständigen Prozess umgearbeitet und an die Bedingungen des jeweiligen Theaterraumes angepasst. Hat man die Stücke von NEUER TANZ nur einmal gesehen, hat man sie eigentlich nicht gesehen.

Für den bildenden Künstler VA Wölfl, der seit dem Weggang seiner langjährigen Partnerin Wanda Golonka jetzt allein für die Choreographie der Stücke verantwortlich zeichnet, ist der künstlerische Raum keine dekorierte

Hohlform, in die man Tänzer hineinplaziert. Der Raum ist vielmehr ein dynamisches Prinzip, der mit jeder Bewegung der Körper neu und immer wieder anders entsteht und vergeht. Alle Mittel sind ihm recht, den Raum freizugeben: Die Bewegung, das Licht, der Ton und sogar die Zeit, die sich immer wieder zur Zeitlupe dehnt. Alle Elemente sind dabei gleichberechtigt, stützen einander mehr in einer prekären Balance, als dass sie sich ergänzten und überlagerten.

In dem Maße, wie für den Philosophen Immanuel Kant am Ausgang des 18. Jahrhunderts der Raum zur inneren Anschauungsform im menschlichen Bewusstsein wird, ohne deren formgebenden Rahmen Gegenstände überhaupt nicht wahrgenommen werden könnten, ist die Arbeit von VA Wölfl am Raum eine Reflexion auf die Möglichkeitsbedingungen von Raum als subjektiver Kategorie und damit eine Arbeit an den Kantschen Grundvoraussetzungen Zeit und Raum.

Welche Form kann der Raum annehmen, wie sieht er aus, und vor allem: Wie gibt er uns zu sehen? „Räumen ist Freigabe der Orte, an denen ein Gott erscheint, der Orte, aus denen die Götter entflohen sind, an denen das Erscheinen des Göttlichen lange zögert."

Der Text von Martin Heidegger (*Die Kunst und der Raum*, 1969) der als Tonspur zu *Räumen* gehört, ist programmatisch für den Umgang mit dem künstlerischen Raum in den Stücken von NEUER TANZ. Er weist den Raum und das Räumen erstens als Aktivität aus, bezeichnet zweitens mit ihm eine Leerform, die an sich nichts ist, und gibt drittens Hoffnung auf das plötzliche, ereignishafte Auftauchen einer Gestalt, über deren Form man sich allerdings nie gewiss sein kann. Habe ich tatsächlich etwas gesehen, oder täuschen meine Sinne? Das sind Fragen, die sich beim Betrachten der Stücke immer wieder aufdrängen. Die Götter, die Wölfl vom Tanzplatz vertrieben hat, sind auch die Götter des Bühnentanzes. Er greift mit seiner Raumästhetik, die in ihrer Isolation der am theatralen Prozess beteiligten Zeichensysteme durchaus Berührungspunkte mit dem amerikanischen Minimalismus der Postmoderne aufweist, gleich zwei heilige Kühe der Tanzkunst an: Die repräsentative Ordnung eines geschlossenen gesellschaftlichen Raumes und das Gefühl. Seit der Entstehung des Balletts an den Höfen des späten 16. und 17. Jahrhunderts macht der Bühnentanz mit seinen idealen Linien und seinen zu Zeichen geronnenen Gefühlen eine unsichtbar gewordene Ordnung sichtbar. Er repräsentiert gesellschaftliche Machtstrukturen, indem er ihnen einen durch die Zentralperspektive gegliederten idealen Raum schafft. Doch die Könige, die einst an der Spitze der (Seh-)Pyramide den souveränen Block auf die Welt hatten, sind ebenso verschwunden wie die Götter, die sie legitimierten. Die repräsentative Öffentlichkeit ist längst der demokratischen gewichen, das antigrave Schönheitsideal des akademischen Tanzes dem des „Natürlichen" im „freien" oder im „Modernen" Tanz. Doch auch die dort beschworene metaphysische Einheit mit der inneren und äußeren Natur durch Einfühlung und Nachbildung ist in Wölfls anderer Moderne getilgt. Was bleibt, ist ein Feld punktueller, sinnlicher Erfahrung, sind Abstufungen des Sichtbaren, das sich jeder vorgängigen Sinngebung verweigert, ein bis zur Hermetik sprödes Gebilde, mit harten, fast filmischen Schnitten am widerstandslosen Fließen gehindert, zu dem die Zuschauer durch die Konkretheit der gezeigten Vorgänge und Verrichtungen auf der Bühne doch Zugang finden. In dem neuen Stück der Gruppe, *a.m./p.m. Comfort by Design*, setzt sich ein grauer Tanzboden an den Wänden fort. In blaues, grünes oder violettes Licht getaucht, ändert der opake Belag seine Dichte und Konsistenz. Überproportional weit nach oben gezogen, erzeugt er einen Schallraum, in dem sich der Klang der Stimmen und Geräusche der Tänzer verfängt, die in makellosem Belcanto intonieren. Zur Gruppe geformt, fallen sie nach hinten oder vorüber, knallen mit voller Wucht auf den Boden und lassen mit jedem Atemzug die Bewegung zur hörbaren Stimme werden. Denn die Bewegung des Klangs, sein Absacken und Aufgefangenwerden und die verschiedenen Farben und Tönungen des Klangraums sind es, die Wölfl diesmal interessieren. Er spürt der Doppeldeutigkeit des griechischen Wortes *chorós* nach, das sowohl „Gruppengesänge" als auch „Gruppentänze" bedeuten kann. Er streicht kurzerhand den Buchstaben „e" aus der Choreographie und macht aus ihr eine Chor(e)ographie: ein Zeichnen ebenso mit der Stimme wie mit der Bewegung. Aus seiner siebenköpfigen tanzenden Schar auf dem Tanzplatz wird eine Sängerschar im Chorraum, die mit kleinem ironischem Augenaufschlag an den singenden und tanzenden Chor der antiken Tragödie erinnert, der das eingefaßte Rund der Orchestra abschritt, um die Abwesenheit der Götter zu beklagen. In den leeren Raum, der ihr Verschwinden hinterlassen hat, ist der Mensch gefallen. Auf die Wiederkehr irgendwelcher Götter braucht man deshalb in den Stücken von NEUER TANZ auch nicht zu warten. An ihre Stelle tritt das Wahrnehmungsvermögen des Menschen, seine Fähigkeit, seine Lebenswelt zu erkunden und sich darin mehr oder weniger häuslich einzurichten. Es ist der Mensch selbst, der Räume eröffnet, indem er mit anderen und anderem in Beziehung tritt. Was sich in der Kunst der Zwischenräume, die NEUER TANZ auszeichnet, vor allem ereignet, ist ein Schärfen der Sinne, eine gesteigerte Aufmerksamkeit für minimale Veränderungen in den Beziehungen zwischen den Menschen und den Dingen. Das Gesehene mit einer Bedeutung zu belegen bleibt anschließend jedem selbst überlassen. Das ist der Preis, den der Mensch für seinen Fall in die Mündigkeit zu zahlen hat. Das Freigeben von neuen Räumen durch die Kunst von NEUER TANZ ist eine Öffnung von geistigen Räumen, ein Entlassen der Phantasie in die Freiheit. Wenn nach einer Stunde im Theater wieder das Licht angeht, ist der Raum leer. Doch unsere Köpfe sind voll von Bildern, wie er aussehen könnte.

VA Wölfel[1]

Vom Freiraum der Räume

Als Bildender Künstler zeichnet VA Wölfel nicht mit dem Stift Linien auf dem Papier, sondern mit seinen TänzerInnen der Gruppe Neuer Tanz Linien in den Raum.

Seine Absicht ist, mit Wahrnehmungsgewohnheiten zu spielen und Irritationen hervorzurufen, um andere Perspektiven zu und mit der Bewegung im Raum zu öffnen. So erschließt eine bestimmte Geste auf verschiedenem Hintergrund einen jeweils anderen Sinn. Wir nehmen immer in einer bestimmten Weise etwas Bestimmtes wahr.

So erwies sich für VA Wölfel die Tagung „Zum Verhältnis von Ästhetik und Theorie" in der Thomas-Morus Akademie in Bensberg als Glücksfall für seine Arbeit. Das ehemalige Priesterseminar mit seinen hohen Räumen, mit großen Fenstern, langen Fluren, einer beeindruckenden Freitreppe und einem kreuzgangähnlichen Innenhof wurden zur Bühne, der Tanz wiederum machte Räume sichtbar und irritierte zugleich vorhandene Raumwahrnehmungen und -sichtweisen.

Zwei Fotografien von VA Wölfel umschreiben seine Arbeitsweise, indem sie die Orientierung im Raum zum Thema machen.

---

[1] Wir danken VA Wölfel, daß er uns die Bilder seiner Arbeit zur Verfügung gestellt hat.

Pierangelo Maset

Von der Gegenwartskunst lernen.
Ästhetische Bildung als Wahrnehmung des Anderen

Das erste, was man von der Gegenwartskunst lernen kann, ist der ästhetische Wertewandel, den sie mit ihrer offenen Entwicklung beständig anzeigt. Um diesen Wertewandel zu verstehen, kommt man nicht umhin, die Mobilität des Kunstbegriffs nachzuvollziehen, was ein recht schwieriges Unterfangen darstellt. Die heutige Kunst ist außerordentlich facettenreich und heterogen. Nehmen wir zum Beispiel Künstlerinnen und Künstler wie Mike Kelley, Kiki Smith oder Yasumasa Morimura: Hinter ihren Arbeiten stehen jeweils sehr spezifische ästhetische Positionen, und es ist aufwendig, ihre Besonderheiten für andere Zusammenhänge, z.B. den des Schulunterrichts zu vermitteln.

Kiki Smith *Tale* (1992)

In der Kunst werden gesellschaftliche Prozesse und Gedanken gebündelt und vorausgreifend entwickelt, insofern bietet gerade die Gegenwartskunst ein enormes Potential für Schülerinnen und Schüler.
Diese Potentiale sind aber keineswegs auf das Fach Kunst zu beschränken, vielmehr sind sie für alle Fächer von Belang. Es ist weder einfach noch sicher, Gehalte der Kunst vermitteln zu wollen, und das Problem der Kunstvermittlung stellt sich heute insgesamt neu, wo grundsätzliche Zweifel an der Vermittelbarkeit der Kunst aufgekommen sind. Zunächst aber ist festzustellen, daß gerade das Nicht-Vermittelbare der Kunst zahlreiche und vielfältige Vermittlungsformen zur Folge hat, die aber alle nicht beanspruchen können, daß Kunst letztgültig vermittelbar bzw. verstehbar sei: Wer hätte jemals ein Kunstwerk bis in seinen letzten Grund begriffen?

Christine Hill *Volksboutique*

Zu vermitteln ist eigentlich immer nur das, was sich dem Verständnis sperrt oder entzieht, alles andere erklärt sich von selbst. Es geht beim Vermitteln darum, mit einem Gegenstand etwas hervorzubringen, das uns selbst fremd ist und mit dem wir uns die Gewißheit darüber verschaffen können, daß wir es nicht restlos verstehen. Wir nähern uns mit dieser Arbeit einem Anderen, das oder den wir nicht gänzlich zu verstehen vermögen. Wir sollten davon abgehen, das Verständnis und die Vermittlung von Kunst als etwas zu beschrei-

ben, das sich wie die Annäherung an einen festen und für immer sicheren Stoff verhält.
Wir gewinnen viel, wenn wir uns klar machen, wie dieser Stoff mit uns funktioniert bzw. welche Gefüge wir mit ihm bilden können. Eben dieses Bilden von Gefügen ist die Vermittlungsarbeit, die möglich ist. Ihr Ergebnis ist nicht das „wirkliche" Verstehen, sondern die Produktion möglicher Verstehensweisen im Wirklichen. Diese Arbeit beinhaltet stets auch Momente des Scheiterns, ja sie bringt sogar das Scheitern hervor, als Grenze unseres Verstehens.

Es kann heute nicht mehr darum gehen, im Sinne einer an der Bildauslegung vorgehenden Didaktik die Kunst scheibchenweise den Schülerinnen und Schülern näherbringen zu wollen oder durch ein betäubendes Vormachen und Nachmachen irgendwie geartete praktische Ergebnisse vorweisen zu können. Diese beiden sich hartnäckig haltenden didaktischen Verirrungen sind durch phantasievollere, lebendigere und realitätsnähere Ansätze zu überwinden. Hierbei besteht die Realitätsnähe eben gerade in der Nähe zur Realität der Kunst, die es immer wieder vermag, sogenannte Wirklichkeiten in einem nicht-abbildlichen Sinne darzustellen.

Die Dynamik der Kunst wirkt aber nicht automatisch oder unmittelbar in die gesellschaftlichen Systeme hinein. Sie muß als komplexer, vernetzter Austausch von Prozessen verstanden werden. Insbesondere die aktuelle Kunst zeigt uns die Bezugnahme auf gesellschaftliche Systeme, die im System der Kunst ästhetisch gewendet werden. Die letzte *documenta X* war voller Beispiele hierfür. Ich möchte drei herausgreifen und Ihnen kurz präsentieren. (1997)

Zum Bildungsverständnis

Sowohl in der körperbetonten Zeichenproduktion des Subjekts wie in der Aneignung von kognitivem Material findet der Bildungsprozeß in Auseinandersetzung mit dem Fremden statt. Ein bekanntes Fazit Hegels lautet bereits:

„Das Fremdartige führt das anziehende Interesse mit sich, das uns zur Beschäftigung und zur Bemühung lockt..." (Aus: *Gesammelte Werke*, Bd.4, *Nürnberger und Heidelberger Schriften*, Frankfurt/Main 1986, S.321.)

Dieses Anziehende, Affizierende dessen, was das Interesse am Fremden erzeugt, ist die Einhüllung des Selben im Anderen bzw. die Einhüllung des Anderen im Selben. In der Tat ist der Ausdruck *Interesse* hier aussagekräftig, da er von einem Dritten kündet, das im Verhältnis vom Selben zum Anderen bzw. umgekehrt erscheint. Dies ist eine theoretische Bestimmung und gleichzeitig auch eine in allen Praxen beobachtbare Konstante von Bildungsprozessen.

Das Neue erscheint als die Form des Anderen, die im Subjekt expliziert werden muß. Es gibt da keinerlei Wahl, denn wenn das Neue erfahren werden soll, muß das Selbe dem Drängen der Differenz nachgeben und das Andere ansteuern. Hierzu gibt uns die Kunst mannigfaltige Anlässe.

Das Subjekt beschreibe ich als *dividuell*. Es erhält sich in seiner Teilbarkeit, so wie die Voraussetzung zu seiner Entwicklung eine teilende Erhaltung ist. Das ist nicht eine Erhaltung im Sinne einer bleibenden Konservierung, sondern eine solche, die die Konstellation der Identitäten in Bildungsprozessen differenziert. Das Wissen, die Konfiguration von Wissensformationen, ist ein Einlaß des Fremden. Dieses Fremde trifft auf eine subjektinterne, dividuelle Kognition, deren Nahrung in der Rezeption und Explikation neuen Wissens besteht. Die Produktion, die das *Interesse* dabei generiert, erwirkt die Öffnung für das Andere. Insofern hängt die Frage des Anderen aufs engste mit der Frage nach dem Offenen zusammen.

Das Unterrichtsexperiment

Ich möchte Ihnen ein Unterrichtsexperiment vorstellen, das versucht, ins Offene zu gelangen. Es geht dabei um eine Erstbegegnung mit zeitgenössischer Kunst, anhand der Arbeit einer Vertreterin der sogenannten *Kontext-Kunst*.

Ausgangspunkt war dabei der, daß dieser Kontakt nicht über eine Auseinandersetzung über das „Werk" stattfinden sollte, sondern über das handelnde Erproben seiner Elemente.

Zunächst einige Fakten: Die Künstlerin Renée Green, 1959 in Ohio geboren, untersucht in ihren Arbeiten den Gebrauch und die Verbreitung von Symbolisierungen. Hierfür stellt sie die Besonderheiten kultureller Praxen und diskursive Auseinandersetzungen, die sich auf diese beziehen, ins Zentrum Ihrer jeweiligen Produktion. Die Künstlerin ist African American und unternimmt mit ihrer Arbeit eine kulturelle Positionierung. In dieser Perspektive nimmt das Werk einen Verweisungscharakter an, denn es tritt nicht mehr ausschließlich anhand bestimmter Dinge in Erscheinung, vielmehr dienen die Dinge, denen man während der Werkbetrachtung begegnet, der Ermöglichung von Kommunikationsprozessen.

Die Künstlerin wandert mit ihrer Position in andere kulturelle Zusammenhänge ein, um dort die Akkumulation, Konstruktion und Rezeption von Kulturarbeit zu ermöglichen. Mit einer solchen Strategie ist eine ständige Re-Kontextualisierung verbunden, die Produkte kultureller Praxen in anderen Zusammenhängen anordnet, um dort neue Verknüpfungen und Über-Setzungen von Informationen zu ermöglichen.

Import Export Funk Office

So lautet der Titel einer Arbeit, die bis einschließlich März 1997 im *Kunstraum* der Universität Lüneburg installiert gewesen ist. Grundlage dieser Arbeit sind archivarische Elemente, die „Collectanea". Sie besteht aus einer Sammlung u.a. von Büchern und Tonträgern des Autors Diedrich Diedrichsen zu Themen der „Sub-" und „Gegenkultur", insbesondere auch zu Fragen der afroamerikanischen Musik und Literatur. Neben Zeitungen und Zeitschriften aus unterschiedlichen Sparten wurden von Renée Green auch Bücher aus dem eigenen Fundus hinzugefügt. Wie man an diesem „ästhetischen Material" sieht, das ein Archiv zu Fragen der kulturellen Differenz bildet, werden die Informationsbeschaffung und der Verweisungscharakter, der durch die unterschiedlichen Sammlungen erzeugt wird, zur künstlerischen Strategie in Greens Ansatz.

Renée Green Import/Export Funk Office (1997)

Für die Lüneburger Arbeit kam noch die digitale Ebene ins Spiel, mit Materialien wie Videos, Tonbandaufnahmen, Fotos, Handzetteln und Aufklebern, die für die Produktion einer CD-Rom digitalisiert wurden. Das Import/Export Funk Office einen Wandanstrich in sechs verschiedenen Farben, die auf der Benutzeroberfläche als Desktop präsentiert werden, so daß ein direkter Zusammenhang zwischen der realen und der virtuellen Ebene hergestellt wird. Was im Ausstellungsraum wahrnehmbar ist, kommt auch auf der CD in irgendeiner Form vor. Zusätzlich gibt es auf der CD Archive, die aus früheren Arbeiten stammen.

Der Besucher hat die Möglichkeit, sich über Verweise im Rahmen der aktuellen Präsentation in andere Ebenen der Arbeit einzumischen und sich selbst Verbindungen und Anknüpfungen zu verschaffen. Er kann dabei Quellen nutzen und gleichzeitig *handelnd* in die Entwicklung des Werks eingreifen.

Gebrauch der Kunst

Bei dem Vermittlungsexperiment kam es wesentlich darauf an, dass der „Erstkontakt" nicht mittels der vorlaufenden Verständigung über die Arbeit stattfinden sollte, sondern über die Art und Weise, wie man sie verwenden und die in ihr gesammelten Informationen sich zumindest teilweise zugänglich machen kann. Es ist eine Situation, in der sich die Lernenden in eine vorhandene Struktur einmischen und diese gegebenenfalls durch ihre Eingriffe verändern bzw. sogar weiterentwickeln können.

Die Lerngruppe ist eine 10. Hauptschulklasse der Lüneburger Hauptschule Kaltenmoor gewesen. Etwa ein Drittel der Schülerinnen und Schüler sind Einwanderer aus der ehemaligen Sowjetunion. Diese Klasse hatte mit dieser Form von heutiger Kunst noch keinen Kontakt gehabt, auch der Name der Künstlerin war den Schülern unbekannt.

Dies war eine wichtige Voraussetzung, denn das Experiment sollte Aufschlüsse darüber bringen, inwiefern die Arbeit von Renée Green auch dann funktionieren kann, wenn deren Betrachter über keinerlei Vorwissen über das Konzept der Künstlerin verfügen. Der „Erstkontakt" mit dieser avancierten Kunstform sollte über die im Werk angelegten strukturellen und materialen Anordnungen erfolgen und nicht z.B. über ein einführendes Lehrerreferat. Damit stellt sich gleichzeitig die Frage, ob die Arbeit auch dann wirken kann, wenn keine Informationen über das Konzept vorhanden sind.

Gemäss dieser Fragen, die das „Verstehen" des Konzeptes der Künstlerin erst einmal ausblenden, um das „Funktionieren" des Konzeptes bzw. der Struktur und Anlage der Arbeit auf der Ebene der Verwendung zu betrachten, wurden die Schülerinnen und Schüler vor dem Besuch des Offices lediglich über Namen, Alter und Herkunft der Künstlerin informiert.

Funky Office

Das *Import/Export Funk Office*, das im Dachgeschoss eines Lüneburger Campus-Gebäudes eingerichtet worden ist, ist wie folgt aufgebaut gewesen:

Ein großer Raum, der von 2 Säulen abgeteilt ist, wird von einigen an ihren Leitungen herunterhängenden Glühlampen und Japanlampen erleuchtet, die ein schwaches Licht auf eine an zwei Wänden angebrachte Fotodokumentation zur Hip-Hop-Culture werfen. Zusätzlich bringt die permanente Video-Projektion und das Bildschirmlicht der sechs in einem den Raum weiter unterteilenden Quadrat aufgestellten Computer weiteres Licht. Mitten im Raum befindet sich eine Kissenlandschaft, auf die man sich bequem setzen kann und von der aus man den Interview-Video-Film über HipHop als kulturelle Position sieht.

Die farbige Benutzeroberfläche der Computer führt in die unterschiedlichen Ebenen der von Green gesammelten Archive. Man kann dort Sammlungen von Musikzeitschriften, Bibliotheken, Fotos und Stadtpläne, aber auch Musikbeispiele und Videofilmausschnitte entdecken.

Dies ist für die Jugendlichen, die alle zumindest Musikstücke aus dem HipHop-Bereich kannten, ein wesentlicher Attraktor gewesen. Sie konnten auf ungewohnte Weise und mit Originalmaterial Informationen über HipHop bekommen, die sie sonst in der Regel aus Jugendzeitschriften oder aus dem Fernsehen beziehen. Hier aber mussten sie sich in dieser von der Künstlerin entwickelten Anordnung des „Werkes" orientieren und konnten dabei Informationen mit zum Teil unerwarteten Anschlüssen bekommen, wie z.B. geographische Informationen über bestimmte Gegenden in New York, in denen die HipHop-Culture dominiert oder die Titel und Titelbilder von Kulturzeitschriften. Die Bekanntheit der HipHop-Musik und leistete den Brückenschlag vom „Werk" zu den Jugendlichen, die intensiv an den Computern arbeiteten. Interessant war dabei der Umstand, dass die Computer keineswegs hauptsächlich von den Jungen bedient wurden.

Eine Gruppe zog es vor, sich die ganze Zeit lang auf der Kissenlandschaft zu plazieren und von dort aus den Interview-Film mit Vertretern der amerikanischen HipHop-Szene zu verfolgen. Dieser Umgang mit der Arbeit ist im Sinne der Künstlerin, die Benutzung der Kissen und der Aufenthalt vor dem Video-Film, gehören zum Konzept. Wie diese Anlage ausgefüllt wird, mit welchen Kommunikationsformen und Wahrnehmungen das schließlich geschieht, wird von den Teilnehmenden bestimmt.

Die Schülerinnen und Schüler nutzten die Situation auf den Kissen zu Gesprächen. Sicherlich ist die „Atmosphäre" des Raumes ein entscheidendes Moment gewesen, das den Jugendlichen den Zugang zu Greens Arbeit leicht machte, „Atmosphäre" als konstitutives Moment einer Ästhetik, die an der Teilhabe orientiert ist (vgl. Böhme, Gernot: *Atmosphäre*, 1995).

Auswertung

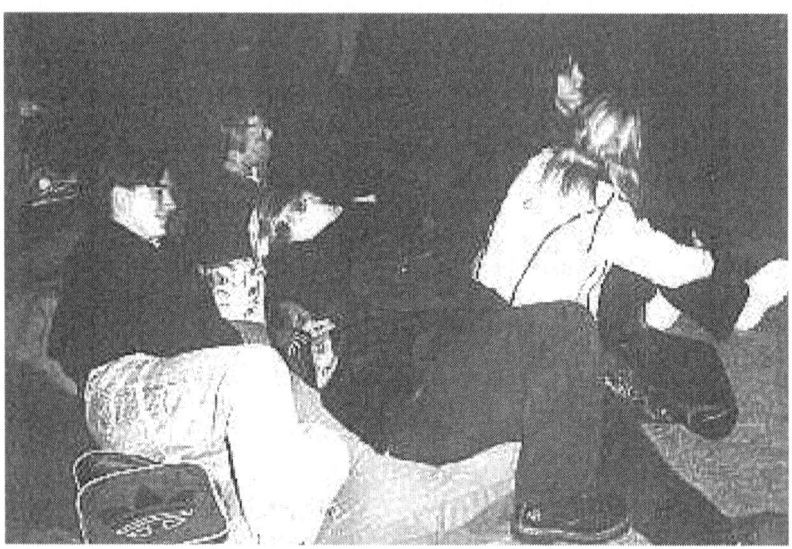

Um etwas über die Wirkungen und Informations-Übertragungen des Erstkontakts zu erfahren, wurde nach dem Experiment ein (anonymer) Fragebogen verteilt, den die Jugendlichen nach dem Besuch von Greens *Import Export Funk Office* ausfüllen sollten. Die Fragen/Aufgaben waren folgende:

1. Was ist Dir zuerst aufgefallen, als Du den Raum betreten hast?
2. Vor welchem Bild oder Gegenstand hast Du Dich am längsten aufgehalten?
3. Hast Du einen der Computer bedient?
4. Was hast Du auf dem Bildschirm gesehen?
5. Wie haben Dir der Raum und die Dinge, die Du dort sehen und hören konntest, gefallen?
6. Fertige eine kleine Skizze über Deine Gedanken oder Eindrücke zur Ausstellung an.

Es ließen sich deutliche Hinweise dafür finden, dass für alle beteiligten Jugendlichen ein Erstkontakt stattgefunden hatte und dass Informationen, die in Greens Arbeit angelegt sind, importiert und exportiert werden konnten.

Bereits die Auswertung von Frage 1 macht deutlich, dass eine Selektion stattfinden konnte, die für den weiteren Aufenthalt im Funk Office von grosser Bedeutung war. Man entschied sich entweder für die Video-Projektion als auffälligstes Element oder für die Computer. Einer Minderheit fiel die Fotoausstellung zuerst auf. Entsprechend dieser Disposition verteilte sich die Länge der Verweildauer zwischen der Betrachtung der Video-Projektion und dem Aufenthalt an den Rechnern, wobei in der Mehrheit *in Gruppen* am Computer gearbeitet wurde.

Ein weiteres Ergebnis war, dass die deutliche Mehrheit der Jugendlichen einen der Computer bedient und somit Kontakt mit der archivarischen Ebene der Arbeit hatte. Hier unterschieden sich die Elemente, die untersucht worden sind, deutlich: Weltkarte, Videoausschnitte, Bilder, Musik-Charts. Die Musik-Charts, die Karten und die Videoausschnitte wurden von den Jugendlichen am häufigsten genannt. Über alle genannten archivarischen Elemente wurde von den Jugendlichen während der Arbeit am Computer diskutiert und auch verhandelt – z.B. hinsichtlich der Auswahl eines bestimmten Elementes. Auf der Kissenlandschaft gab es Gespräche über die Video-Projektion, was ebenfalls anzeigt, dass ein Import/Export stattgefunden hatte.

Auch die von den Schülerinnen und Schülern anzufertigende Skizze drückte bei vielen die positive Bewertung des Funk Offices aus, insbesondere die Situation vor den Computern wurde darzustellen versucht. Ein Schüler hatte eine Zeichnung angefertigt, die sich deutlich an zur der HipHop-Culture gehörenden Graffiti-Bildlichkeit anlehnte. Es zeigt Initialen unter einem kantigen Konterfei, das von Dynamik ausdrückenden Pfeilen umgeben ist. – Ein Import/Export-Ergebnis.

Renée Greens Arbeit funktionierte im pädagogischen Zusammenhang mit Schülerinnen und Schülern, die keine Kenntnisse über diese Kunstrichtung hatten. Die modulare Anlage des „Werkes" bot unterschiedliche Zugangsmöglichkeiten, gleichzeitig gab es für die Jugendlichen Anknüpfungspunkte durch Produkte und Symbole der HipHop-Culture. Die ungewöhn-liche, multimediale Anordnung und das Einbeziehen der Besucher des Funk Offices in die Entwicklung der Arbeit selbst eröffneten Möglichkeiten, die im Rahmen dieses Erstkontakts noch überhaupt nicht ausgeschöpft werden konnten. Es kann nachdrücklich festgestellt werden, dass eine solche Form von Kunst für die Schülerinnen und Schüler *zugänglich und produktiv* ist.

Kunstnahe pädagogische Arbeit

Die Rezeptivität des Rezipienten steht heute auch deshalb im Vordergrund, weil die Kunst sich zunehmend der Rezipientenseite zugewendet hat. Dies jedoch nicht im Sinne einer Rezeptionsästhetik, sondern im Sinne einer Rückgabe der ästhetischen Autonomie an den Rezipienten. Michael Lingner hat dies anhand der Entwicklung der Kunst in unterschiedlichen Autonomiestadien zu fassen versucht. Nach Lingner haben sich die drei großen Autonomieentwicklungen – die Loslösung der Kunst von der gesellschaftlichen Bindung, die Ausbildung einer individuellen Künstlerpersönlichkeit und die moderne Zweckfreiheit des Werkes – überlebt und wir befinden uns heute in der Situation, in der es weder darum gehen kann, dem Künstler noch dem Werk weitere Autonomiestadien zu verschaffen. Vielmehr bestehe die zeitgenössische Form ästhetischer Autonomie darin, dem Rezipienten Möglichkeiten von Autonomie zu eröffnen.

In dieser Perspektive nähern sich Kunst und Pädagogik an, und die Aufgabe besteht von pädagogischer Seite darin, die eine Annäherung zu gewahren und eine adäquate Version von Praxis zu entwickeln.

Teil III
‚Sache(n) des Sachunterrichts'

Vergleich von Grundannahmen: Zum Stand der Erwerbsforschung in den Fachdidaktiken

Einleitung

Im Rückblick auf die Anfänge des Sachunterrichts vor 30 Jahren, läßt sich heute feststellen, daß es damals vor allem um eine veränderte Lehrkonzeption ging:
Die Forderung nach Wissenschaftsorientierung legte die Ableitung möglicher Inhalte aus den Fachwissenschaften nahe, die zeitgleich geführte Diskussion um Lernziele (eigentlich hätte es Lehrziele heißen müssen) und deren Überprüfbarkeit beförderte die Tendenz zu kleinschrittig geplanten, „lehrersicheren" Curricula.
Heute lassen sich in diesem Kontext zwei Ansätze ausmachen, die Lernprozesse von Kindern zu untersuchen:

- Im sozialwissenschaftlichen Bereich war die Entwicklung von Wissen über die Gesellschaft oder um Einstellungen gegenüber sozialen und politischen Institutionen und Werten zentral. Es ging dabei, auf der Basis von Befragungen, um die Suche nach Gruppenmerkmalen und die jeweilige Korrelation zwischen diesen Faktoren. Im Kontext der Sozialisa-tionsforschung wurde deutlich, daß Kinder wesentlich in ihrer Entwicklung beeinflußt sind, die gesellschaftliche Bedingtheit schulischer Lernprozesse geriet ins Blickfeld.
- Im naturwissenschaftlichen Bereich lassen sich in den Anfängen zwei unterschiedliche Formen der Erforschung von Lernprozessen aufzeigen: Zum einen werden die kognitionspsychologischen Ansätze, wie sie vor allem von Jean Piaget und in den Folgeuntersuchungen praktiziert wurden, rezipiert und benutzt, um die Relevanz der neuen Konzepte auch entwicklungspsychologisch begründen zu können. Zum anderen gab es verstärkt Bemühungen um Unterrichtsforschung im Sinne der Dokumentation von Schüleräußerungen. Grundsätzlich ist all den naturwissenschaftlich orientierten Forschungen bis heute gemeinsam, daß Aussagen von Kindern, die in einer bestimmten Situation gemacht wurden, als Rohmaterial benutzt werden, um generalisierende Aussagen über das Denken von Kindern herauszufiltern. Die Äußerungen der Kinder werden gezielt der Komplexität entkleidet und auf ihren generalisierbaren Kern hin reduziert.

Beide Stränge der Sachunterrichtsforschung lassen eine Lernforschung im Sinne einer Erwerbsforschung aus.
Dieser Ansatz findet sich seit den achtziger Jahren in der Forschung zum Schriftspracherwerb. Nicht mehr der Unterrichtserfolg steht im Mittelpunkt, es geht statt dessen um individuelle Aneignungsprozesse einzelner Kinder.

Untersucht wird, „wie Kinder sich tatsächlich – und zwar ohne didaktische Steuerung" – der Schriftsprache nähern.

Auf dieser Grundlage können neue Paradigmen für die Forschung nur durch die Beobachtung der Kinder und in der Arbeit mit den Kindern erschlossen werden. Demnach muß sich die Forschungsperspektive den Konstruktionsprozessen des einzelnen Kindes zuwenden.

Angesichts einer Situation im Sachunterricht, von der sich sagen läßt, daß Vorstellungen von Kindern durchaus als Ausgangspunkt des didaktisch inszenierten Lernens gesehen, jedoch nicht in ihrer konkreten Bedeutung für das Kind akzeptiert werden, ist die Kenntnisnahme der Erwerbsforschung zum Schriftspracherwerb für die Didaktik des Sachunterrichts eine produktive Herausforderung.

Die Tagung 1999 stellte deshalb die Auseinandersetzung mit der Begründung der Notwendigkeit und der Möglichkeiten von Erwerbsforschung in den Mittelpunkt. Sie orientierte sich dabei für den Sachunterricht an einer Diskussion, in der versucht wird, den Paradigmenwechsel sowohl für den Schriftspracherwerb als auch für den Erwerb mathematischen Wissens zu begründen und zu beschreiben.

Zur Tagung 1999 waren Referentinnen und Referenten aus den drei genannten Didaktiken (Schriftsprache, Mathematik, Sachunterricht) eingeladen, die jeweils in ihren Disziplinen versuchen, die Möglichkeiten der Erwerbsforschung auszuprobieren und voranzutreiben.

Als Anknüpfungspunkt für die Referate und die Diskussion wurde ein Text von **Christa Erichson** zugrundegelegt, der für eine Übertragung der Erkenntnisse aus der Forschung zum Schriftspracherwerb auf eine Erforschung zum Mathematikverständnis plädiert.

In ihrem Vortrag stellte **Christa Erichson** die Bedeutung der Erwerbsforschung unter didaktischen Gesichtspunkten heraus.

Der Mathematiker **Bernd Wollring** verknüpfte in seinem Beitrag Ansätze zur Erwerbsforschung mit den besonderen Bedingungen dessen, was sich als Mathematikverständnis beschreiben läßt.

Gertrud Beck erarbeitete den Stand der Erwerbsforschung im Sachunterricht und die sich daraus ergebenden Konsequenzen.

Da es sich bei dieser Tagung – ein wenig anders als bei den anderen – um eine Diskussion von Experten handelte, die auf einer ähnlichen Grundlage arbeiten, dokumentiert der Beitrag von **Marcus Rauterberg** ausführlich die Diskussion, die sich aus den Referaten ergab.

Gertrud Beck

Christa Erichson

Zur Einführung: Erfahrungsoffener Schriftspracherwerb und Überlegungen zur Übertragbarkeit auf das Mathematiklernen[1]

Seit den 70er Jahren vollzieht sich in der Forschung und der Didaktik des Schriftspracherwerbs eine Wende, von der wir heute wissen, daß sie in den „interdisziplinären Paradigmenwechsel" eingebunden ist, der mittlerweile alle Bereiche der Bildung erfaßt hat, wenn nicht gar globale Formen annimmt (vgl. Krauthausen 1994, S.6). Auslöser für den Perspektivenwechsel im Bereich des Schriftspracherwerbs waren seinerzeit jedoch fachinterne Erschütterungen, an denen vornehmlich zwei Ereignisse maßgeblichen Anteil hatten:

- zum einen der spektakuläre Zusammenbruch der Legasthenieforschung, der mit der Erkenntnis einherging, daß wir über den tatsächlich ablaufenden Lernprozeß im Lesen und Schreiben so gut wie nichts wüßten (Sirch, Valtin, Schlee, Spitta u.a.),
- zum anderen Verlautbarungen aus den USA (insbes. Read) über die phonologische Entwicklung bei Vorschulkindern, nach denen Kinder uns – gegen jede fachdidaktische Vernunft – das X vor dem U vormachten und unsere erwerbspsychologische Ignoranz zu bestätigen schienen.

Beides lief auf die Notwendigkeit erwerbspsychologischer Forschung hinaus, die hierzulande ab Mitte der 80er Jahre erste Ergebnisse aufweisen konnte (Blumenstock, Gaber/Eberwein, Scheerer-Neumann ...). Die Konsequenzen daraus waren geradezu „umwerfend", nicht nur für die Didaktik des Schriftspracherwerbs, sondern auch für den Grundschulunterricht allgemein. Der Weg für eine Öffnung des Unterrichts wurde erst durch die Aufhebung der methodischen Zwänge im „Erstlese- und -schreibunterricht" gangbar.

Einzig für den Mathematikunterricht schien sich kein ‚Handlungsbedarf' in Richtung auf eine Öffnung abzuzeichnen, so daß Hagstedt noch 1994 seine Verwunderung darüber kundtun konnte, daß sich entsprechende Bemühungen bis heute auf den Sprachbereich beschränkten und „eine analoge Weiterentwicklung des Mathematikunterrichts ... selbst in vielen ausgewiesenen Reformschulen kaum stattgefunden" (S. 9) habe.

Den maßgeblichen Grund dafür habe ich 1991 darin gesehen, daß der Mathematikdidaktik bislang jene erwerbspsychologischen Erkenntnisse fehlten, „die Aufschluß darüber geben könnte(n), wie (Vorschul-)Kinder sich

---

[1] In: Grundschulunterricht, Jg. 43 (1996), H. 6, S. 8 - 12

tatsächlich – und zwar ohne didaktische Steuerung – der Mathematik nähern" (S.23), und die sich auf den Mathematikunterricht möglicherweise vergleichbar „umwerfend" auswirken könnten, wie dies im Bereich des Schriftspracherwerbs geschehen ist. Angesichts der Entwicklung, die die Mathematikdidaktik in allerjüngster Zeit genommen hat – insbesondere in den Monographien von Selter (1994), Krauthausen (1994), Röhr (1995) dokumentiert –, hat es fast den Anschein, als sei Erwerbsforschung in diesem Bereich vielleicht doch verzichtbar.

Aufgrund der Überraschungen, die die Schriftspracherwerbsforschung mit sich gebracht hat, bin ich aber davon überzeugt, daß nur die Kinder selbst uns wirklich neue Paradigmen erschließen können. Ich glaube vor allem, daß sie uns ein noch wesentlich breiteres Spektrum an mathematischen Inhalten und Zugriffsweisen eröffnen könnten, als wir es uns aus unserer bereits kanalisierten Erwachsenenperspektive überhaupt vorstellen können.

Bei den mir bekannten Untersuchungen zu (zumeist arithmetischen) Vorerfahrungen und Kenntnissen von Schulanfängern war und ist der Focus des Erkenntnisinteresses m.E. relativ eng auf die schulischen Anforderungen eingestellt. Allein die punktuellen Beobachtungen, von denen z.B. Freudenthal (1981, S. 100) erzählt hat, lassen ahnen, daß Mathematiklernen seine Wurzeln ganz woanders hat als in Zahlen und in elementaren Zähl- und Rechenverfahren und daß es in seiner Vielfalt die kargen Lehrplankataloge bei weitem übersteigt:

Das kleine Kind z.B., das um eine Buschanlage herumläuft, um seine geradeaus gehende Mutter abzupassen und zu erschrecken: Kalkuliert es den Umweg tempomäßig ein? Bzw. lernt es aus dem Zuspätkommen? Und wenn ja, was? (z.B. daß die Gerade die kürzeste Verbindung zwischen zwei definierten Punkten ist?) – Oder wie kämen wir auf die Idee, daß schon Schulanfänger mit negativen Zahlen umgehen, wenn nicht durch solche Geschichten wie die von Reichen (1994, S. 28), in der ein Mißverständnis aus der Zahl „vierzehn" konkrete „vier Zähn" macht und zu dem Ergebnis führt: „Vier Zähn minus sechs macht zwei Zähn unter Null". Was sagt das zudem über die Sinnsuche von Kindern aus und über den inhaltlichen Kontext, der hier doch sicher vom gerade aktuellen Zahnwechsel durchdrungen ist? – Jede/r von uns kann derartige Beispiele nennen; eines möchte ich selbst gleich noch beisteuern:

Ein Geschwisterpaar, 5 und 7 Jahre alt, darf sich für je zwei Mark etwas kaufen: greift der Fünfjährige zu einem Päckchen Gummibärchen zu 1.99 DM – ob schon preisbewußt, vermag ich nicht zu erkennen –; jedenfalls sagt die 7jährige Schwester spontan: „Dann ist dein Geld gleich futsch!" Sie kann also – und im normalen Alltag wundert das nicht einmal uns Lehrer/innen – mit ihren 7 Jahren ‚praktisch' aufrunden und läßt sich weder durch die vielen und zudem hohen Zahlen (Neuner) noch durch das Komma in irgendeiner Weise irritieren. Ab wann sind Dezimalzahlen und deren Aufrundung in der Schule ‚dran'?

Bereits die Sammlung solcher punktuellen Beobachtungen könnte aufschlußreich sein und uns über die Inhalte des Mathematikunterrichts von Schulanfang an zumindest nachdenklich stimmen (vgl. dazu auch Hagstedt 1994, S. 9). Um wieviel mehr könnten dies Langzeitbeobachtungen, die *Entwicklungsprozesse* dokumentieren.

Ich möchte im folgenden einige Erkenntnisse aus der Schriftspracherwerbsforschung herausheben, die von besonderer Tragweite für einen veränderten Anfangsunterricht im Lesen und Schreiben sind und einen erfahrungsoffenen Schriftspracherwerb (eigentlich) unumgänglich machen. Die Überlegungen zur Übertragbarkeit auf das Mathematiklernen formuliere ich zunächst als offene Fragen, um dann an einem an Brügelmanns „Didaktische Landkarte" angelehnten Modell aus dem neuen Hessischen Rahmenplan aufzuzeigen, wie in der Didaktik des Schriftspracherwerbs versucht wird, die Spannung von Offenheit und Systematik konzeptionell zu fassen. Ob daraus analoge Schlüsse für das Mathematiklernen gezogen werden können, möchte ich abschließend mit der Skizzierung einer mathematikdidaktischen Landkarte zur Diskussion stellen.

Schriftspracherwerbsforschung und offene Fragen an die Mathemtikdidaktik

1. Heterogene Lernvoraussetzungen

   Schriftspracherwerb beginnt lange vor Schuleintritt mit *präliteral-symbolischen* (Günther/Frith) und *vorphonetischen* (Spitta) Aktivitäten, mit denen Kinder grundlegende Erfahrungen mit Funktion, Struktur, privater und gesellschaftlicher Bedeutung von Schrift machen. Je nach soziokulturellem Umfeld betragen die Erfahrungsdifferenzen bei Schulanfänger/innen drei bis vier Jahre. Für den Unterricht im Lesen und Schreiben folgt daraus das *Prinzip der Passung*: Jedem Kind, auf welchem Niveau auch immer es sich befindet und mit welchen Strategien auch immer ihm Weltaneignung möglich ist, muß die Chance gegeben werden, *Lernfortschritte* zu machen. Bei linearem Gleichschritt können weder die benachteiligten noch die fortgeschrittenen Schüler/innen ihre Leistungen steigern. An die Stelle zuteilender Differenzierung von oben tritt „natürliche Differenzierung" auf der Grundlage der Wählbarkeit der Lerninhalte. An die Mathematikdidaktik stellt sich mir unter dem Stichwort der Heterogenität die Frage, ob sich aus den Untersuchungen bzw. punktuellen Beobachtungen zu den Vorerfahrungen von Kindern bereits ein Bild von dem machen läßt, was man vielleicht als prä-mathematische (und nicht nur prä-numerische) Phase bezeichnen könnte, und ob sich vergleichbare

Differenzen ausmachen lassen, die ein ähnlich weit gefaßtes Prinzip der Passung angeraten erscheinen lassen. Und wie könnte oder sollte dann die Lernumgebung aussehen, aus der jedes Kind seinen Möglichkeiten entsprechend leistungsfördernde Angebote wählen kann?

2. Lernen als Prozeß der Annäherung

Der Erwerb der Schriftsprache stellt sich als Prozeß der Annäherung dar, der von einer Zone der Entwicklung zur nächst höheren voranschreitet, ohne daß die einmal durchlaufenen Phasen ganz an Bedeutung verlieren; schriftsprachliche Kompetenz zeichnet sich vielmehr durch die erfolgreiche Integration einer Vielzahl erworbener Strategien aus (vgl. Dehn 1991, S. 102). Aus dem Fundus der Dokumente schriftsprachlicher Entwicklung sind Stufenmodelle entworfen worden – am aufschlußreichsten wohl das von K.B. Günther (1986) –, mit deren Hilfe (bei allem Vorbehalt) der Entwicklungsstand eines Kindes eingeschätzt werden kann und für die Zone der nächsten Entwicklung spezifische Lernangebote bereitgestellt werden können. Auch in der Mathematikdidaktik wird „Mathematik als Prozeß" verstanden (Krauthausen 1994, S.9), und wenn Treffers (1983) von „fortschreitender Mathematisierung bzw. Schematisierung" spricht, dann muß es auch unterscheidbare Niveaustufen geben. Welche aber sind das? Die Orientierung an Zahlenräumen (vgl. Krauthausen 1995, S. 6; Wittmann/Müller u.a. 1994, S. 22) halte ich für allzu formalistisch. Nach meinem Dafürhalten ist das Erreichen eines nächst höheren Niveaus durch einen Fortschritt im Bewußtsein des Kindes gekennzeichnet und läßt sich nicht vom System her definieren. Kriterien dafür könnten die *Ökonomisierung der Problemlösung* oder *Stufen der Schematisierung* sein (z.B. statt der Reihe nach zu zählen, zu Zweiersprüngen überzugehen; Entdeckung der Kommutativität...).

3. Lernen als kognitiver Konstruktionsprozeß

Entgegen früherer assoziationstheoretischer Annahmen ist der Schriftspracherwerb nur als kognitiver Konstruktionsprozeß erklärbar, bei dem jedes Kind seine eigenen Sinnstrukturen durch Integration neuer Informationen in den vorhandenen kognitiven Fundus aufbaut. Jedes Kind schafft sich also seine eigene Wirklichkeit oder entwickelt – wie Kochan (1986, S. 120 f.) sagt – seine eigenen Theorien über die Schrift. Für die Kinder selbst sind ihre Theorien aktuelle Wahrheiten und haben gerade nicht den Charakter von Vorläufigkeit und Unvollkommenheit, wie wir es ihnen nach dem alten Verständnis vom Fehler als Defizit ständig vorgehalten und im Grunde vorgeworfen haben. Das drückt sich auch in den von Günther (1986) konstatierten „dominanten Strategien" aus, die so lange beibehalten werden, bis das Maß der Frustrationserlebnisse voll zu sein scheint. So z.B. bei der Anwendung der zunächst durchaus erfolgreichen „logographemischen Strategie" in der reproduktiven Modalität, die in der produktiven Modalität dann aber scheitert. Als besonders überraschend hat sich zudem herausgestellt, daß es das Schreiben als die *produktive* Seite des Schriftgebrauchs ist, die im Prozeß des Fortschritts besondere ‚Schubwirkung' hat. Wie selbst-sicher Kinder sich ihres aktuellen Könnens sind und welche Bedeutung Frustrationen – hier auf der interaktiven Ebene – für den einsichtigen Lernfortschritt haben mögen, läßt sich aus der folgenden von Wolf-Weber und Dehn überlieferten Anekdote herauslesen: „Hanna sitzt mit Lena am Tisch, und beide malen. Plötzlich sagt Hanna: ‚Ich kann Oma schreiben.' Lena sagt: ‚Ich kann auch Oma schreiben.' Hanna beginnt nun – vollkommen konzentriert auf ihr Blatt – das Wort Oma in großen Buchstaben zu schreiben. Als sie fertig ist, überprüft sie alles noch einmal, ist sehr zufrieden und guckt zu ihrer Nachbarin. Sie sieht dort auf Lenas Zettel das gleiche Wort wie auf ihrem Zettel und fragt:"Wieso weißt du, wie meine Oma geschrieben wird? ..." (1993, S.21). Man darf sicher sein, daß spätestens bei der Begegnung mit „noch einer anderen Oma" die Zone der nächsten Entwicklung ‚in Angriff' genommen wird. Die Konsequenz aus der Tatsache, daß Kinder sich ihre eigene Wirklichkeit schaffen, in der sie sich ‚bis auf weiteres' auch sicher fühlen, ist „die Abkehr von der Utopie des totalen Verstehens" (Köck, o.J., nach Krauthausen 1994, S.11). D.h wir müssen die eigenen Theorien der Kinder, auch wenn wir sie als ‚falsch' oder nicht erfolgversprechend diagnostizieren, aushalten und ihnen für deren Modifikation, Korrektur oder Revision Zeit lassen und allenfalls nach dem „Prinzip der minimalen Hilfe" (Reichen 1982, S. 37) Angebote machen, die z.B. als Stolpersteine fungieren und einen neuen Denkimpuls auslösen können. Was die konstruktivistische Auffassung vom Lernen anbelangt, so bleibt gegenüber der Mathematikdidaktik eigentlich nur die große Frage offen: Wie kann es möglich sein, daß eine Fachdidaktik, die seit jeher in der Tradition kognitionspsychologischer Forschung steht, in der Praxis heute noch nahezu ungebrochen mit einer Schulbuch-Mathematik gestraft ist, die in ihrer belehrenden Kleinstschrittigkeit rigider und gegenüber den (andernorts) erklärten Zielen kontraproduktiver doch gar nicht sein kann. Liegt das nicht vielleicht auch an der Autorität der Sache und des Fachs, die einfach Angst macht, Kindern etwas Falsches zu vermitteln bzw. falsche Weichen zu stellen? Und könnte Erwerbsforschung zu deren Abbau nicht entscheidend beitragen? Vielleicht allein schon dadurch, daß Kinder auch uns die Mathematik von Anfang an neu entdecken lassen, so daß sie zu einem spannenden Forschungsgegenstand werden kann?

4. Lernen in authentischen Situationen

Wie aus allen Dokumentationen zur Schriftsprachentwicklung hervorgeht, geschieht der Zugriff auf die Schrift in komplexen, für das Kind bedeutsamen Situationen. Im Schreib- und Leselernprozeß sind solche „authentischen" Situationen relativ eindeutig zu definieren. Es handelt sich dabei um „natürliche" Lese- und Schreibsituationen wie Vorlesen, Urlaubskarten (unter-)schreiben, Merkzettel anfertigen, das Fernsehprogramm studieren, Formulare ausfüllen, Beschwerdebriefe verfassen, Verbote an die Kinderzimmertür heften ... D.h. dem Kind geht es nicht (primär) darum, lesen und schreiben *lernen* zu wollen, sondern es lernt lesen und schreiben, um der Problemlösung willen, für die diese Qualifikationen gebraucht werden. Gemessen an den schwierigkeitsisolierten Fibeltexten („Oma ruft Uli" – „ruft Uli Oma?") und Schwungübungen zum Einschleifen von Bewegungsstrukturen für das Schreiben, handelt es sich dabei um „überfordernde" Situationen. Das Kind isoliert die Schwierigkeiten aber selbst, indem es aus der komplexen Situation das herausfiltert, was ihm „paßt". Wir wissen heute, daß es paradoxerweise die (gut gemeinte) Komplexreduktion ist, die das Lernen erschwert, weil damit zugleich der Sinnzusammenhang verloren geht. Für den Aufbau vielfältiger „schriftsprachlicher Orientierungsschemata" scheint zudem gerade die Widersprüchlichkeit im Prozeß der Aneignung unerläßlich zu sein (May 1987, S. 99 f.). Überforderung tritt dann auf, wenn Kinder z. B. einem Lehrgang ‚folgen' müssen und nicht ‚mitkommen'. In Selbstaneignungsprozessen existiert sie (so) nicht. Auch unter den institutionalisierten Bedingungen der Schule lassen sich zahlreiche authentische Situationen wahrnehmen, in denen Lesen und Schreiben im Gebrauch gelernt werden können. Sie bieten zudem die Gewähr, daß das individuelle Lernen im sozialen Kontext stattfinden kann. Ein linear organisierter Lehrgang ist damit wohl kaum kombinierbar. Dagegen können Lehrgangssequenzen, die gezielt individuell angeboten werden, sehr hilfreich sein. Für den Mathematikunterricht sind „authentische Situationen" schwerer auszumachen; es sei denn, man rekrutiert sie ausschließlich aus der realen Umwelt des Kindes und betrachtet das Sachrechnen als den zentralen Bereich der Grundschulmathematik: Umgang mit Geld, mit Zeit, messen, wiegen, basteln, bauen... Aber Mathematik ist sicher mehr als nur Mittel zur Bewältigung von Realität – und sei sie „Kunst", wie es Reichen (1994, S. 28) mit Rückgriff auf die Antike sieht. Ohne mich hier näher auf die Diskussion um Sinn und/oder Zweck der Mathematik einlassen zu wollen (dazu wird die derzeit hitzig geführte Debatte um die Heymannschen Thesen sicher neue Ideen liefern), bin ich sicher, daß wir Kindern nichts Gutes täten, wenn wir ihnen die Chance vorenthielten, z.B. die Faszination der Logik und Stimmigkeit des Systems (vgl. Schütte 1989, S. 25) zu erfahren. Die Erfinderbücher bei Le Bohec und Glänzel und Hagstedt, die Reisetagebücher bei Gallin/Ruf, die Pendeleien, Zahlenmauern, magischen Dreiecke und (Streich-) Quadrate bei Krauthausen und Müller/Wittmann, die geometrischen Entdeckungen und Konstruktionen bei Radatz/Rickmeyer, Wollring und vieles andere mehr lassen erkennen (bzw. erwarten), daß Kinder für ‚reine' mathematische Phänomene zu interessieren sind und am Experimentieren, Strukturieren, Operieren und Beweisführen Freude haben – auch ohne jeglichen Verwendungszweck und -zusammenhang. Für all diese Aktivitäten ist der didaktische Ort mit dem Begriff „authentische Situation" nicht zutreffend beschrieben, oder er wäre zumindest mißverständlich. Wie könnte man diese Situationen sonst bezeichnen, die sich in ihrem Forschungscharakter deutlich abheben von „Übungen" (m.E. auch von „produktiven Übungen"– obwohl es da Überschneidungen gibt) oder – wie unten noch zu erläutern sein wird – von „Exkursen"? Sie geben Kindern Probleme auf, in denen nicht das Mathematik*lernen* im Vordergrund steht, sondern das Problem, bei dessen Lösung sich – und das ist besonders zu betonen – nicht *zufällig auch* mathematisches Handeln ereignet, sondern das explizit mathematisch definiert ist. Krauthausen (1995) verwendet in Abwandlung des Ausdrucks „substantielle Unterrichtseinheit" von Wittmann (1992, S. 181) den Begriff „substantielle *Lernumgebung*", worin neben der *fachspezifischen* – mit Kochan (1990, S. 233) – auch die *„materiale"* und *„personale Dimension"* eingebunden ist. Krauthausen umschreibt den Begriff mit: „gehaltvolle Frage- und Problemkontexte, die vielfältige Wege und Lösungen auf verschiedenen Anspruchsniveaus zulassen" (S. 9). Darunter lassen sich sowohl Sachsituationen als auch die eben beschriebenen „Forschungsvorhaben" subsumieren. Wie dies nach dem Prinzip der fortschreitenden Mathematisierung unter heterogenen Bedingungen auch langfristig realisiert werden kann, steht allerdings noch offen.

5. Noch mehr Überraschungen:

Interessant ist auch das, was in den Dokumentationen über die eigenaktive Aneignung der Schriftsprache unerwähnt geblieben ist, weil es offenbar keine ‚nennenswerte' Rolle gespielt hat. Das sind zum einen die ‚Probleme' der „Buchstaben- und Lautgewinnung" und zum anderen die der sog. „Lautverschmelzung". Das verblüfft insofern, als in Fibellehrgängen ein beträchtlicher Aufwand mit allen nur erdenklichen Motivierungsbemühungen (vor „allem mit allen Sinnen" bis hin zur Parfümierung von Filzbuchstaben zwecks ‚olfaktorischer' Wahrnehmung) betrieben wird, um Buchstaben „einzuführen" und zu „sichern" oder die Synthese zu erzwingen, herbeizu"zaubern" und in quälenden Übungen abzuprüfen.

Die sog. „Spontanschreiber/innen" aus der Erwerbsforschung scheinen diese Hürden klammheimlich und ohne besonderes Aufsehen genommen zu haben. Sie haben offenbar nicht einmal ‚üben' müssen. Das legt die Vermutung nahe, daß das Problem nicht in der Sache liegt, sondern in der Methode. An die Mathematikdidaktik gewandt, fragt sich hier, welchen Aufwand man sich vielleicht im Mathematikunterricht ersparen könnte, wenn man wüßte, wie sich Kinder im Vorschulalter der Mathematik nähern und mit welchen echten Problemen sie sich dabei auseinandersetzen. Manche der vermeintlich unverzichtbaren Lernstoffe, die sich beim genaueren Hinschauen in der Sache als Banalitäten herausstellen, stünden dann vielleicht nicht mehr auf dem Plan. Mir fällt spontan die obligatorische Übung „kleiner als – größer als" ein. Jedes Kind weiß, daß eine Maus kleiner ist als ein Elefant. Schwierigkeiten machen die ‚Richtungspfeile' (< oder >), die die Kinder – dank „Ranschburgscher Hemmungen" – gern verwechseln. Und ein Kind, das nicht schon vorher weiß, daß 9 > 8, lernt es auch nicht mithilfe der Zeichen. Auch hier ist es die Methode, die die Probleme erst schafft, und nicht das Problem an sich. Ähnliches mag für Gleichungen gelten und für „Platzhalter-Gleichungen" (3 + ? = 10). Auch da wissen die Kinder womöglich, wieviel 3 Murmeln und 4 Murmeln zusammen sind oder wie viele zu 3 noch hinzukommen müssen, damit es 10 werden; nur mit der Notation und der Unterscheidung von Operations- und Relationszeichen können sie (noch) nichts anfangen. Vielleicht ist ihnen nicht einmal bewußt, daß es sich dabei um die Verschriftung ihres flüchtigen Denkens handelt, geschweige denn, wozu diese dienen soll. Oder, um das Thema der Zahlraumbeschränkung anzusprechen: Ist der Zahlenraum bis 20 nicht der denkbar schlechteste Übungsplatz für die exemplarische Einsicht in unser Dezimalsystem? Nach „zehn" geht es mit dem Zahlwort „elf" weiter und dann mit „zwölf" bis „neunzehn"! Erst ab „ein-und-zwanzig" wird auch semantisch regelhaft gezählt. „Elf" läßt nicht erkennen, daß es eigentlich „ein-und-zehn" heißen müßte, wie es dann bei „einundzwanzig", „einunddreißig" und so fort lautet. Der Zwanzigerraum ist – semantisch gesehen – der einzige irreguläre Zahlenraum, den es überhaupt gibt. Machen wir es Kindern nicht unnötig schwer, wenn wir sie das Zahlsystem nicht von dort entdecken lassen, wo sie plötzlich merken, daß es „eigentlich ja immer so weitergeht bis ins Unendliche"? Vielleicht war auch der Rückzug aus den Verfahren zur Zehnerüberschreitung voreilig? Im Zwanzigerraum wird den Kindern der Zehnerübergang vermutlich noch nicht zum Problem: zum einen wegen der ‚irregulären' Zahlwörter, zum anderen, weil das Zehnersystem erst „weiter oben" als regelhaft entdeckt werden kann? Regelbewußtsein kann sich erst einstellen, wenn die Regularitäten überwältigend werden. Dazu bietet der Zwanzigerraum kaum Gelegenheit (und selbst wenn er nach oben offen ist: der eigentliche Übungsraum bleibt doch der Zwanzigerraum).

Die Konsequenz: Erfahrungsoffener Unterricht

Zusammengefaßt ergeben sich aus der Erwerbsforschung die folgenden didaktischen Konsequenzen. Sie sind quasi identisch mit denen, die ich in letzter Zeit in der mathematikdidaktischen Literatur vorgefunden habe:

- Abkehr vom linearen Gleichschritt
- Prinzip der Passung
- Lernen in komplexen authentischen Handlungssituationen in all ihrer schriftsprachlichen Vielfalt und Widersprüchlichkeit
- Ermutigung zu experimentierendem, produktivem Handeln und zu Fehlern
- Sachbezogene Herausforderungen für jedes Kind
- Abkehr von der Utopie des totalen Verstehens
- Gelegenheiten zu kooperativem Lernen
- Prinzip der minimalen Hilfe
- Zeit für eigene Wege

Interessanterweise deckt sich diese Auflistung sogar mit den Forderungen, die gerade jetzt wieder verstärkt von der Lobby der „Hochbegabten" aufgestellt werden:

„Sie (die Hochbegabten) brauchen Lehrer, die sich speziell für sie interessieren. Sie sollten die Möglichkeit haben zu zeigen, was in ihnen steckt, was sie können. Sie sollten endlich alle Fragen stellen dürfen, die sie interessieren. Sie sollten in (eigenen) Wegen ... denken dürfen, sie sollten sich so lange mit einem Thema beschäftigen dürfen, wie sie wollen" (Stapf, 1994, S. 62).

Dem ist weitestgehend zuzustimmen, nur eben im Interesse aller Kinder. Die Erkenntnisse aus der Schriftspracherwerbsforschung laufen auf einen erfahrungsoffenen Unterricht hinaus, wie er auch schon von vielen Lehrer/innen praktiziert wird. „Erfahrungsoffen" verstehe ich als (Auf-) Forderung an die Lehrerin bzw. den Lehrer, „offen" zu sein für die mitgebrachten Erfahrungen des Kindes und „offen" zu bleiben für die Erfahrungen, die es weiterhin macht. Mit Haarmann (1993) definiere ich ‚Offenheit' als *Offenheit im Kopf* der Lehrerin und des Lehrers: „Offenheit ist keine Unterrichtsform, sondern ein Unterrichtsstil", und sie hängt ab von deren anthropologischen wie gesellschaftlich-politischen Grundauffassungen (S. 32).

Weder Gruppentische noch Wochenplan noch Karteiarbeit sagen irgend etwas über Offenheit des Unterrichts aus.

Zum Spannungsfeld von Offenheit und Systematik

Bei all der Offenheit und Individualisierung besteht bei Lehrer/innen die Sorge, den Überblick zu verlieren. Für den schulischen Schriftspracherwerb hat Brügelmann bereits 1984 eine sogenannte „Didaktische Landkarte" entworfen, die dazu beitragen soll, „die Spannung zwischen Systematik der Förderung und Vielfalt der kindlichen Wege zur Schrift auch im Unterrichtsalltag handhabbar" (S. 62) zu machen. 1992/93 hat er zusammen mit Brinkmann eine „Ideenkiste" mit Lernanregungen zu den acht Lernfeldern der didaktischen Landkarte herausgebracht, die zwar nicht unumstritten ist, in der ich aber gerade für Einsteiger/innen in offene Lernformen eine materiale Stütze sehe. Und so trägt denn auch die Informationsbroschüre zur Ideenkiste (mit Mut zum Konflikt) den Titel: „Offenheit mit Sicherheit". In Abwandlung dieser didaktischen Landkarte wurde für den neuen Hessischen Rahmenplan (HRP) Grundschule/Deutsch ein Modell entwickelt, in dem der Bedeutung authentischer Handlungssituationen für den Erwerb der Schriftsprache stärker Rechnung getragen wird (siehe nachfolgende Grafik). Das bei Brinkmann und Brügelmann als gleichwertig mit allen anderen Lernfeldern bezeichnete Feld „Verfassen und Verstehen von Texten" wurde hier mit der Bezeichnung „Authentische Schreib- und Lesesituationen" ins Zentrum gerückt.

Im HRP Grundschule wird auch nicht von Lesen- und Schreiben*lernen* oder Schriftspr*acherwerb* gesprochen, sondern von „Schreiben und Lesen im Anfangsunterricht".

Um das zentrale Handlungsfeld herum sind jene instrumentellen Qualifikationsbereiche angeordnet, die für den Erwerb der Schriftsprache unverzichtbar sind. Die – wie auch bei Brinkmann/Brügelmann – kreisförmige Anordnung und die Verbindungsstriche sollen kenntlich machen, daß die Lernfelder nicht hierarchisch aufeinander aufbauen, sondern gleichwertig auf einer Ebene stehen und miteinander vernetzt sind.

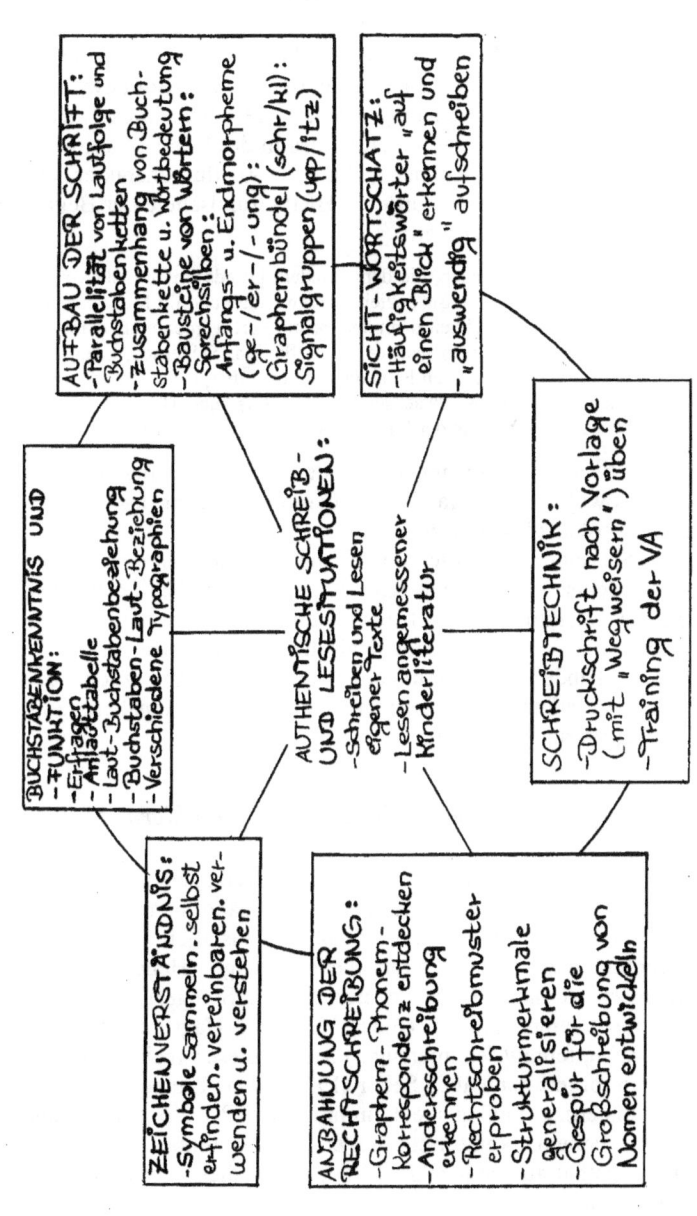

Dem Modell liegt ein Übungsverständnis zugrunde, wie es Bollnow (1978/1987) mit der Wechselbeziehung von „Ausüben" und „Einüben" (S. 92 ff.) ausgedrückt hat: Im Vollzug einer Handlung *übt* das Kind sein Können *aus* und steigert es zugleich; das „Einüben" – von Bollnow als „Übung im eigentlichen Sinne" bezeichnet (S. 39 f.) – geschieht in externen Situationen und dient der bewußten Verbesserung des in der Handlungssituation als noch unvollkommen erlebten Könnens. Um den ‚Ausflugscharakter' des Einübens zum Ausdruck zu bringen, wurde im HRP Grundschule der Begriff „Exkurs" gewählt und wie folgt definiert:

„Exkurse sind externe Übungen, die dem Handeln grundsätzlich nicht vorgeschaltet, sondern nachgeordnet sein sollen. Sie beziehen ihren Anlaß und ihr Motiv aus der Handlungssituation, von deren Inhaltlichkeit dann aber abstrahiert werden muß, damit z.B. ein Transfer gelingen kann. In Exkursen geht es um Reflexion, Sicherung, Übertragung und/oder Automatisierung eines besonderen Falls oder um die Überprüfung von Hypothesen (z.B. in Forscherrunden). Der daraus erwachsende Erkenntnis- und Übungsgewinn muß sich im Sinne didaktischer Schleifen in der Handlungssituation erfahrbar niederschlagen" (S. 91).

Die satellitisch angeordneten Lernfelder bezeichnen demnach Qualifikationen, die sowohl in der Handlungssituation ausgeübt, als auch in Exkursen eingeübt werden können bzw. müssen.

Das Schreiben und Lesen im Anfangsunterricht ist eingebettet in ein umfassendes deutschdidaktisches Konzept, das von Anbeginn alle Aspekte beinhaltet, die Literalität ausmachen und die den Kindern bislang in additiver Reihenfolge – und in sich nochmals hierarchisch strukturiert – abverlangt wurden. Es handelt sich also um einen integrativen Ansatz, dem das konstruktivistische Verständnis vom Lernen als individuelle Annäherung im ganzheitlichen Zugriff zugrunde liegt.

Eine Didaktische Landkarte für das Mathematiklernen?

„Die Welt der Mathematik zur Erkundung freizugeben" (S. 46), wie ich es 1994 schon einmal hoffnungsvoll formuliert habe, damit tut sich die Mathematikdidaktik (bislang?) schwer, obwohl ich aus allen mir bekannten neueren Veröffentlichungen zur Unterrichtsforschung (Hengartner/Röthlisberger, Krauthausen, Radatz, Röhr, Scherer, Selter, Spiegel) und aus zahlreichen Unterrichtsdokumentationen (Floer, Glänzel, Hagstedt, Herzog, Reichen, Schütz, Zehnpfennig/Zehnpfennig...) herauszulesen meine, daß die Zeit dafür reif ist. So fordert denn auch Selter (1994): „Das Prinzip der fortschreitenden Mathematisierung muß als ein umfassendes Prinzip zur Organisation des gesamten Mathematikunterrichts gelten" (S. 17), und er deutet mit einem Zitat von Freudenthal aus dem Jahre 1983 an, daß diese Forderung nicht erst seit heute im Raume steht:

„Jeder weiß, wie stolz Kinder, die kaum bis 10 rechnen können, sind, daß sie schon 2·2, 2·3, 20+20, vielleicht sogar 2·20 und 2·50 wissen. Sollte man sich das nicht, statt beim System zu verharren, zunutze machen? Die Gelegenheit beim Schopfe packen, statt sie auf ein, zwei, drei Jahre später zu vertrösten?" (in Selter, S. 21)

Und sollte man nicht genauso ihre Millionen und Milliarden wichtig nehmen, von denen aus sie möglicherweise dem Zahlsystem auf die Spur kommen? Oder ihre tonnenschweren Saurier, die sie vielleicht ahnen lassen, daß es sinnvollerweise unterschiedliche Gewichtseinheiten gibt; ihre PS- und km/h-Erfahrungen und Nummern- und Hausschilder, ihre Vorstellungen von ‚Zahlen mit Komma' und ‚Zahlen unter Null", von Entfernungen, Prozenten und Brüchen, ihre Ahnung von Statistik und Stochastik ...? Ist es nicht diese Vielfalt gemachter Erfahrungen, die Selter (1994, S. 21 f.) für „vorgreifendes Lernen" plädieren und Streefland (1985) sagen läßt: „Ideen, Begriffe, Operationen, Strukturen sollen im Geiste der Schüler heranreifen; sie sollen mental instrumental sein, wenn es so weit ist, daß sie bewußt und explizit werden'"?

Das alles greift weiter als nur bis zu „einzelnen Unterrichtsepisoden"; es meint die ganze, uneingeschränkte, komplexe Welt der Mathematik. Krauthausen (1994, S.23) relativiert diesen Anspruch mit einem schönen Bild von Wheeler (1970): Es sei natürlich nicht immer und sofort die „volle Komplexität", mit der das lernende Kind fertig werden müsse: „Autofahren z.B. übt man zunächst (ja auch) auf ruhigen Straßen und bei geringen Geschwindigkeiten."

In dem nachfolgenden Modell habe ich – in Anlehnung an das Konzept des Hessischen Rahmenplans Grundschule/Deutsch – meine („präfigurativen") Vorstellungen von einer *mathematikdidaktischen Landkarte* skizziert. Es ist jahrgangsübergreifend gedacht. Im Zentrum steht die „substantielle Lernumgebung". Die in dem umgebenden Ring notierten allgemeinen Handlungsziele (Mathematisieren, Kooperieren, Experimentieren, Argumentieren) kommen primär in der Handlungssituation zum Tragen. Die im Kreis angeordneten acht Lernfelder sind als miteinander vernetzt zu verstehen. Sie beschreiben instrumentelle Qualifikationen, die in der substantiellen Lernumgebung ausgeübt und in Exkursen eingeübt werden.

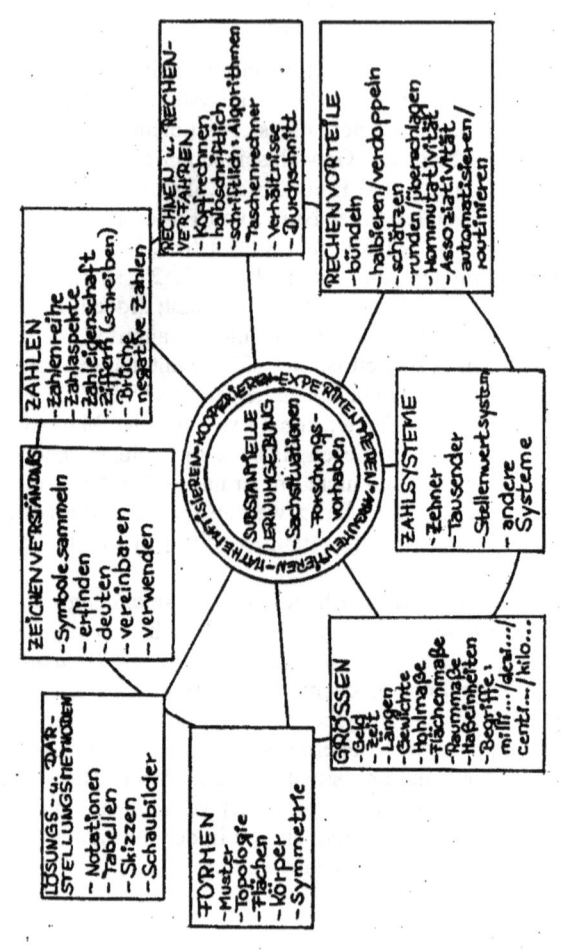

Zeichnungen: Susanne Rauterberg, 2000

Entwurf einer „mathematikdidaktischen Landkarte" von Schulanfang an

Literatur

Bollnow, Otto Friedrich (1987): Vom Geist des Übens. Oberwil bei Zug (Schweiz).
Brinkmann, Erika/Brüggelmann, Hans (o.J.): Ideen-Kiste/Offenheit mit Sicherheit. Hamburg.
Brüggelmann, Hans (1984): Die Schrift entdecken. Konstanz.
Dehn, Mechthild (1991): Die Zugriffsweisen „fortgeschrittener" und „langsamer" Lese- und Schreibanfänger: Kritik am Konzept der Entwicklungsstufen. In: Sandhaas, Bernd/Schneck, Peter/UNESCO (Hrsg.): Lesenlernen – Schreibenlernen. Wien.
Erichson, Christa (1991): Sachtexte lesen, mit denen man rechnen kann. In: Die Grundschulzeitschrift, H. 48, S. 22 - 25.
Erichson, Christa (1994): Sachrechnen: Eine Chance zur Fächerintegration. In: Lehrmittel aktuell, H. 1, S. 45 - 47.
Freudenthal, Hans (1981): Kinder und Mathematik. In Grundschule, H. 3, S. 100 - 102.
Günther, Klaus Bernhard (1986): Ein Stufenmodell der Entwicklung kindlicher Lese- und Schreibstrategien. In: Brügelmann, Hans (Hrsg.): ABC und Schriftsprache, S. 32 - 54.
Haarmann, Dieter (1993): Was heißt hier „offen"? In: Kasper, Hildegard u.a.: Laßt die Kinder lernen. Braunschweig.
Hagstedt, Herbert (1994): Kann die Mathematik-Didaktik so frei sein wie die Mathematik? In: Die Grundschulzeitschrift, H. 74, S. 6 - 10.
Hessisches Kultusministerium (1995): Rahmenplan Grundschule. Wiesbaden. (Vertrieb: Diesterweg, Frankfurt).
Kochan, Barbara (1986): Fehler als Lernhilfe im Rechtschreibunterricht. In: Valtin, Renate/Naegele, Ingrid (Hrsg.): „Schreiben ist wichtig!". Frankfurt, S. 111 - 128.
Krauthausen, Günter (1994): Arithmetische Fähigkeiten von Schulanfängern. Wiesbaden.
Krauthausen, Günter (1995): ZAHLENMAUERN im zweiten Schuljahr – ein substantielles Übungsformat. In: Grundschulunterricht, H. 10, S. 5 - 9.
May, Peter (1987): Lesenlernen als Probleml"sen. In: Balhorn, Heiko/Brügelmann, Hans (Hrsg.): Welten der Schrift in der Erfahrung der Kinder. Konstanz.
Reichen, Jürgen (1994): Rettet die Mathematik – macht Sachunterricht. In Die Grundschulzeitschrift, H. 74, S. 28 - 29.
Röhr, Martina (1995): Kooperatives Lernen im Mathematikunterricht der Primarstufe. Wiesbaden.
Schneider, Wolfgang/Brügelmann, Hans/Kochan, Barbara (1990): Lesen- und Schreibenlernen in neuer Sicht: Vier Perspektiven auf den Stand der Forschung. In: Brügelmann, Hans/Balhorn, Heiko (Hrsg.): Das Gehirn, sein Alphabet und andere Geschichten. Konstanz.
Schütte, Sybille (1989): Anna und die Mathematik. In Grundschule, H. 12, S. 23 - 25.

Selter, Christpoh (1994): Eigenproduktionen im Arithmetikunterricht der Primarstufe. Wiesbaden.

Stapf, Aiga (1994): „Es gibt nichts Schlimmeres als die Gleichbehandlung von Ungleichen". In Psychologie heute, Juli 94, S. 59 - 63.

Treffers, Adrian (1983): Fortschreitende Schematisierung. In: mathematik lehren, H. 1, S. 16 - 20.

Wittmann, Erich Ch./Müller, Gerhard u.a. (1994): Das Zahlenbuch. Lehrerband. Stuttgart/Düsseldorf/Berlin/Leipzig.

Wolf-Weber, Ingeborg/Dehn, Mechthild (1993): Geschichten vom Schulanfang. Weinheim und Basel.

Christa Erichson

Schluß mit ‚offen' und ‚geschlossen':
Erwerbsforschung statt Festlegung auf didaktische Konzepte

Bei den Überlegungen für diesen Vortrag stand für mich die Frage an, was ich über den Ihnen vorliegenden Aufsatz hinaus für den Bereich des Schriftspracherwerbs inhaltlich anbieten könnte. Ich habe mich für zwei Aspekte entschieden, von denen mich der eine seit längerer Zeit bewegt, wenn nicht betroffen macht:

- Das ist der der Vergleichsuntersuchungen zwischen eher „offen" und eher „geschlossen" arbeitenden Klassen, Vergleichsuntersuchungen im Rahmen des Schriftspracherwerbs also, in denen es darum geht, herausfinden zu wollen, welche Klassen denn nun höhere Leistungen im Lesen oder Rechtschreiben erbringen: die eher lehrgangsgesteuert arbeitenden oder die eher offen und frei arbeitenden. Ich stehe diesen Untersuchungen sehr skeptisch gegenüber und möchte im Folgenden einige Anmerkungen dazu machen.
- Mit dem zweiten Aspekt möchte ich in Erinnerung rufen, was denn eigentlich den Ausschlag dafür gegeben hat, dass im Schriftspracherwerb ein Paradigmenwechsel eingesetzt hat. Durch Vergleichsuntersuchungen geht nach meinem Eindruck der Blick dafür verloren. Es war die Erwerbsforschung, die den Richtungswechsel in der Didaktik des Schriftspracherwerbs maßgeblich herbeigeführt hat.

Der Titel meines Vortrags ist mir erst im Nachhinein eingefallen: „Schluss mit offen und geschlossen", also weg von jener Polarisierung, die in der Praxis so nicht existiert und die die Forschung in die Vergleichsfalle lockt. Meinen Vortrag habe ich nicht im Vorhinein und explizit unter dieser Schwerpunktsetzung angelegt, sodass ich darum bitte, diesen Aspekt der Etikettierung von Konzepten mit Begriffen wie „geschlossen" und „offen" als den Schwerpunkt meiner Ausführungen mitzudenken.

Zur Frage des Effektivitätsvergleichs

Hans Brügelmann[1] hat sich im *Jahrbuch Grundschule* 1998 die Mühe gemacht – und ich zitiere hier aus Wolfgang Einsiedlers[2] Kommentar dazu –, „in dem Gestrüpp von Zielvorstellungen, empirischen Befunden, mehr oder weniger belegbaren Meinungen, Fallberichten etc. zum offenen Unterricht Ordnung" zu schaffen. Die Sisyphusarbeit, die er da geleistet hat, kann man gar nicht ermessen.

Das Fazit oder die „Zwischenbilanz" – wie Brügelmann es prozesshaft ausdrückt – ist allerdings ernüchternd: „Es gibt – so Brügelmann – weder Anzeichen für eine didaktische Revolution in den Köpfen von LehrerInnen noch Belege für eine Umwälzung der Praxis (S. 33)."

Von „konsequenter Öffnung des Unterrichts" könne allenfalls bei 5 bis 15% der LehrerInnen die Rede sein. Für das, was „offen" und dann auch noch „konsequent" ist, muss Brügelmann auf seine eigene Definition von Offenheit zurückgreifen: „Selbständigkeit beim und Selbstverantwortung für den eigenen Lernprozess". In dem „Gestrüpp der empirischen Befunde" hat er keinen Konsens darüber finden können, was „verschiedene Beteiligte in Forschung und Praxis unter offenem Unterricht" verstehen (S. 31).

In den Leistungsvergleichen beim Schriftspracherwerb wird das Problem mit dem Gegensatzpaar „fibelzentriert" und „fibellos" zu lösen versucht. Petra Hanke[3] schlüsselt daneben noch Kriterien für Mischformen auf. Ich kann hier nicht die Ungereimtheiten und mangelnde Trennschärfe wiedergeben und kommentieren, die sich bereits aus dieser vermeintlichen Gegensätzlichkeit ergeben. Nur zwei Anmerkungen:

1. „Fibelzentriert" mag ja noch Indiz für „bestimmt nicht offen" sein, aber „fibellos" sagt so gut wie nichts darüber aus, ob zentrale Merkmale offener Lernformen auch nur annähernd unterrichtsbestimmend sind. So wird in der Regel die Verwendung von Eigenfibeln als „fibellos" eingestuft. Dabei sind Eigenfibeln zunächst einmal nichts anderes als eine andere – günstigenfalls auf den eigenen Wörtern der Kinder basierende – Textsorte. Methodisch sind sie in der Regel genauso linear organisiert wie die Verlagsfibeln.
2. Der Schätzwert der 5- bis 15-prozentigen „konsequenten Öffnung", den Brügelmann angibt, deckt sich in etwa mit der Schätzung von Wilfried

---

[1] Brügelmann, Hans (1998): Öffnung des Unterrichts. Befunde und Probleme der empirischen Forschung. In: Brügelmann, Hans/Fölling-Albers, Maria/Richter, Sigrun (Hrsg.): Jahrbuch Grundschule. Fragen der Praxis – Befunde der Forschung. Seelze, S. 8-42.
[2] Einsiedler, Wolfgang (1998): Offener Unterricht: Eine zu vielschichtige Konzeption? Kommentar zum Beitrag von Hans Brügelmann. In: siehe Anmerkung 1, S. 52.
[3] Hanke, Petra (1998): Offener Anfangsunterricht im Spiegel von Theorie und Praxis – Ansprüche und Realitäten. In: Siehe Anmerkung 1, S. 73 f.

Metze[4] aus dem Jahr 1995, nach der 90% aller ErstklasslehrerInnen einen Fibellehrgang einsetzen. Allein dieses Missverhältnis von 90 zu 10 macht Vergleichsuntersuchungen suspekt: Von den fibellos arbeitenden Klassen muss man zwangsläufig nehmen, was überhaupt aufzutreiben ist. Von den mit einer Fibel arbeitenden LehrerInnen werden sich diejenigen beteiligen, die den Vergleich nicht scheuen. Dass fibellos arbeitende Klassen zudem eher in sozial schwachem Umfeld vorfindbar sind (May 1994), verstärkt die Schieflage nur noch.

Entsprechend widersprüchlich sind denn auch die Ergebnisse, was folglich zu gegenseitigen Vorwürfen über wissenschaftsmethodische Schwächen, mangelnde Repräsentativität, Stichprobenverzerrungen, undifferenzierte Auswertungsverfahren und dergleichen führt.

Mir geht es aber gar nicht darum, wer nun wissenschaftlich korrekt oder nicht gearbeitet hat. Die Tatsache, dass Kinder und dann natürlich auch Klassen ebenso wie LehrerInnen und sozioökonomische Umfelder unterschiedlich sind, macht zahlreiche Einschränkungen und nachträgliche Rechtfertigungen nötig, die darauf hindeuten, dass hier Unmögliches versucht wird mit dem Effekt, dass wir um nichts schlauer werden. Zumal die Vergleichsergebnisse in der Regel abschließend ja auch wieder relativiert werden. So kommt bei quasi allen Untersuchungen heraus, dass die Leistungsdifferenzen innerhalb einer Klasse höher sind als zwischen methodisch unterschiedlich unterrichteten Klassen. Und irgendwo findet sich dann auch der Hinweis darauf, dass der Stil der jeweiligen Lehrerin, ihre Arbeitsweise, ihr Engagement, die Arbeitsbedingungen etc. ohnehin größere Bedeutung hätten als allgemeine Modelle, Konzepte oder Methoden. Das kann doch nur bedeuten, dass man sich die aufwendigen Untersuchungen genauso gut hätte sparen können.

Gemessen an dem, was gleichwohl für den einen oder anderen Ansatz herausgesprungen sein mag, empfinde ich die Nebenwirkungen als fatal.

Das Bahnbrechende an der Erwerbsforschung war doch, dass das Forschungsinteresse sich auf die individuellen Lernwege des Kindes richtete. Mit Vergleichsuntersuchungen wird diese Perspektive wieder aufgegeben oder zumindest als zur Disposition stehend erklärt. Man spricht wieder von „Klassen", von „Durchschnitt", von „besseren" und „dramatisch schlechteren Leistungen", wenn damit Fehler gemeint sind, man setzt Diktate ein, als hätte es den Einstieg in einen Paradigmenwechsel nie gegeben.

Gleichgültig, wie Untersuchungen dieser Art ausgehen, sie würden uns wieder dazu berechtigen, Kindern, die mit der siegreichen Methode doch nicht zurechtkommen, die Schuld für ihr Versagen in die Schuhe zu schieben,

---

[4] Metze, Wilfried (1995): Schluß mit einer Scheindebatte. In: Brügelmann, Hans/Balhorn, Heiko/Füssenich, Iris (Hrsg.): Am Rande der Schrift. Libelle Verlag, Lengwil am Bodensee, S. 57.

mit allen daraus hinreichend bekannten Konsequenzen. Die Legasthenieforschung ist seinerzeit genau daran gescheitert.

Zurück zu den Ursprüngen und ihren Konsequenzen

Die Erwerbsforschung trägt uns etwas ganz anderes auf als die Festlegung auf didaktische Konzepte:
Nicht die Methode bestimmt irgendeinen Lernprozess, sondern nur das Kind selbst. Ob und wie wir es dabei unterstützen, kann nur in der konkreten Situation pädagogisch verantwortlich entschieden werden.

Auch wieviel Instruktion, welche Unterstützung, wieviel Ruhe oder doch Druck ein jedes Kind braucht, hängt von ihm allein ab. Das wissen wir auch aus der erziehungswissenschaftlichen Diskussion um die Professionalisierung, dass das Wissen um eben genau diese Lücke zwischen Wissen und Handeln die Professionalität ausmacht. Wir können uns nicht von oben ein Konzept ausdenken und versuchen, es auf Kinder anzuwenden.

Konsequenterweise kann das nur heißen, dass wir in der Schule überhaupt keine vom Kind und von der Lerngruppe unabhängigen Methoden und Konzepte brauchen, weder offene noch geschlossene. Im Gegenteil, sie hindern eher daran zu tun, was von der Sache, von der Situation her, in Kenntnis der Kinder angemessen ist.

Voraussetzung dafür ist eine Lernumgebung, die für alle Kinder potentielle Handlungsproblematiken bereitstellt. Das müssen primär Inhalte sein und erst in zweiter Linie wählbare Übungsmaterialien. Im Einklang mit allen mir bekannten Erkenntnissen der neueren Lernpsychologie wissen wir aus der Erwerbsforschung, dass Lernen sich am effektivsten im Gebrauch vollzieht oder in der Erwartung eines erstrebenswerten Lernresultats. Das eine wurde bislang als Überforderung betrachtet, das andere in weite Ferne gerückt: Wenn Kinder Texte verfassen, dann als Autoren zum Lesen für andere. Wenn ein Gedicht auswendig gelernt werden soll, dann für einen Auftritt. Wenn vorgelesen werden soll, dann einen Text, den die anderen nicht kennen. Und Albert Bremerich-Vos[5] regt auch für das Grammatiklernen ein Forschungsprojekt an, bei dem Viertklässler Strukturen und Regeln der Kleinkindsprache untersuchen sollen.

Wer mich kennt, weiß, dass ich auf authentische Situationen abhebe. An einem Brief von Katsuscha (5 Jahre) würde ich das gern noch ein wenig veranschaulichen:

---

[5] Bremerich-Vos, Albert (1999): Nachdenken über Sprache: kontrastiv. In: Grundschule, 31. Jg., Heft 5, S. 27-30.

> LIBe SonJA
> dib
> Dein Brif Hat mich so Gfnot
> wan kAn Ich Dich Besuchen Gefreut
> Ich HeKLAIBAez
> HeKLAIBAnez
> Ich HeKLAh BAnez
> VO n KATSUSCHA
> IEH Hel Am Anem BAL nez

Dieser Brief von Katsuscha an ihre Freundin Sonja macht u.a. deutlich, wie groß das Interesse eines Kindes sein kann, so zu schreiben, dass seine Mitteilung vom Adressaten auch wirklich verstanden wird. Begonnen hat Katsuscha ihren Brief im Beisein ihrer Mutter. Wie es in authentischen Situationen üblich ist, hat sie ihre Mutter wiederholt gefragt, wie dieser und jener Buchstabe, dieses und jenes Wort geschrieben werden. Das ist deutlich erkennbar an den recht gut lesbaren und in differenzierter Groß- und Kleinschreibung verfassten zweieinhalb Einführungszeilen. Diese interaktive Situation wirft zugleich ein Schlaglicht auf die in der Diskussion um Offenheit in der Schule strittige Frage der Instruktion. Sie wird hier nicht vorab erteilt, sondern vom Kind aus aktuellem Anlass erfragt und der Könnerin wie selbstverständlich abverlangt.

Nach den ersten Sätzen ist die Mutter dann zum Einkaufen gegangen und hat Katsuscha sich selbst überlassen. Abgesehen davon, dass sich die Schrift verändert (sie wird größer angelegt, Größenverhältnisse werden anfangs weitgehend ignoriert), fällt vor allem die vierfache Wiederholung der wichtigen Mitteilung auf: „Ich häkle an einem Ballnetz." Katsuscha muss ihre Verschriftung immer wieder selbstkontrollierend entziffert haben, um das Ergebnis unbefriedigend zu finden und eine von Mal zu Mal besser lesbare Verschriftung zu erbringen. Wieviel Mühe sie dafür aufgewendet hat, lässt sich erahnen, und wie groß der Lerneffekt ist, lässt sich ablesen. Es ist das Interesse am Ergebnis, das den Handlungsprozess motiviert und steuert.

Beim Lernen ohne unmittelbaren Sinnzusammenhang, wie es im komplexreduzierten Lehrgangsunterricht fast unumgänglich ist, lernen Kinder nach Renkl[6] dagegen sozusagen auf Sparflamme. Der Einsatz von Lernstrategien werde durch „Kosten-Nutzen-Kalkulationen" bestimmt. Wenn der Einsatz sich aus Mangel an erstrebenswerten Zielen nicht lohne, verfahre der Lerner nach dem „Prinzip der kognitiven Ökonomie" und beanspruche nur einen geringen Teil seiner „kognitiven Ressourcen". Das Wissen oder Können sei dann nur „lokal" und stünde für Transferprozesse kaum zur Verfügung.

Wir machen uns nach meinem Eindruck viel mehr Gedanken darüber, Kindern das Lernen zu erleichtern und zu versüßen, als darüber, wie wir ihnen die Erfahrung verschaffen können, dass Lernen sich zur Erhöhung der eigenen Lebensqualität lohnt. So ist auch der Slogan „Lernen muss Spaß machen" eine Erfindung der Schule, die in der Realität keine Entsprechung findet. Das Lernen selbst macht in der Regel gar keinen Spaß, sondern ist mühsam. Die Aussicht auf den Zuwachs an Können und Wissen ist es, die das Lernen motivieren muss. So versteht es Holzkamp[7] mit seinem Begriff des „expansiven Lernens". Das ist auch für Renkl Voraussetzung für das, was er „kognitive Elaboration" nennt.

Mit der Rückbesinnung auf das Lernen im Gebrauch – wie es uns die Erwerbsforschung offenbart hat – plädiere ich für einen Unterricht, der Kindern die Möglichkeit eröffnet, im Handeln, aus ihm heraus und für es zu lernen.

Ausblicke

Bislang habe auch ich mir das Etikett „offen" angeheftet – oder lieber noch „erfahrungsoffen". Damit komme ich aber zunehmend schlechter zurecht. Denn ohne die dafür zahlreich aufgebotenen Merkmale aufzählen zu wollen (von handlungsorientiert über fächerübergreifend bis zu individualisierend, aber kooperativ): Ich hintergehe sie am laufenden Band. Sie scheinen mir für die Beschreibung dessen, was ich persönlich unter „gutem Unterricht" verstehe, weder hilfreich noch tragfähig. Sie sind jedes für sich genommen wieder-

---

[6] Renkl, Alexander (1997): Lernen durch Lehren. Deutscher Universitätsverlag, Wiesbaden, S. 55 ff.
[7] Holzkamp, Klaus (1995): Lernen. Subjektwissenschaftliche Grundlegung. Campus Verlag, Frankfurt am Main/New York, S. 190 f. u.a.

um erklärungsbedürftig, insofern strittig und damit ein unerschöpflicher Quell für Missverständnisse. Allein die Frage, ob „Systematik" oder „Instruktion" in meiner Idee von Unterricht eine bedeutsame Rolle spielen, lässt sich weder bejahen noch verneinen. Welche Antwort auch immer ich gebe, sie berechtigt in keinem Fall zu einer Zuordnung zu diesem oder jenem Konzept, weil sie abhängig ist von dem zugrunde liegenden Lernbegriff, der mit solcher Begrifflichkeit gar nicht fassbar ist.

Oder, um noch einige andere „Scheinklarheiten" anzusprechen:

- Die nie realisierte Selbstbestimmung, die für offenen Unterricht immer wieder gefordert wird: Ich war und bin nie zögerlich gewesen, Kindern Inhalte und Handlungsperspektiven vorzuschlagen, anzubieten, sogar vorzuschreiben. Mag sein, dass ich deswegen als nicht „offen" gelte. Aber stehe ich deshalb für das Gegenteil mit den Attributen „geschlossen, lehrerzentriert, lehrgangsorientiert"? Die Polarisierung schafft keine Klarheiten.
- Mit meinem Ansatz, Rechtschreiben als konstitutiven Bestandteil des Schreibens zu sehen, bin ich postwendend bei systematischen Exkursen. Systematisches Lernen ist keine Frage von offen oder geschlossen. Es ist unabdingbar für den Weltaufschluss. „Systematik" ist kein Unterscheidungskriterium für offen oder geschlossen.
- „Fächerübergreifend, -integrierend, -verbindend" sind für mich völlig überflüssige Begriffe geworden. Abgesehen davon, dass es ohne Perspektivenwechsel nicht gelingen kann, den Unterschied zum gesamtunterrichtlichen Verständnis von Ganzheitlichkeit zu erklären, begründen sie sich nur in Abgrenzung von und in Relation zu fachsystematischer Unterweisung. Sie schaffen kein verändertes Bewusstsein und sind als Unterscheidungsmerkmal für Offenheit oder Geschlossenheit wiederum nicht geeignet. Wenn ich in authentischen Situationen denke, dann ist fachübergreifendes Handeln implizit. Der Begriff erweist sich dann als tautologisch.
- Provokativer noch: Ich tendiere mehr und mehr dazu, Lernen in der Schule vom Fach her zu denken. Schlechten Gewissens tun wir das sowieso und müssen es auch tun, um die spezifischen Fachinhalte zu gewährleisten, quälen uns aber ständig mit der Frage, ob unser Unterricht denn auch fachübergreifend ist. Und schon sitzen wir in der Falle und singen das Lied vom Marienkäfer, wenn es um den Sechser im Mathematikunterricht geht. Dabei bietet jedes Fach hinreichend komplexe und divergente Problemstellungen, bei deren Bearbeitung notwendigerweise andere Fachaspekte beteiligt sind. Es hat etwas außerordentlich Entlastendes, wenn wir – wie es in der Mathematikdidaktik empfohlen wird (wenngleich nach meinem Dafürhalten – noch? – in fachsystematischer Focussierung) – von „Kern- oder Grundideen" des Faches ausgehen und dafür Lernumgebungen schaffen, die expansives Lernen ermöglichen.

Offenheit oder Geschlossenheit sind nach meiner Einsicht keine handhabbaren Begriffe. Sie hindern uns eher an innovativen Überlegungen und Ideen für den Unterricht in allen Bereichen.

Ich glaube, wir müssen professionell sein. Und das bedarf der fortwährenden Auseinandersetzung mit sowohl fachspezifischen, als auch pädagogischen, als auch lernpsychologischen und nicht zuletzt mit soziologischen Entwicklungen, um keinen Illusionen über die Machbarkeit eines Paradigmenwechsels ohne gesellschaftlichen Konsens zu verfallen.

Bernd Wollring

Zur Sicht auf die „Sachen" – Notizen zum Kontaktfeld von Mathematikunterricht und Sachunterricht in der Grundschule[1]

Herzlichen Dank, meine Damen und Herren, für die Gelegenheit, dass ich in diesem Kreis von „Sachunterrichtenden" einige Gedanken zur Sicht auf die Sachen im Grundschulunterricht aus der Sicht der Mathematikdidaktik einbringen darf. Wir subsumieren das Umgehen mit „Sachen" im Fach Mathematik für die Grundschule meist unter der einengenden Bezeichnung „Sachrechnen". Um gemeinsame Anliegen und Sichtweisen auf die Sachen im Sachunterricht und einem allgemeiner aufgefassten Sachrechnen soll es im folgenden gehen.

Vorab die angesprochenen Schwerpunkte zusammengefasst: Zu Beginn beschreibe ich einige Erfahrungen zu Lehrersichten auf Mathematik als Grundschulfach, meine Verortung in der Mathematikdidaktik, meine Auffassungen zum offenen Mathematikunterricht und zu Spezifischem des Mathematikunterrichts für die Grundschule. Daran anschließend diskutiere ich das Modellbilden als wesentliche Gemeinsamkeit von Mathematik und Sachunterricht, differenziere Modellbildung mit und ohne „monitoring", erläutere dies an Beispielen, zitiere die Unterscheidung zwischen argumentierendem und assoziierendem Modellbilden und weise Optionen zur Kooperation von Sachunterricht und Mathematik aus. Abschließend kennzeichne ich Projekte zum Sachrechnen durch rückkoppelnde Modellbildung.

Zum Einstieg eine „Sachaufgabe"

Bitte gönnen Sie sich ein paar Augenblicke Zeit für diese Sachaufgabe: „In einem Spielzeugladen kaufen Sie eine Lokomotive zu einer Modellbahn. Die ist im Maßstab 1:100 dargestellt, ist 20 cm lang und wiegt 200 Gramm. Wie lang ist das Vorbild und was wiegt es?" Eine Vorstellung der zutreffenden Größenordnung müssten Sie intuitiv schnell finden.
An der Rechnung, falls erforderlich, mögen Sie beim Hören oder Lesen des Folgenden weiter denken. Es ist kein Gesichtsverlust, wenn Sie zwischen-

---

[1] Wollring@mathematik.uni-kassel.de Der Text ist die Ausarbeitung eines Vortrags, gehalten im Juni 1999 auf einer von G. Scholz geleiteten Tagung zum Sachunterricht in Friedrichsdorf/Taunus. G. Scholz und M. Brunner sei an dieser Stelle herzlich für logistische Unterstützung und Geduld gedankt.

durch gelegentlich ihre Befunde revidieren, auf dieses Revidieren kommen wir noch zurück.

Grundschule macht Mathematik – ungeliebt durchgezogene Pflicht?

Zum intellektuellen Klima in Deutsch, Mathematik und Sachunterricht, den Kernfächern in der Grundschule, beobachte ich als Mathematikdidaktiker Unterschiede, die ich zugegebenermaßen etwas holzschnittartig wie folgt wiedergebe: Ich beobachte, dass sich Lehrerinnen und Lehrer um die Sprachschöpfung der Kinder, ihre Erzählfähigkeit und ihren Schriftspracherwerb im Deutschunterricht sensibel bemühen. Sie widmen sich sowohl der Rechtschreibung als auch dem Entfalten der Fantasie. Ich beobachte, dass dieselben Lehrerinnen und Lehrer im Sachunterricht die Gegenstände auch danach auswählen, ob sie ihnen selbst ein echtes Anliegen sind oder ob die Kinder daran eigene Konzepte verwirklichen können. Das macht den Sachunterricht auch dann noch glaubwürdig, wenn die Sachen unter recht subjektiven Präferenzen ausgewählt sind. In der Mathematik dagegen beobachte ich oft, dass dieselben Lehrerinnen und Lehrer den Stoff wie ein System von Vorschriften von oben entgegennehmen und ihn durchaus mit Druck nach unten an die Schüler weitergeben. Ähnlich der Grundidee des zu minimierenden Flottenverbrauchs in der Autoindustrie versucht man, im Mathematikunterricht eine Art Ausgleich im Drillen von Fertigkeiten zu erzeugen, die andere Fächer nicht liefern, die man aber für notwendig hält.

Dies ist keine Mathematik im guten Sinne, aber eine leider sehr verbreitete Sicht darauf. Denn nicht überall sind für sämtliche Lehrerinnen und Lehrer an Grundschulen Deutsch und Mathematik obligatorische Studienfächer, bisweilen werden bis zu zwei Drittel des Mathematikunterrichts an Grundschulen fachfremd erteilt. Das lässt das Entwerfen verwandter Sichtweisen auf die Fächer schwierig erscheinen, sowohl für Lehrerinnen und Lehrer als auch für Fachdidaktiker. Leider besteht zudem zwischen dem Sachunterricht und dem Sachrechnen in der Mathematik eine Distanz, die nicht sein müsste.

Was ist da zu tun? Wie können sich Sachrechnen und Sachunterricht und vielleicht sogar Deutsch in ihrem Bemühen um die Sachen näher kommen?

Mathematikdidaktiker – auf der Insel der Schwebenden?

Dazu sei versucht, einige aktuelle Perspektiven von Mathematikdidaktikern ebenso holzschnittartig und ohne jeden Anspruch auf Vollständigkeit darzustellen, aber doch mit dem Bemühen verschiedene Richtungen oder Schwerpunktsetzungen zu verdeutlichen: Einige legen ihren Schwerpunkt nahezu ganz auf das Entwickeln theoretischer Konzepte, man denke sie sich in der Ecke eines Dreiecks, oben etwa. An der Basis dieses Dreiecks denke man sich in der einen Ecke eine Gruppe, die ich in Anlehnung an Wittmann (1995) „Designer" nenne. Deren Anliegen und Ziel ist das Entwickeln von „beforschten Unterrichtsumgebungen". Sie stellen an sich den Anspruch, jeweils am Ende eines Forschungsabschnitts aus konzeptionellen und empirischen Komponenten eine Unterrichtseinheit geschaffen zu haben. In der dritten Ecke einer solcherart dreieckig gedachten mathematikdidaktischen Landschaft sehe ich die empirisch Forschenden. Sie haben nicht immer unbedingt den Anspruch, Unterrichtseinheiten zu erstellen. Bedeutsam ist, dass sich bei ihnen in jüngerer Zeit mit dem Aufkommen der interpretativen Unterrichtsforschung auch in der Mathematikdidaktik sowohl quantitative Konzepte finden, ähnlich etwa denen in der empirischen Psychologie, als auch qualitative Konzepte wie in der objektiven Hermeneutik.

Die meisten Mathematikdidaktiker kann man innerhalb dieser dreieckigen Forschungslandschaft an einem Punkt oder in einem Gebiet verorten. Keineswegs ist die aktuelle Mathematikdidaktik ausreichend oder eindeutig als eine Methodenlehre zu charakterisieren, die schwierige Inhalte, deren Existenzberechtigung nicht zu hinterfragen ist, so aufbereitet, dass aus ihnen durchsetzbare Unterrichtsimperative werden. Mich selbst finden Sie derzeit irgendwo an der Basis zwischen Design und Diagnostik mit leichter Tendenz zur Diagnostik. Jemand, der sich anders verortet, würde das Folgende möglicherweise ganz anders formulieren und ganz andere Ansprüche stellen.

Mathematikdidaktische Forschung – Wissenschaft mit Bemühen um Wirkung

Was soll angesichts der genannten Tatbestände Forschung in der Mathematikdidaktik leisten? Es reicht nicht hin, dass sie für die forschende community verwertbares Wissen zur Verfügung stellt. Vielleicht ist es in der Mathematikdidaktik ganz besonders wichtig, dass unsere Forschung ausbildungswirksam ist. Was heißt das für die Forschung? Wir befassen uns in meiner Arbeitsgruppe neben der Entwicklung und Aufbereitung von mathematischen Gegenständen für den Unterricht – dies kann man nicht bis zur Größenordnung einer Geschmacksbeimischung reduzieren, es ist vielmehr die Substanz in der Mathematik – mit dem Analysieren von Eigenproduktionen von Grundschulkindern in mathematischen Situationen, sowohl im Unterricht als auch in Laborsituationen. Ausbildungswirksam wird dies in dem Moment, wo die Studierenden durch Teilnahme und Teilhabe an diesen Forschungen das bekommen, was wir fachdidaktische „Entscheidungsgrundlagen anstelle von Entscheidungsmustern" nennen. Damit einher geht eine spezifische Auffassung praxisorientierter Ausbildung in der ersten Phase: Sie besteht darin, die Lernprozesse von Kindern in mathematischen Situationen zunächst beobachten und analysieren zu lernen, bevor man versucht, sie programmatisch zu beeinflussen. Die Forschung ist in dieser Perspektive dadurch mitbestimmt, dass sie die Studierenden nicht nur mit fachlichem, sondern auch mit fachlich basiertem diagnostischen Wissen und darauf gründender Entscheidungsfähigkeit in das Lehrerdasein entlässt. Dies setzen wir gegen die Auffassung, die fachdidaktische Ausbildung zur Mathematik bestehe wesentlich in der Bevorratung mit Lehrstoff und Methodik. Das allein genügt nicht, ebenso wichtig ist die Auseinandersetzung mit Eigenproduktionen (vgl. etwa Wittmann 1985, Selter 1994a, Wollring 1999, Peter-Koop und Wollring 2000).

Aber in der Mathematik müssen wir uns anders als in Deutsch oder im Sachunterricht besonders mit dem vorurteilsartigen Bewusstsein auseinandersetzen, die wesentlichen Strukturen des Faches und des Unterrichts seien normiert vorgegeben und die Spielräume klein. Während sich Lehrerinnen und Lehrer im Fach Deutsch vielleicht von Normiertheitsansprüchen leichter emanzipieren und der gestaltenden Phantasie Raum schaffen, fühlen sie sich in der Mathematik eher dort hingezogen. Das liegt mit daran, dass die Mathematik in der Grundschule oft eine ihrem Wesen völlig fremde Rolle spielen muss: Sie ist dort eines der Standardfächer zur geistigen wie mentalen Disziplinierung. Ihr Pech ist, dass man allgemein annimmt, bei mathematischen Fragen sei „richtig oder falsch" auch für Nichtmathematiker leicht zu entscheiden und überhaupt die für dieses Fach allein angemessene Differenzierung der Leistungsbeurteilung. Viele Inhalte des Mathematikunterrichts sind wesentlich auf ihre Prüfbarkeit hin konzipiert. „Sachaufgaben – Nichts als Ärger!" (Bauersfeld 1991). Das ist eine der Lasten für die Mathematikdidaktik. Deshalb ist es besonders für die Mathematik notwendig, „offenen Unterricht" zu kennzeichnen, um ihn gerade dort für Lehrerinnen und Lehrer vorstellbar zu machen.

„Offener Unterricht" – im Mathematikunterricht!?

„Offener Unterricht" ist ähnlich wie „Lernen an Stationen" eine Bewertungen einschließende Sachbezeichnung mit normativem Anspruch. Dieser wirkt so stark, dass viele lehrende Menschen, die nicht wissen und doch glauben, sich eher mit dem Inszenieren der äußeren Merkmale dessen beschäftigen, was sie für offenen Unterricht halten. Selbstbestimmung der Lerninhalte durch die Kinder und deutlich begrenzter fachlicher Informationswille der Lehrerinnen und Lehrer (teils auch bedingt durch begrenzte Informiertheit) gehören gelegentlich zu diesen Merkmalen. Offener Mathematikunterricht heißt für mich nicht Beliebigmachen der fachlichen Inhalte, da sehe ich Standards. Für mich bedeutet Offenheit wesentlich, dass man das Bearbeiten solcher Inhalte aus den eigenen Ideen der Kinder heraus entwickelt – „Mathematik auf eigenen Wegen". Genauer: „Offenen Mathematikunterricht" nenne ich einen Mathematikunterricht,

- der bei festgelegtem Ziel (Problemstellungen, Aufgaben, etc.) die Vielfalt der möglichen Denk- und Arbeitswege öffnet,
- deren Realisierung differenziert unterstützt
- und schließlich die tatsächlich erbrachten vielfältigen Wege einer gemeinsamen Diskussion verfügbar macht, um über in der Mathematik sinnvolle und teilweise notwendige Standardisierungen zu reflektieren.

Die genuine Arbeitsweise professioneller Mathematiker spiegelt sich in einem so konzipierten offenen Unterricht zur Mathematik, sein Kern ist das schöpferische mathematische Tun. Die Konzepte des „aktiv-entdeckenden Lernens" und des „produktiven Übens" intendieren dies einzulösen, haben es aber nicht leicht, sich gegen einen Mathematikunterricht der Festgelegtheiten zu behaupten und durchzusetzen. Diese Sicht offenen Unterrichts zeigt als Gemeinsames mit dem Sachunterricht die Notwendigkeit vielfältiger Perspektiven auf dieselben Dinge, eine Säule moderner Naturwissenschaft, sie zeigt auch Gemeinsames mit dem Fach Deutsch, denn mathematisches Tun als soziales Tun führt zu Kommunikation, in der Mathematik entstehen in den Notierungen der Lösungswege speziell codierte funktionale Texte.

Ein derart offener Unterricht ist fächerverbindend, nicht fächerübergreifend und durchaus mit einer Leistungskontrolle verträglich. Er erfordert starke diagnostische Kenntnisse der ihn managenden und moderierenden Lehrerinnen und Lehrer, um die mit den vielen Wegen einhergehenden vielen Artikulationen im Unterricht überhaupt möglich zu machen. Offener Mathematikunterricht ist somit ein Synonym für eine Arbeitskultur des mathematischen Denkens, bei der das Durchdringen der verschiedenen Argumentationen im Vordergrund steht und bei dem die hervorgebrachten Verfahren auf semantischer Einsicht und nicht auf syntaktischem Drill beruhen. Um die Vielfalt der zu erwartenden Wege zu managen, so meinen wir, müssen Lehrende im Ansatz erkennen und einschätzen können, wie sie sich in der gemeinsamen Diskussion darstellen oder zu behaupten imstande sind. Dazu benötigen sie unseres Erachtens diagnostische Fähigkeiten auf der Basis von fachlichen Kenntnissen und von Kenntnissen der sozial-interaktiven Perspektive.

Wenn man sich mit dem Rechnen eher syntaktisch als semantisch auseinandersetzt, dann erscheint „offener Mathematikunterricht" inhaltlich kaum machbar und eher durch äußere Formen zu realisieren, Organisationsformen, Medien, Stationen, etc.. Dass man sich über die Inhalte mit standardisierten Formen verständigt, gehört zu den inneren Sachnotwendigkeiten der Mathematik. Mathematiklernen beinhaltet neben dem Erwerb gegenständlichen Wissens auch eine Art Spracherwerb, nur mit ungleich höherem und früher auftretendem Konventionsdruck. Der Kennzeichnung offenen Unterrichts entsprechend macht aber das Öffnen und Verfolgen eigener Wege bei mathematischen Problemstellungen insbesondere in der Grundschule nur dann Sinn, wenn es jeweils anschließend zu einer gemeinsamen reflektierenden Diskussion über diese Wege kommt. Möglicherweise doch etwas anders als in den

Fächern Deutsch und Sachunterricht, wo konkurrierende Deutungen und Auffassungen nebeneinander bestehen bleiben können, gibt es in der Mathematik zumindest einen höheren Rechtfertigungsdruck, die eigenen Wege müssen in der gemeinsamen Diskussion durch Richtigkeit und Zweckmäßigkeit überzeugen können. Das Managen dieser Diskussionen – etwa Rechenkonferenzen – ist die eigentliche Herausforderung an Lehrerinnen und Lehrer in einem offenen Mathematikunterricht. Dieses Unterrichtsmanagement – Öffnen eigener Wege und Moderieren der Diskussion der daraus entstehenden Vielfalt – ist nach meiner Auffassung erstrebenswertes Ziel und verbindendes Element von Sachunterricht und Mathematik. Dazu müssen sich Sachunterricht und Mathematik konzeptionell aufeinander zu bewegen.
Wie?

Mathematikunterricht – für die Grundschule anders als später?

Wenn der Mathematikunterricht für die Grundschule spezifisch von dem der weiterführenden Schulen zu unterscheiden wäre, dann nach meiner Auffassung durch folgendes Element: In der Grundschule sollte der Mathematikunterricht hinreichend viele Arbeitssituationen vorsehen, die eigene Erfindungen, eigene Formulierungen und eigene Lösungswege einfordern, und so die Einsicht in die Notwendigkeit von Standardisierung und Konvention vorbereiten, gerade so weit, wie sie wirklich notwendig ist. Das ist die Grundidee: Ausgewogenheit von Invention und Konvention, nicht Fertigkeiten allein, sondern Fertigkeiten als Ergebnis von Ideen.

Es geht in diesem Zusammenhang nicht nur um das Entwickeln eigener Verfahren, sondern auch darum, dass Kinder sich über die von ihnen entwickelten Wege miteinander effizient verständigen lernen. Sie merken, dass man große Individualität zulassen kann, wenn man nur zu zweit einen Lösungsweg diskutiert. Sollen aber zehn Kinder einen Rechenweg diskutieren, um ihn anschließend am Telefon einem elften Kind mitzuteilen, dann wird plötzlich eine gewisse Konvention erforderlich, sonst gelingt das Mitteilen nicht.

Das entwertet die jeweils eigenen Wege keineswegs. Das positive Werten eigener Wege neben dem Beherrschen standardisierter Techniken, das ist ein Gleichgewicht, das uns im Mathematikunterricht oft noch fehlt. Davon sind wir im Gegensatz zum Sachunterricht noch weit entfernt.

Modellbilden – wesentliche Gemeinsamkeit von Sachunterricht und Mathematik

Die Mathematikdidaktik betrachtet das Umgehen mit den Sachen im Mathematikunterricht unter dem nicht ganz glücklich gewählten Titel „Sachrechnen". „Anwendungen" klingt zwar nicht so konkret, wäre aber dennoch angemessener. Denn im Sachrechnen geht es um das Beschreiben der Umwelt mit formalen, strukturierenden und quantifizierenden Modellen. Das Bilden von Modellen ist der Kern des Gemeinsamen von Sachunterricht und Mathematik. Modelle sind, so nennt es H. Winter (1994), „Konstrukte zwischen lebensweltlichen Situationen und arithmetischen Begriffen". Zu klären ist, was Umwelt hier meint, aber zunächst ein Wort zur mathematischen Seite der Modelle: Dass sie formale Elemente einschließen, ist durch ihre Funktionalität bedingt. Die Bezeichnung „Sachrechnen" allerdings erweckt den Eindruck, es gehe vorwiegend um quantifizierendes Beschreiben lebensweltlicher Situationen, in der Grundschule demgemäß durch Zahlen und Größen und deren Arithmetik im Rahmen der Grundrechenarten. Abgesehen davon, dass die Reichweite solcher Modellbildung nicht weit ist, wird durch die Bezeichnung „Sachrechnen" nicht deutlich genug, dass es auch um geometrisch strukturierende Beschreibungen von Wirklichkeit geht. Dies bedeutet, dass zum Beschreiben von Wirklichkeit wesentlich auch geometrische Gestalten und Strukturen heranzuziehen sind. Dies alles ist keineswegs neu, notwendig erscheint aber fortlaufendes Verweisen auf entsprechende Vollzugsdefizite im Unterricht. Modellbilden ist klassisches mathematisch-naturwissenschaftliches Tun, lassen wir es einen Klassiker beschreiben:

Klassisches Modellbilden nach Hertz

Von zeitloser Schönheit und bleibend aktuell auch für das Sachrechnen und den Sachunterricht in der Grundschule ist eine Kennzeichnung des Modellbildens aus der klassischen Physik mit ihrem deterministischen Weltbild.

Heinrich Hertz – er fand die elektromagnetischen Wellen – schreibt 1894 in seinen „Prinzipien der Mechanik" zur Naturerkenntnis:

„Wir machen uns innere Scheinbilder oder Symbole der äußeren Gegenstände, und zwar machen wir sie von solcher Art, dass die denknotwendigen Folgen der Bilder stets wieder die Bilder sind von den naturnotwendigen Folgen der abgebildeten Gegenstände."

Folgen wir ein wenig diesem Klassiker. Dass sich Modellbilden im Sinne dieses Hertzschen Homomorphismus überhaupt bewährt, ist eine grundlegende positive Erfahrung menschlichen Denkens: „Damit diese Forderung überhaupt erfüllbar sei, müssen gewisse Übereinstimmungen vorhanden sein zwischen der Natur und unserem Geiste. Die Erfahrung lehrt uns, dass die Forderung erfüllbar ist und dass also solche Übereinstimmungen in der Tat bestehen." Aber Modelle und Wirklichkeit sind nicht identisch, jenseits der Modelle ist kein gesichertes Wissen: „Die Bilder, von welchen wir reden, sind unsere Vorstellungen von den Dingen; sie haben mit den Dingen die eine wesentliche Übereinstimmung, welche in der Erfüllung der genannten Forderung liegt, aber es ist für ihren Zweck nicht nötig, dass sie irgendeine weitere Übereinstimmung mit den Dingen haben. In der Tat wissen wir auch nicht und haben auch kein Mittel zu erfahren, ob unsere Vorstellungen von den Dingen mit jenen in irgend etwas anderem übereinstimmen als allein in eben jener einen fundamentalen Beziehung."

Viele Perspektiven auf dieselben Dinge erscheinen Hertz selbstverständlich: „Eindeutig sind die Bilder, welche wir uns von den Dingen machen wollen, noch nicht bestimmt durch die Forderung, dass die Folgen der Bilder wieder die Bilder der Folge seien. Verschiedene Bilder derselben Gegenstände sind möglich, und diese Bilder können sich nach verschiedenen Richtungen unterscheiden." Er unterscheidet und bewertet Modelle nach drei Kriterien:

- „Als unzulässig sollten wir von vornherein solche Bilder bezeichnen, welche schon einen Widerspruch gegen die Gesetze unseres Denkens in sich tragen, und wir fordern also zunächst, dass alle unsere Bilder logisch zulässig oder kurz zulässig seien." Dies meint in unserem Kontext Fehlerfreiheit der mathematische Modelle.
- Zum Zutreffen der Modelle notiert er: „Unrichtig nennen wir zulässige Bilder dann, wenn ihre wesentlichen Beziehungen den Beziehungen der äußeren Dinge widersprechen. Wir verlangen demnach zweitens, dass unsere Bilder richtig seien." Dies meint nicht globales Übereinstimmen von Modell und Wirklichkeit, denn es folgt:
- „Aber zwei zulässige und richtige Bilder derselben äußeren Gegenstände können sich noch unterscheiden nach der Zweckmäßigkeit. Von zwei Bildern desselben Gegenstandes wird dasjenige das zweckmäßigere sein, welches mehr wesentliche Beziehungen des Gegenstandes widerspiegelt als das andere, welches, wie wir sagen wollen, das deutlichere ist."

Die „Zulässigkeit" sieht er als eindeutig entscheidbar, die „Richtigkeit" als entscheidbar auf der Basis aktueller subjektiver Erfahrung, offen aber für spätere Erfahrung, die „Zweckmäßigkeit" dagegen sieht er in der Konkurrenz der Meinungen: „Das eine Bild kann nach der einen, das andere nach der anderen Richtung Vorteile bieten, und nur durch allmähliches Prüfen vieler Bilder werden im Laufe der Zeit schließlich die zweckmäßigsten gewonnen." Soweit Heinrich Hertz.

Der Stoff, aus dem die mathematischen Modelle sind – Rechnen oder mehr?

Aus meiner Sicht benötigen wir im Mathematikunterricht zur strukturierenden Beschreibung von Wirklichkeit viel mehr Geometrie als derzeit im Grundschulunterricht bearbeitet wird. Im Sachrechnen benutzt man als Substanz zum Modellieren Größenbereiche – Längen, Flächen, Volumina, Gewichte, Stückzahlen, Geld und Zeitspannen, deren Maße und darauf die Grundrechenarten als arithmetisches Werkzeug. Aber diese Größenbereiche haben nicht nur arithmetische Aspekte, wie es bei vordergründiger Betrachtung scheint. Gerade die Arithmetik der Längen-, Flächen und Volumenmaße wird erst auf der Basis von Operationen mit geometrischen Gestalten sinnvoll, ihre Einheiten sind an Gestalten gebunden. Sehr viele Sachsituationen werden durch Formen und Gestalten beschrieben, die man strukturieren muss. Jedes Schulbuch belegt mit oder ohne Absicht, dass viele Sachprojekte und Sachrechenprojekte eine substantiell geometrische Anforderung stellen.

Die Modellbahnaufgabe – mentales geometrisches Operieren

Das ist auch bei der eingangs gestellten Aufgabe zu der Modellbahnlokomotive so. Analysieren wir sie ein wenig, sie beleuchtet auf reizvolle Weise das Kontaktfeld von Arithmetik, Geometrie und Sachen. Vielleicht haben Sie im ersten Moment auf 20 Kilogramm Vorbildgewicht getippt?

Die kleine Lokomotive ist ein Modell, kein mathematisches, sondern ein materielles, läuft und ist weitgehend ähnlich gefertigt wie das Vorbild, allerdings trägt sie im Gegensatz zum Vorbild Ballastgewichte. Nimmt man die heraus, so entsprechen sich die Maße von Modell und Vorbild ziemlich gut. Da Vorbild und Modell real existieren, kann man die berechneten Maße mit denen des Vorbilds tatsächlich vergleichen oder zumindest eine qualitative Vorstellung vom Vorbild aus der Erfahrung nutzen. „Ist das Modell 20 cm lang und im Maßstab 1:100 dargestellt, so ist das Vorbild 20 Meter lang." Diesen richtigen Befund geben die meisten meiner Studierenden spontan, wenngleich manchen 20 Meter sehr lang erscheinen. Verschiedene Wege führen dorthin: Konvertieren der Maßzahl liefert als Länge des Vorbilds 2000 cm, die in 20 m umzurechnen sind. Konvertieren der Einheit nutzt, dass ein 1 cm langes Modell im Maßstab 1:100 ein 1 m langes Vorbild hat, also bei 20 cm Modelllänge 20 m Vorbildlänge. Zwei Wege, der zweite vielleicht eleganter, führen zum selben Ziel. Beim Gewicht wird vielfach nicht bedacht, dass es sich nicht wie die Länge transformiert. Die meisten Erstantworten von Studierenden lauten leider: „Die Lok wiegt 20 kg." Ein Gewicht, das auch frau in der Tasche nach Hause tragen könnte. Etliche realisieren dies nach dem Antworten, registrieren die syntaktische Falle in der Aufgabe und stellen die eigene Rechnung in Frage, „20 Tonnen" folgt dann häufig als Antwort. Hier liegt ein geometrisches Problem vor, kein arithmetisches, man braucht flexible Grundvorstellungen von geometrischen Formen und Strukturen. Denn das Gewicht transformiert sich nicht wie die Länge, sondern wie das Volumen. Und wie sich das transformiert, zeigt ein geometrisches Gedankenexperiment: Angenommen, das Modell ließe sich auseinanderziehen, bis es so groß ist wie das Vorbild, eine von der Realität distanzierte aber gerade deshalb effiziente Modellvorstellung. Zudem sei das Modell verpackt in einem Karton mit der Form eines Quaders. Den zieht man gedanklich auf die 100fache Länge, nun hat er 100faches Volumen und sieht aus wie eine Stange, denn Breite und Höhe sind geblieben. Die Stange zieht man gedanklich auf die 100fache Breite, nun hat sie 10000faches Volumen und sieht aus wie eine Platte, denn die Höhe ist geblieben. Die Platte zieht man nun auf die 100fache Höhe, nun ist ihr Volumen 1 Million mal so groß wie zu Beginn und das Vorbild passt hinein. Allgemein gilt: Bei einem Maßstab von 1:100 transformieren sich Volumen und Gewicht mit 1 Million. Unsere Lok wiegt also 1 Million mal 200 g, das sind 200 Tonnen. Zugänglich im vierten Schuljahr bei gutem Unterricht auf mehreren Wegen: Über die Maßzahlen findet man das Gewicht 200 000 000 g, das sind 200 000 kg, also 200 Tonnen. (Physiker mögen verzeihen, dass wir den Richtlinien folgend Gewichte in kg messen.) Andererseits weiß man aus dem dritten Schuljahr über die Einheiten: 1000 g = 1 kg, 1000 kg = 1 Tonne, also 1 Million g = 1 Tonne. So werden durch Wechseln der Einheit 200 g Modellgewicht zu 200 Tonnen Gewicht des Vorbilds. Bedeutsam ist dies Beispiel, weil es eine geometrische Grundstruktur beleuchtet, das Ändern verschiedener Größen bei Ändern der Gestalt.

Schwierigkeiten macht dieses Beispiel unter anderem deshalb, weil das Beschreiben der Umwelt durch geometrische Strukturen im Mathematikunterricht insbesondere der Grundschule nicht gebührend entwickelt und gepflegt wird und unterrepräsentiert ist. Die Akzeptanz der Geometrie bei den Lehrerinnen in der Grundschule zu steigern, das ist eines der steinharten Probleme für die Mathematikdidaktik (vgl. etwa Bauersfeld 1993).

Mathematisches Modellieren auch noch im Sachunterricht?

Wie betrifft dies den Sachunterricht, abgesehen vielleicht davon, dass es dort vielleicht auch mal um Lokomotiven geht? Nun, die Diskussion der Qualitätssicherung bezieht sich in der Grundschule meines Wissens auf die Fächer Deutsch und Mathematik, der Sachunterricht ist bislang qualitätssicherungsfreie Zone. Ich möchte keineswegs zentralen individualisierten schriftlichen Testformen das Wort reden, ich befürworte sie, so wie sie derzeit konzipiert sind, selbst nicht. Tatsache ist aber, dass sich wie Deutsch und Mathematikunterricht auch der Sachunterricht die Frage stellen muss, was über das Tätigkeitserlebnis hinaus an Wissen bleibt. Es geht wohl nicht an, dass Deutsch und Mathematik zu Trainingslagern für Fertigkeiten werden, während der Sachunterricht den Kurgarten mit freier Wahl der Erholungsform dazu abgibt. Mein Wunsch an dieser Stelle: Möge es mehr systematische Zusammenarbeit geben zwischen Sachunterricht und Mathematik und die dazu notwendige intellektuelle Infrastruktur bei Lehrerinnen und Lehrern. Deutlicher: Der Sachunterricht möge den Mathematikunterricht im Bereich der Anwendungen stärker unterstützen durch einen höheren Anteil an quantifizierender und strukturierender Beschreibung der Wirklichkeit. Schon ein verbindlicher Katalog mathematisch-naturwissenschaftlicher Themenkreise wäre hilfreich.

Was könnte geschehen? Alle mathematikdidaktischen Fachleute sind sich darin einig, dass am Zeitaufwand für die Arithmetik kaum zu sparen ist. Man kann allerdings die Struktur des Arithmetikunterrichts optimieren, etwa indem man „halbschriftliche Strategien" grundsätzlich höher gewichtet (Wittmann 1999). Das zu diskutieren führte hier zu weit, festgehalten sei nur, dass semantisches Durchdringen des Rechnens dabei Vorrang hat vor dem Drill von Rechenfertigkeiten, die das Verstehen nicht begleitet. Dieses Denken kommt dem der Didaktik des Sachunterrichts wohl entgegen. Die beiden anderen Schwerpunkte im Mathematikunterricht sind die Geometrie und das „Sachrechnen". Die Geometrie wird vernachlässigt, mit zum Teil schlimmen Folgen für den Mathematikunterricht. Gründe gibt es manche, etwa fehlender Lehrgangscharakter, höherer logistischer Aufwand, schwierige Beurteilbarkeit der Leistungen, mangelndes Wissen der Lehrenden. Nicht nur in der Arithmetik benötigt man geometrische Grundvorstellungen zum Unterstützen strukturierter Zahlauffassungen, auch für das Sachrechnen und den Sachunterricht ist sie Ressource von Grundvorstellungen. Auch dies erfordert eine Diskussion an anderer Stelle, aber es ist nicht unsinnig, wenn auch noch entfernt von derzeitiger Realität, allein für die Geometrie mindestens zwei Monate im Schuljahr zu fordern. Wo aber soll dann die Zeit für das Sachrechnen herkommen? Mein Vorschlag: Man verteile das Sachrechnen auf zwei Lernorte: Ein Teil finde im Mathematikunterricht statt, der andere Teil im Sachunterricht. Dort ist nach meiner Auffassung die quantifizierende und strukturierende Beschreibung der Umwelt unangemessen unterrepräsentiert.

Selbst im naturwissenschaftlich-technischen Sachunterricht besteht in quantifizierender Umweltbeschreibung ein deutliches Defizit. Da ist eine Distanz zwischen Mathematik und Sachunterricht, und ich sehe derzeit als vorrangige strukturelle Option, mit quantifizierenden und strukturierenden Umweltbeschreibungen den Mathematikunterricht und den Sachunterricht zu verbinden. Als Voraussetzung dazu brauchte man im Sachunterricht aus dem Mathematikunterricht sichere Verfügbarkeiten nicht nur aus der Arithmetik, sondern auch aus der Geometrie.

Insbesondere das Trainieren geometrischer Grundvorstellungen ist nicht problemlos auf spätere Schuljahre aufzuschieben. Eigenproduktionen von Grundschulkindern – etwa zu „Kapitänsaufgaben", zu Rechenstrategien oder zur Geometrie – zeigen teilweise deutliche Defizite an mathematischem Wissen, weniger aber an mathematischen Fähigkeiten. Die Defizite betreffen Wissen zum Umgehen mit mathematischen Modellen und innerhalb der Mathematik eher Wissen zur Geometrie als zur Arithmetik. Das spiegelt die allgemeine Unterrichtskultur und zeigt, wo nachzubessern ist. Nun sind etliche geometrische Fähigkeiten – etwa im Bereich der Raumgeometrie – am Ende des Grundschulalters maximal trainierbar. In der Grundschule sind die Kinder noch in einem steilen Anstieg diesbezüglicher Lernfähigkeit, danach stagniert oder sinkt sie, und die besten Chancen sind verpasst. Raumgeometrische Testaufgaben belegen, dass viele Performanzen ab dem zehnten oder elften Lebensjahr kaum noch altersabhängig sind. Defizite in der Grundschulgeometrie wirken lange nach.

Modellbilden – wie nah an der Realität?

Eine besondere bedeutende Eigenheit mathematischer Modellbildung spielt sowohl im Sachunterricht als auch im Sachrechnen eine wichtige Rolle, wird aber im Schulalltag kaum wahrgenommen. Bereits begegnet ist sie uns in der Aufgabe zu der Modellbahn, es ist die Unterscheidung von Modellen mit „monitoring" und die von Modellen mit, wie ich es nennen will, „vorübergehender Distanzierung von der Realität". Dazu zwei Beispiele:

Krabbenverkauf am Strand – Routiniertes mündliches Rechnen mit monitoring

In einer berühmten Untersuchung betrachten Nunez et al. (1993) Rechenroutinen von Fischern an einem Strand bei Recife im Nordosten Brasiliens. Deren Berufsleben beginnt mit zwölf, der Schulbesuch ist meist unvollständig. Sie verkaufen frisch gefangene Krabben noch am Strand an Zwischenhändler und wissen dabei, wie viel Krabbenfleisch man durch Schälen frischer Krabben gewinnt und was das Krabbenfleisch anderswo kostet. Dies bestimmt ihr Verhalten beim Aushandeln der Preise für ihre frisch gefangenen Krabben. Die Fischer rechnen nicht schriftlich, sondern im Kopf, gelegentlich zeichnen sie mit dem Fuß in den Sand. Sie lösen im Alltag laufend Probleme zur Proportionalität wie dieses: „Man erhält 3 kg geschälte Krabben aus 18 kg frisch gefangenen Krabben. Wenn ein Kunde 2 kg Krabbenfleisch will, wie viel Krabben muss man dazu fischen?" Dazu benutzen diese Fischer eine spezifische Rechenstrategie, sie rechnen gleichartig auf den gedachten Skalen der

Gewichte für Krabben und für Krabbenfleisch. Mit den Tellern voll Krabbenfleisch, die sie nicht haben, aber kennen, handeln sie mental genau wie mit den Eimern voll frischer Krabben, die sie täglich benutzen. Sie nehmen die Eimer als Modell für die Teller und trennen dies auch kaum in der Sprache. Eine „skalare Lösung", weil man innerhalb der Skalen rechnet und die eine mit der anderen modelliert. Der Gegensatz dazu ist eine „funktionale Lösung" mit Proportionalitätsfaktoren „quer zu den Skalen". Gefunden wurde, dass die Fischer stets skalare Lösungen anstreben, auch dann, wenn die Daten dies sehr erschweren und eine funktionale Lösung begünstigen. Das genannte Problem löste ein Fischer so: „Ein und ein halbes Kilo würden neun sein, weil die Hälfte von achtzehn ist neun und die Hälfte von drei ist anderthalb. Und ein halbes Kilo ist drei Kilo. Dann würde es sein neun plus drei ist zwölf, die zwölf Kilo würden zwei Kilo ergeben." Jeder Rechenschritt auf der Skala „Krabben" wird mit einem Rechenschritt auf der Skala „Krabbenfleisch" begleitet. Dies bezeichnen die Angelsachsen als „monitoring": Dabei wird das Rechnen aus der Sachperspektive gedanklich eng begleitet, jeder Rechenschritt hat als Pendant einen möglichen Schritt im Handeln mit den Sachen. Rechnen mit monitoring ist Rechnen mit begleitendem Bewusstsein der Sachbedeutung in jedem Schritt.

Pferde und Fliegen – Effizientes Modellbilden gerade ohne monitoring

Häufig wird solches monitoring unbewusst als typisch für Anwendungen der Mathematik gesehen, zumindest für den Bereich der Grundschule. Das Veranschaulichen von Rechnen durch Operieren mit konkreten Gegenständen verstärkt dies teilweise noch. Tatsächlich aber erreicht das Anwenden von Mathematik erst dann seine volle Stärke, wenn dieses enge monitoring gerade nicht vorliegt, wenn also nicht jeder Rechenschritt eine sachliche Entsprechung hat, sondern wenn auf der Seite des mathematischen Modells mehr möglich ist als auf der Seite der Sachen. So ist etwa das erwähnte schrittweise Auseinanderziehen der Lokomotivpackung samt enthaltener Lokomotive bis zur Originalgröße leider nicht möglich in Wirklichkeit, wohl aber möglich im Bereich des mathematischen Modells.

Auch in der Grundschule muss nicht jedes Sachrechnen monitoring aufweisen. Grundschüler sind zu bemerkenswert avancierten mathematischen Modellbildungen imstande. Das zeigen etwa Eigenproduktionen zu dem bekannten Aufgabentyp: „In einem Stall sind 15 Tiere, Pferde und Fliegen, mit zusammen 72 Beinen. Wie viele Fliegen sind es und wie viele Pferde?" Das ist nun keine Sachaufgabe zur Umweltschließung, eher eine zum gedanklichen Spielen. Aber Schülerlösungen dazu zeigen erhellend, wie virtuos Grundschulkinder mathematisch modellieren können, hier zwei aus dem Zahlenbuch (Müller und Wittmann 1997) für das vierte Schuljahr: Wolfgangs und Brittas faszinierende Lösungen sind angewandte Mathematik in Reinkultur, gerade weil kein monitoring vorliegt. Beim Verteilen der Beine auf die Körper wird bewusst vergessen, ob es Fliegenbeine oder Pferdebeine sind. Und gerade dieses Vergessen, dieses Abstrahieren ermöglicht Manipulationen, die beim monitoring gar nicht möglich wären. Die Lösungstechnik ist zudem von den speziellen Zahlen unabhängig. Kinder, die so denken haben erfasst, was mathematisches Modellieren eigentlich heißt. Natürlich gibt es auch anerkennenswerte Lösungen mit systematischem Probieren eng an der Realität entlang. Nebenbei: Wenn Sie die Lösung mit zwei linearen Gleichungen für zwei Variablen ansetzen, ist das ein Verfahren mit oder ohne monitoring?

Wolfgang zeichnet und erklärt:

[Zeichnung von 15 Tieren]

Antwort: 9 Pferde 6 Fliegen

Es sind zusammen 15 Tiere. Also habe ich 15 Kreise gemalt. Jedes Tier hat mindestens 4 Beine. Dann bleiben noch 12 Beine übrig. Die habe ich noch an 6 Tiere verteilt. Diese Tiere sind dann die Fliegen. Also sind es 9 Pferde und 6 Fliegen.

Britta rechnet und erklärt:

$$\frac{6}{4}\bigg|+\frac{6}{4}\bigg|+\frac{6}{4}\bigg|+\frac{6}{4}\bigg|+\frac{6}{4}\bigg|+\frac{6}{4}\bigg|+\frac{\overset{4}{\cancel{8}}}{4}\bigg|\tau$$

$$+4 = \frac{\cancel{74}}{72}$$

Antwort: 6 Fliegen, 9 Pferde

Zuerst hatte ich 7 Fliegen und 8 Pferde. Da waren es 74 Beine. Das waren 2 zuviel. Deshalb habe ich aus einer Fliege ein Pferd gemacht. Jetzt waren es 2 Beine weniger.

Also: Sollen Sachunterricht und Sachrechnen ein quantifizierendes und strukturierendes Modellieren der Umwelt leisten, so ist dazu bisweilen eine mentale Distanzierung von eben dieser Umwelt als Abstraktionsleistung erforderlich: Das Modell entferne sich so weit von der Sache, dass es effiziente Schlüsse erlaubt, das Modell bleibe so nahe an der Sache, dass es reale Befunde erlaubt.

Relevante Sachen – aus welcher „Umwelt"?

Kaum eine Kennzeichnung hat soviel normative Kraft entwickelt wie „Sachrechnen als Umwelterschließung" von H. Winter (1992). Ähnliche programmatische Kennzeichnungen findet man zum Sachunterricht. Unklar bleibt bisweilen aber, was Umwelt jeweils meint. Einige Auffassungen zum of-fenen Unterricht meinen dezidiert die erlebte Kinderumwelt und fordern dort sogar Entscheidungskompetenz als Ergebnis des Sachunterrichts, in so denkenden Zitierkreisen ist „Umwelt" eng festgelegt. Ob man gleich Entscheidungskompetenz erreicht, möge offen bleiben, aber unterstützen muss man sie. Didaktisch populär ist auch die ökologisch-programmatische Vereinnahmung der Bezeichnung. Nun sollen aber Sachrechnen und Sachunterricht über den Horizont des persönlich Erlebbaren und Beeinflussbaren hinaus informativ sein. Dazu müssen sie wohl mehrere Umwelten betreffen, etwa folgende:

- Die Umwelt als genuiner Lebensraum des Kindes: Der Raum des eigenen Erlebens, Erfahrens und Entscheidens,
- Die Umwelt Erwachsener: Der Lebensraum, an dem das Kind teilnimmt und in den es hineinwächst, auch wenn es dort nur begrenzt entscheiden kann und
- „Ferne Welten": Lebensräume anderer Menschen oder Räume wie die Antarktis, entzogen dem eigenen direkten Erleben, aber interessant oder bedeutsam für das eigene Leben.

Es wäre fatal, die fernen Welten und die Erwachsenen-Welten für die Kinder auszublenden. Entscheidend ist ja gerade, dass die Denkmodelle, die das Erschließen der kindlichen Umwelt unterstützen, dies auch in den anderen Umwelten leisten können. Gibt man in der Didaktik der kindlichen Erfahrungswelt dennoch ein besonderes Gewicht, dann hat das einen Grund. Für mich als Mathematikdidaktiker liegt er nicht darin, dass sie für die Kinder vielleicht bedeutsamer ist. Im Gegenteil, durch zunehmendes Wissen gelingt es Kindern, in die Erwachsenen-Welten und in die fernen Welten einzudringen. Beispielsweise könnten sie recht genau sagen, wie man die Gäste auf einem Flug im Jumbo-Jet versorgen muss (vgl. Winter 1984). Dazu benötigen sie Daten zur Flugdauer und zur Zahl der Reisenden und Erfahrungen zu den Essgewohnheiten der eigenen Familie für diesen Zeitraum. Dann kann man über diese „ferne Welt" etwas sagen ohne unmittelbare eigene Erfahrung.

Das ist ein Erkenntniserlebnis für ein Kind. Warum ist trotzdem die eigene Welt so wichtig? Weil sie als wesentlicher Erfahrungsraum Rückkopplung liefert: Primär die eigene Welt liefert die Möglichkeit, selbst gefundene Problemlösungen mit der Wirklichkeit abzugleichen und so das Zutreffen der Modellbildung einzuschätzen.

Was vom Wege übrig blieb – argumentierendes und assoziierendes Modellbilden

Mathematisches Modellbilden ist ein differenziertes Tun. Seine vielfältigen Aspekte stellt Hollenstein (1999) mit der Grafik „Argumentierende Mathematisierung" in Zusammenhang.

Die folgenden Beispiele zeigen, wie man die jeweiligen Schritte konkretisieren kann. Ein bisschen reizt die Grafik zum kritischen Zusammenstreichen. Hollenstein hat das vielleicht beabsichtigt, denn einen anderen Teil der erlebten Realität des Sachrechnens im Schulalltag beschreibt er kontrastierend mit dem Überdruck „Assoziative Mathematisierung".

Bei solchem Mathematisieren, einem Enttarnen der als gefragt angenommenen Rechnung aus Texten, bleibt gerade das reflektierte Schaffen der Verbindung von Realität und Rechnung auf der Strecke. Empirische Befunde belegen leider, wie sehr dieses reduzierte „Sachrechnen" Inhalt und Ergebnis den Schulalltags ist (siehe etwa Baruk 1989, Selter 1994b).

Argumentierende Mathematisierung

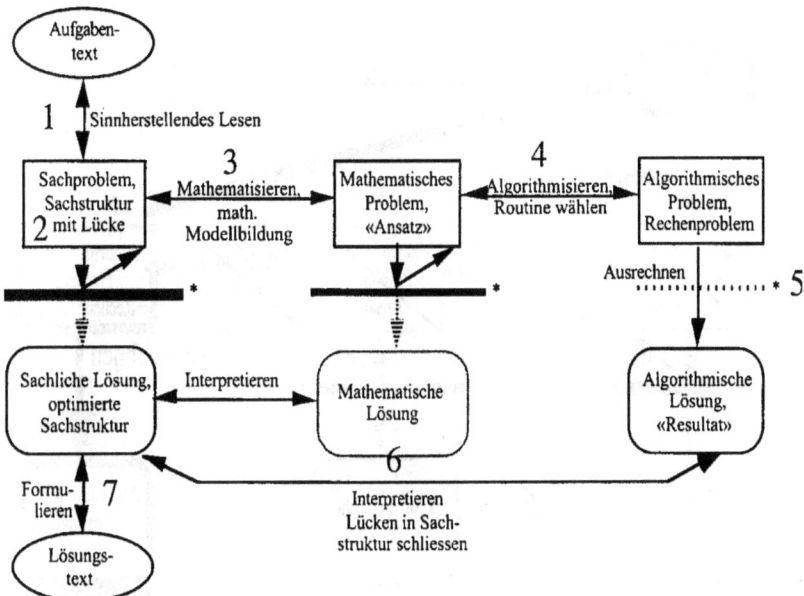

* «Hindernisse», die es zu überwinden gilt. Die meisten der alltäglichen Sachrpobleme lassen sich durch sachliche Argumentation einer Lösung näher bringen. Es gibt aber Fragestellungen – und dazu gehören Sachrechenprobleme – die eine Mathematisierung erfordern.

Assoziative Mathematisierung

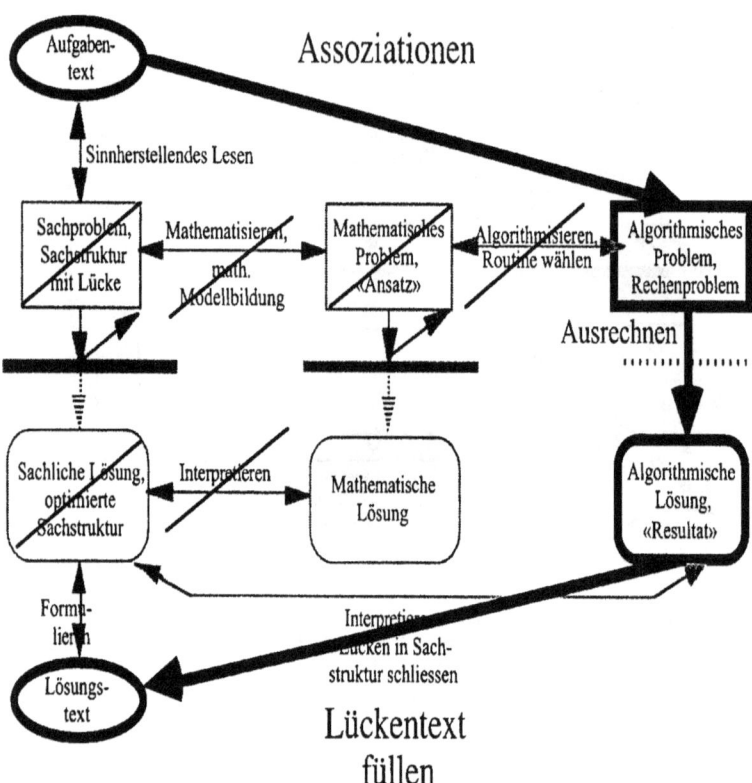

Projekte im Sachrechnen – Realitätsnähe durch rückkoppelndes Modellbilden

Lassen Sie mich nun versuchen, mein Verständnis von einem „Projekt zum Sachrechnen" – kaum eine Bezeichnung ist ähnlich irritierend – von anderen Formaten zu unterscheiden. Das Modellbilden gehört essentiell dazu mit den wesentlichen Schritten „Modellieren" für das Übergehen von der Sachvorstellung zur mathematischen Modellvorstellung und „Interpretieren" oder „einen Befund geben" für den Übergang von der mathematischen Vorstellung zurück zur Sachvorstellung. Viele „Textaufgaben" aus dem Mathematikunterricht, in denen Sachen benannt sind, fordern kein echtes Modellieren. Das sachstrukturierte Üben enthält in der Regel keinen Modellierungsanspruch, informiert aber im Üben von Arithmetik authentisch über Sachen.

Konsens besteht darin, dass in einem Projekt mehrere Beteiligte kooperieren, mit einer gemeinsamen handlungsleitenden Problemstellung, und möglichst die Daten selbst besorgen oder zumindest auswählend einschätzen. Viele dieser Bedingungen erfüllt etwa das Konzept „mosima" von Eggenberg und Hollenstein (1998). Dies alles gilt, aber für mich liegt ein echtes Projekt erst dann vor, wenn der aus der im ersten Ansatz gewonnenen rechnerischen Lösung abgeleitete Befund zur Sache mit der Wirklichkeit verglichen und bei mangelhaftem Zutreffen die Modellbildung verbessert oder geändert wird, so dass bis zum Erreichen des geforderten Zutreffens falls nötig über mehrere Runden neue revidierte Modelle zu bilden sind. Dazu wieder ein Beispiel:

Die Kästen im Kasten – zunehmendes Annähern an die Welt des Schreiners

In einem Projekt aus dem Sachrechnen für Kinder in einem vierten Schuljahr ging es darum, für einen Bettkasten, der innen 18 cm hoch ist und eine Bodenfläche mit 90 cm Länge und 90 cm Breite aufweist, Sortierkästen zum Einsetzen zu bauen. Für den Schreiner war eine Liste der Bretter zu erstellen, die er schneiden sollte. Zusammenleimen wollten wir sie selbst. Diese zunächst harmlos erscheinende Aufgabe erwies sich nach diversen Besuchen beim Schreiner als echtes Projekt.

Zunächst wurde gemeinsam konzipiert und rechnerisch nachprüfend festgelegt, wie denn die Einsätze sein sollten: Zwei mit Böden 45 cm x 45 cm und 18 cm hoch, vier mit Böden 30 cm x 45 cm, davon zwei je 18 cm hoch und zwei je 9 cm hoch. Dieser Satz passt in den Bettkasten, andere Sätze aus Kästen diesen Typs sind auch möglich. Soweit der leichtere Teil.

Beim Aufstellen der Stückliste für die Bretter wurde dann deutlich, dass die Aufgabe unscharf formuliert ist. Man muss beim Modellieren nachbessern, wie die Kinder hier fanden: Werden die Böden unter die Seitenwände gesetzt oder in die Seitenwände eingesetzt? Was hält besser, was ist leichter zusammenzufügen? Beide Konzepte erzeugen ganz verschiedene Maße. Bei den Kästen mit quadratischem Boden sind umlaufend überlappende Seitenbretter denkbar, dann benötigt man nur eine Sorte Seitenbretter und nicht zwei lange und zwei kurze. Was sagt der Schreiner dazu? Jedenfalls entstanden verschiedene Stücklisten. Nebenbei bemerkt: Wenn man sich die Maße dieser Brettersätze günstig auflistet, dann ist die Tabelle hochgradig strukturiert und für aktiv-entdeckendes Lernen und operatives Üben geradezu geschaffen.

Nun gingen wir damit zum Schreiner und meinten, „wir würden das gerne, weil wir nicht so professionelles Werkzeug haben, leimen und schrauben." „Ja", sagte er, „dann ist 18er Platte das mindeste. Was haben sie denn angenommen?" Wir hatten 1 cm Wandstärke angenommen, weil es sich leicht rechnen ließ. Die geometrischen Modelle der Sortierkästen waren Bauwerke aus Quadern. Diese qualitative Struktur blieb, aber wir konnten mit dem Maß 18 mm für die Plattendicke wieder heimgehen und alles neu berechnen. Ein Kind fragte: „Gibt's keine Bretter, die 2 cm dick sind?" Es merkte genau, wo der Aufwand lag und hätte lieber die Wirklichkeit dem Konzept angepasst als umgekehrt. Nein, gab es nicht. Spannend in dieser Phase war das Bilden des geometrischen Modells, das Rechnen war nicht so aufregend, denn die arithmetische Struktur der Tabelle war längst erstellt.

Schließlich haben wir beschlossen, wir könnten dem Schreiner doch auch das Zusammenleimen überlassen. Dazu meinte er dann: „Wissen Sie, ich mache das ganz anders! Ich zieh' die Böden in eine eingefräste Nut ein. Die werden einfach von hinten eingeschoben. Dann kann ich die Böden nämlich dünn machen, und die Seitenwände mache ich etwas dicker." Wieder war unsere Stückliste Makulatur und wir haben versucht, die Stückliste aufzustellen, die der Schreiner sich nun selbst machen würde. Später haben wir ihn gefragt, wie seine denn aussieht. Da hatte er die Böden doch untergesetzt, dafür aber die Seitenwände auf Gehrung geschnitten.

Immer wieder hatten wir unser Modell revidiert und besser an die Wirklichkeit angepasst und dabei zur Geometrie, zur Arithmetik und zum Schreinern dazugelernt. Dieses mehrfache Anpassen sehe ich als entscheidendes Element dieses Projektes, es ist typisch für das Begegnen mit der Wirklichkeit in solchen Anwendungen. Der Befund ist eine vorläufige Beurteilung der Sachlage und muss sich der Wirklichkeit stellen. Das ist das Ziel bei guten Projekten zum Sachrechnen, die nicht so häufig sind und teilweise schon etwas verbraucht erscheinen, etwa die bekannte „Klassenfahrt mit der Straßenbahn zum Zoo". Ziel sind Antworten jenseits des Rechnens: Können wir uns das leisten? Müssen wir vielleicht einen bestimmten Tag wählen? Nicht gerade Freitag, sondern einen Montag, an dem der Eintritt billiger ist? Wo und was essen wir? Bei authentischen Projekten ist zum Schluss eine orientierende zutreffende Beurteilung gefragt. Das sollte gelten in der Kinderwelt, das gilt in der Welt der Erwachsenen. Dort müssen sich die Beurteilungen bewähren, Rechnen allein zählt nicht.

Sind die Kubikmeter Erde zu berechnen, die man für einen Deichbau bewegen muss, und die Kosten dafür, dann ist das Zutreffen des Rechenergebnisses in der Wirklichkeit der wesentliche Punkt. Und wenn ich die Ziele des Sachunterrichts richtig deute, dann ist diese Passung der gedanklichen Konstrukte zur Wirklichkeit dort ein wesentliches Anliegen, jedenfalls dort, wo es um modellierendes Beschreiben geht. Da sind für den real existierenden Mathematikunterricht in der Grundschule leider Defizite zuzugeben, dort werden solche beurteilenden Fragen seltener gestellt, man findet eher viele sachbezogene Etüden. Als Hochschullehrer kann man natürlich in Prüfungen Beispiele dafür ansprechen, wo das anders ist. Wirksamer ist aber, in fächerverbindenden empirischen Forschungen nachzuweisen, dass solche beurteilenden Komponenten in Situationen, wo Kinder sich mit Sachfragen ausein-andersetzen, vorkommen und verstärkt werden können.

Mathematikdidaktische Forschung – wirksam auch in der Fortbildung?

Ich habe mich im Studium – Mathematik und Physik – über den Physikerslang „Rechenknecht" bisweilen geärgert. In dieser Einschätzung steckt das Abdrängen des Mathematikers in die subalterne Rolle des Instrumentes zur Urteilsfindung. Dass aber das Rechnen und die Urteilsfindung in Wechselwirkung ein Ganzes bilden, weil es nicht die eine einzig richtige, sondern vielleicht einige passende Lösungen zu einem Problem gibt, das ist meiner Ansicht nach eine Tatsache, die derzeit im Mathematikunterricht erheblich verstärkungsbedürftig ist.

Die mathematikdidaktische Forschung, um darauf zurück zu kommen, soll auch Lehrerinnen und Lehrer unterstützen, Entscheidungen zu treffen, soll ihnen Entscheidungsgrundlagen liefern, keine Entscheidungsmuster.

Weshalb dies schwierig ist, wurde oben bereits angedeutet: Bisweilen fehlt die engagierte fachliche Souveränität, etwa in Bundesländern, in denen zwei Drittel des Mathematikunterrichts an Grundschulen fachfremd erteilt wird. Dies wirkt sich dahingehend aus, dass die Bewältigungsroutinen des Mathematikunterrichts sehr traditionell fixiert bleiben und als Inhalte eher Fertigkeiten hervorbringen als Strategien. Mathematik zur Stärkung der Urteilskraft wird in einem solchen Mathematikunterricht zu wenig gepflegt. Es kann nicht allein darum gehen, Lehr-Lern-Verfahren für mathematische Techniken zu optimieren. Es geht um die geistige Grundhaltung, in der Mathematik auf eigene Weise mit formalen Instrumenten schöpferisch tätig zu sein, um Befunde und Urteile zu fällen. Wird an die mathematikdidaktische Forschung die Forderung gestellt, dass sie auch noch lehrerfortbildungswirksam sein müsste, dann dürfte man sich im eingangs skizzierten mathematikdidaktischen Dreieck eigentlich von der Basis zwischen Empirie und Design kaum noch fortwagen. Man hat vielmehr das Problem, in Fortbildungen gelegentlich Lehrerinnen und Lehrern „mit viel Erfahrung" zu begegnen, ohne fachliche Bildung in Verbraucher-Grundhaltung voll Erwartung an Kopien mit eingebauter Nutzbarkeitsgarantie ohne Nötigung zu intellektueller Selbstbeteiligung jenseits des Limits oder zu einem Engagement jenseits der innovationsresistenten „Sachzwänge". Sie bilden erfreulicherweise nicht die Mehrheit.

Die Perspektive – Verbinden der Fächer

In der Mathematik haben wir im Sachrechnen vielleicht noch nicht genug die Stärkung der Urteilskraft des Kindes als Ziel. Im Sachunterricht haben wir noch nicht stark genug ein gewisses verbindliches Repertoire intellektueller Werkzeuge als Ziel. Vielleicht kann man sich doch begegnen. „Rettet die Mathematik – macht Sachunterricht", diese Klage von J. Reichen (1994) trifft zu, wenn der Mathematikunterricht nicht genug „genuine Sachprobleme" aufnimmt und „eine für die Lösung dieser Probleme sinnvolle und notwendige Mathematik betreibt." Offen lässt Reichen, woher diese dann zu nehmen sei. Man wird nicht ständig Werkzeug erst dann herstellen können, wenn man es gerade dringend benötigt. So bevorzugt man im Sachunterricht oft „genuine Sachprobleme", die ohne Mathematik zu bearbeiten sind. Angesichts dessen und der latenten Technikfeindlichkeit vieler Lehrerinnen und Lehrer in Grundschulen möchte man entgegnen: „Rettet den Sachunterricht – macht mehr Mathematik."

Im Sprachunterricht haben wir inzwischen Sensibilität – soweit beobachte ich den Erfolg der Sprachdidaktiker – für Eigenproduktionen. Im Mathematikunterricht streben wir dies noch an. Bisweilen erzeugt bei Lehrerfortbildungen zu mathematischen Eigenproduktionen von Grundschulkindern der Hinweis „Stellen Sie sich ein Arbeiten wie in einer Schreibwerkstatt vor" als Kontext eine Haltung zu Eigenproduktionen, die in der Mathematik seltener ist. Dort belastet uns, dass die Standardisierungen oft so früh einsetzen, dass das, was wir die „Argumentationskeime" nennen, oft nur geringe Chancen erhält.

Akzente zum Arbeiten mit den Sachen im Mathematikunterricht wurden benannt und mögliche Bereiche einer fächerverbindenden Zusammenarbeit aufgezeigt. Ich habe keine „fachimperialistischen Motive". Doch ich meide den Begriff „fächerübergreifend" bewusst, er schließt die Erosion der Fächer nicht hinreichend aus, „fächerverbindend" erscheint mir angemessener. Projektbezeichnungen wie „für Leute, die mehr wollen als Fachunterricht" signalisieren ein prinzipielles Fehlverständnis dessen, was Fachunterricht ist. Soziales Lernen und gerade dabei eigene Wege gehen, das kann nicht *neben* den Fächern stattfinden, das muss *in* den Fächern stattfinden. Und in der Mathematikdidaktik können wir inzwischen, so glaube ich, nachweisen, dass dies auch im Fach Mathematik geht. Gemeinsamkeit tut dringend not. „Technik ins Abendprogramm", wie es der Arbeitswissenschaftler H.-J. Bullinger von Australien berichtet (Meyerhoff 2000), ist nicht das einzige, mehr schon eine nicht technikfeindliche Einstellung zu „lebenslangem Lernen" und das Beheben des von Bullinger „unerklärlich" genannten „geringen Interesses von Frauen an naturwissenschaftlichen Fächern", Lehrerinnen wie Schülerinnen. Vielleicht wird dies wie anderes oft schon mit der Erstbegegnung entschieden.

Eine bislang unzureichend genutzte Chance sehe ich darin, die Unterrichtskulturen der beiden Fächer einander anzunähern. Denn dies muss der Mathematikdidaktiker neidlos anerkennen: Viele Bereiche des Sachunterrichts sind gekennzeichnet durch eine sehr konstruktive und soziale Unterrichtskultur. Im Erzeugen dieser Unterrichtskultur sehe ich ein wesentliches Verdienst des Sachunterrichts in den letzten Jahren. Das Befähigen der Kinder zum informativen und bewertenden Austausch über ihre Lebenswelt gab es vor dem Sachunterricht in dieser Form nicht. Es gab auch nicht die damit einhergehende von demokratischem Bewusstsein getragene Rolle der Lehrerin. Diese Rolle und diese Unterrichtskultur sind offenbar nicht an die Lehrpersonen gebunden, sondern an den Unterrichtsbereich Sachunterricht. Dass die Mathematik durch diese Unterrichtskultur meist nicht gekennzeichnet ist, hat seine Ursache vielleicht in den oben beschriebenen Phänomenen und sollte uns dringendes Anliegen sein. Die positiven Kennzeichen einer intellektuell demokratischen Unterrichtskultur sind im Mathematikunterricht ebenso möglich und insbesondere ebenso notwendig wie im Sachunterricht, und sie sind keineswegs unvereinbar mit einem angemessenen Qualitätsanspruch und einem substanziellen Bewusstsein zur eigenen Leistung. Hier Verbindungen zu schaffen, die beidem etwas geben, das ist ein fächerverbindendes Programm für die Zukunft.

Literatur

Baruk, S. (1989). Wie alt ist der Kapitän? Über den Irrtum in der Mathematik. Boston, Berlin: Birkhäuser

Bauersfeld, H. (1991): Sachaufgaben – Nichts als Ärger!. in: Grundschulzeitschr. 42, S. 8 – 10

Bauersfeld, H. (1993): Grundschul-Stiefkind Geometrie. in: Grundschulzeitschr. 62, S. 8 – 10

Eggenberg, F.; Hollenstein, A. (1998): mosima 1, mosima 2 – Materialien für offene Situationen im Mathematikunterricht. Zürich: Orell Füssli Verlag

Hertz, H. (1894): Die Bildhaftigkeit der Naturbeschreibung. in: Die Prinzipien der Mechanik.

Hollenstein, A. (1999): Komplexe Lernumgebungen im Sachrechnen. Manuskript zur Tagung „Mathematik-Didaktik – Theorien, Anstöße und Anregungen". PI Feldkirch

Meyerhoff, J. (2000): Technik ins Abendprogramm, Wie behebt man den Mangel an Ingenieuren? Ein Gespräch mit dem Arbeitswissenschaftler Jörg Bullinger. in: Die Zeit, Nr. 22

Müller, G., Wittmann, E. (1997): Das Zahlenbuch, Band 4. Leipzig: Klett Grundschulverlag

Nunez, T.; Carraher, W.; Schliemann, A. (1993): Street mathematics and School mathematics. New York: Cambridge University Press

Peter-Koop, A., Wollring, B. (2000): Integrating Student Teachers in interpretative classroom research projects. to appear in: Tokyo: Proceedings of ICME 9

Reichen, J. (1994): Rettet die Mathematik – macht Sachunterricht! in: Die Grundschulzeitschr. 74, S. 28 - 29

Selter, Ch.(1994a): Eigenproduktionen im Arithmetikunterricht der Primarstufe. Wiesbaden: Deutscher Studienverlag

Selter, Ch. (1994b): Jede Aufgabe hat eine Lösung. in: Grundschule 26, Heft 4, S. 20 - 22

Winter, H. (1984): Der Jumbo-Jet. in: mathematik lehren 6, S. 14 - 19

Winter, H. (1992): Sachrechnen in der Grundschule. Frankfurt a. M.: Cornelsen

Winter, H. (1994): Modelle als Konstrukte zwischen lebensweltlichen Situationen und arithmetischen Begriffen. in: Grundschule 26, Heft 4, S. 10 - 13

Wittmann, E. Ch. (1985): Clinical Interviews embedded in the ‚Philosophy of Teaching Units'. in: Christiansen, B. (ed.): Systematic Cooperation between Theory and Practice. Copenhagen: Royal Danish School of Educational Studies, S. 18 – 31

Wittmann, E. Ch. (1995): Mathematics Education as a ‚Design Science'. in: Educational Studies in Mathematics 29 (1995), S. 355 - 374

Wittmann, E. (1999): Die Zukunft des Rechnens im Grundschulunterricht: Von schriftlichen Rechenverfahren zu halbschriftlichen Strategien. in: Hengartner, E. (Hrsg.): Mit Kindern lernen. Zug: Klett und Balmer, S. 88 - 93

Wollring, B. (1999): Mathematikdidaktik zwischen Diagnostik und Design. in: Selter, Ch., Walther, G.: Mathematikdidaktik als design science. Leipzig Klett Grundschulverlag

Gertrud Beck

Erwerbsforschung als Desiderat der Sachunterrichtsforschung

Vorbemerkung

Der Sachunterricht ist nun knapp 30 Jahre alt und diese 30 Jahre entsprechen in vollem Umfang meinem wissenschaftlich-beruflichen Leben. Ich habe seit den ersten Anfängen an der Erarbeitung von Konzepten für den Sachunterricht mitgearbeitet.[1]

Mittlerweile habe ich aber das Gefühl, dem Sachunterricht fehlen nicht so sehr die plausiblen und praktikablen Konzepte. Solche Konzepte liegen vor, werden aber nur in äußerst geringem Umfang realisiert: Der Sachunterricht steht in der Gefahr, sich im dem, was man „offenen Unterricht" nennt, aufzulösen. Es herrscht weitgehend Beliebigkeit in Bezug auf Themen, Materialien und Methoden. Auch plausible und praktikable Konzepte kommen dagegen nicht an. Von daher lohnt es sich, nach einem Ansatz zu suchen, der neue Impulse ermöglicht. Eine Möglichkeit für einen solchen Ansatz sehe ich in der Erwerbsforschung. Deshalb wird sich mein Vortrag relativ stark auf Forschungsfragen beziehen. Ich werde dazu folgendermaßen vorgehen:

- Ich werde mich im ersten Teil relativ stark an den Text2 von Christa Erichson halten und diskutieren, was das, was dort für den Schriftspracherwerb und das Mathematiklernen gesagt ist, für den Sachunterricht heißen kann bzw. welche Fragen sich daraus ergeben.
- Ich will dann in einem zweiten Teil eine kurze Bestandsaufnahme zur Forschung im Sachunterricht versuchen.
- Im dritten Teil werde ich meine Konsequenzen aus dieser Analyse zur Diskussion stellen.

---

[1] vgl. u.a. Gertrud Beck/Siegfried Aust/Wolfgang Hilligen: Arbeitsbuch zur politischen Bildung in der Grundschule, Hirschgraben-Verlag, Frankfurt am Main 1971; Gertrud Beck: Politische Sozialisation und politische Bildung in der Grundschule, mit Begründungen, Zielvorstellungen und Vorschlägen zu dem Arbeitsbuch zur politischen Bildung in der Grundschule, Hirschgraben-Verlag, Frankfurt am Main 1972.
[2] vgl. in diesem Band: Christa Erichson: Erfahrungsoffener Schriftspracherwerb und Überlegungen zur Übertragbarkeit auf das Mathematiklernen.

1. Erfahrungsoffener Sachunterricht?

Christa Erichson nennt als eine der Wurzeln für die Entstehung der Diskussion um erfahrungsoffenen Schriftspracherwerb den *Zusammenbruch der Legasthenieforschung*. Interessanterweise existiert die Diskussion um die Legasthenie ja munter weiter, auch wenn die entsprechende Forschung zusammengebrochen ist, ja, sie wurde um ein Konzept der Diskalkulie ergänzt.

Vielleicht müssen wir hier für den Sachunterricht von einer glücklichen Entwicklung reden, dass es nie so etwas wie eine Disrealie-Diskussion gab. Man kann sich fragen, warum es das nicht gab. Ich vermute, das gab es deswegen nicht, weil der Sachunterricht im Bewusstsein der Öffentlichkeit, der Lehrerinnen und der Eltern wesentlich weniger wichtig ist als Deutsch- und Mathematikunterricht. Sachunterricht zählt zwar, wenn es um den Übergang auf die weiterführenden Schulen geht, zu den Fächern, deren Noten maßgebend dafür sind, ob ein Kind das Gymnasium oder eine Realschule besuchen darf oder nicht; aber im Grunde genommen ist der Sachunterricht trotzdem sekundär gegenüber den beiden anderen „Leistungsfächern". Ich habe noch nicht gehört, dass die Arbeitgeber sich über mangelnde Leistungen ihrer Lehrlinge in Sachfragen beschwert haben. Wir können vielleicht sagen, dass dieses geringe Interesse der Öffentlichkeit ein Vorteil ist, der uns eine Disrealie-Diskussion erspart hat.

Als zweiten Schwerpunkt nennt Christa Erichson, *dass Forschungsergebnisse aus dem Ausland* dazu geführt haben, die Erwerbsforschung vorwärts zu treiben. Wenn man das auf den Sachunterricht überträgt, muss man sich fragen: Gibt es solche Forschungsergebnisse aus dem Ausland, die für uns interessant werden und von denen aus wir neue Impulse für den Sachunterricht gewinnen können? Dazu später mehr.

Christa Erichson konstatiert die *Notwendigkeit erwerbspsychologischer Forschungen*, die Aufschluss darüber geben, „wie Kinder sich tatsächlich – und zwar ohne didaktische Steuerung" – und hier ergänze ich nun: ihrer natürlichen, sozialen und technischen Welt – „nähern".[3] Sie merken bereits: Ich kann nicht „Schriftsprache" oder „mathematisches Denken" ersetzen durch „Sachunterricht" oder „sachunterrichtliches Denken". Über diese besondere Schwierigkeit im Sachunterricht werden wir sicher später noch diskutieren. Es deutet sich hier ein wichtiger Unterschied zwischen Schriftspracherwerb und dem Lernen von Mathematik auf der einen Seite und dem Lernen im Sachunterricht auf der anderen Seite an: Der Sachunterricht hat keine klar definierte und definierbare Struktur, es gibt keine dem Sachunterricht entsprechende Wissenschaftsdisziplin. Der Sachunterricht muss sich auf viele unterschiedlich strukturierte Wissenschaftsdisziplinen beziehen. Im Mittelpunkt des Sachunterrichts stehen viele verschiedene

---

[3] Christa Erichson: Sachtexte lesen, mit denen man rechnen kann. In: Die Grundschulzeitschrift, Heft 48, 1991, S. 23.

punkt des Sachunterrichts stehen viele verschiedene Sachzusammenhänge oder besser gesagt: Phänomene, mit denen man sich auseinandersetzen muss. Und die Frage ist: Gibt es eine einzige Art und Weise, sich mit den Phänomenen auseinanderzusetzen? Und wie lernt man an einem konkreten Phänomen, wie man sich mit einem anderen Phänomen auseinandersetzen kann? Die Feststellung, dass Erwerbsforschung notwendig sei, führt uns also einerseits zu der Frage, was erworben wird, wonach diese Forschung eigentlich schauen muss, sie führt uns aber auch zu der Frage, ob es Ansätze für solche Forschungen für den Bereich des Sachunterrichts bereits gibt. Hier sei meine Einschätzung vorweggenommen, dass es solche erwerbspsychologische Forschungen für den Bereich des Sachunterrichts noch nicht gibt, ja, sie wird z. T. noch nicht einmal als notwendig erkannt. Wenn Forschungsdesiderate zum Sachunterricht aufgezählt werden, wird keineswegs auf die fehlende Erwerbsforschung verwiesen.

Die neuen Paradigmen für die Forschung – so die Aussage von Christa Erichson – *können nur durch die Kinder selbst erschlossen werden*, d.h. sie vermutet, und die Schriftspracherwerbsforschung bestätigt das, dass, wenn man auf die Kinder und ihre Lernwege blickt, auf das, was sie konkret tun, man auf Dinge stößt, die man nie in den Blick bekommen hätte, wenn man von der Sachsystematik her oder aus einem didaktischen Blickwinkel an die Sache herangegangen wäre. Und das, vermute ich, würde auf den Sachunterricht genauso zutreffen. Auch in diesen Kontext würden wir auf Zugriffsweisen der Kinder stoßen, die uns zu veränderten didaktischen Konzepten zwingen würden.

Die bisherigen Ergebnisse der Erwerbsforschung zeigen, dass der *Prozess der Annäherung fortschreitend von einer Zone zur nächst höheren* geschieht. Wiederum haben wir im Sachunterricht die besondere Schwierigkeit, dass es nicht nur *eine* Sache gibt. Es muss eventuell – und das scheint sich in einigen Forschungsbereichen zu erhärten – Forschung in Teilbereichen erfolgen, wobei noch völlig offen ist, für welche Teilbereiche untersucht werden kann, wie sich die Annäherung der Kinder an die jeweiligen Phänomene vollzieht.

Fortschritte der Annäherung sind – so Christa Erichson – *nicht vom System her zu definieren, sondern vom Bewusstsein der Kinder her.*

Das bedeutet aber zugleich, dass Fortschritte nicht von einem einmal definierten, sachlichen Lernziel her bestimmt werden können, sondern die Lehrerin müsste sehen und verstehen, was für ein Kind selbst einen Fortschritt bedeutet, um die Probleme und Fragen in seiner Umwelt zu lösen oder aufzuklären.

Hier ist wiederum deutlich ein Unterschied zu der im Kontext des Sachunterrichts herrschenden Forschung zu konstatieren: Wir haben – und das entspricht vielleicht eher der Lage im Mathematikunterricht – durchaus Grundlagenforschung, auf die man sich im Sachunterricht stützen kann. Das ist aber meistens kognitions- oder entwicklungspsychologische Forschung. Und bei dieser Forschung ist im Grunde genommen immer so vorgegangen worden, wie es im letzten Beitrag deutlich herausgearbeitet wurde[4]: Es werden Situationen geschaffen, in denen Kinder befragt werden und aus dem, was mehrere Kinder ausgesagt haben, wird versucht, eine Skalierung über mögliche Entwicklungslinien zu erstellen. In welcher Situation die Kinder diese Aussage gemacht haben und welchen Sinn bzw. welche Bedeutung die Aussage für das einzelne Kind in seiner konkreten und stets komplexen Situation gehabt hat, bleibt unberücksichtigt. Alles, was zu den auf diesem Wege einmal gefundenen Entwicklungslinien nicht mehr passt, wird in dieser Forschung eliminiert. Zur Verdeutlichung hierzu ein Beispiel:

Ich habe im letzten Sommersemester ein Seminar „Lehr- und Lernprozesse im Sachunterricht" durchgeführt, in dem ich die Studierenden aufgefordert habe, kleine Situationen zu beobachten und zu beschreiben, in denen Kinder sich in irgendeiner Form Phänomenen ihrer Umwelt nähern. Eine Studentin hat dabei über folgende Beobachtung berichtet:

Ein neunjähriger Junge befindet sich im Osterurlaub mit seinen Eltern, seinem Patenonkel und dessen Frau auf einer Wanderung. Ihm ist langweilig und er fängt an zu nörgeln. Der Pate versucht, den Jungen abzulenken und beginnt mit einem „Spiel", das sie schon öfter gespielt haben. Er deutet auf eine Pflanze, z.B. einen Ginsterbusch, und nennt den Namen. Der Junge wiederholt den Namen. Beim nächsten Ginsterbusch fragt der Pate: „Was ist das?" Der Junge hat den Namen schon wieder vergessen. Der Name wird noch einmal genannt. Dann kommen andere Pflanzen hinzu, Felsenbirne, Primel, Veilchen. Die Erwachsenen versuchen, dem Jungen durch unterschiedliche Tipps zu helfen: „Das ist ein G..., G-G-G-G-inster". Als wieder ein Ginsterbusch abgefragt wird, erinnert sich der Junge an das gestotterte „G".

Bei der Felsenbirne sagt ein Erwachsener: „Denk' an deinen Kopf!" Damit kann der Junge nichts anfangen, denn die umgangssprachliche Formulierung „Birne" für „Kopf" ist ihm nicht geläufig. So antwortet er: „Felsenkopf?"

Dann findet der Junge ein Eichelhütchen und hebt es auf. Er setzt es auf verschiedene Fingerkuppen, zupft im Vorbeigehen ein bisschen Moos ab und stopft es in das Hütchen. Jetzt sieht es aus wie ein Körbchen. Der Junge macht einen Plan: Er wird für jeden der Erwachsenen ein Osterkörbchen basteln! Nun fängt er an, gezielt nach Pflanzen, Blumen und Zweigen Ausschau zu halten. Er arrangiert sie zu einem ansprechenden Gebilde. Der Weg ist steil und rutschig. Der Junge stolpert öfter, einige Male stürzt er. Das Körbchen fällt hin. Aber jedes Mal wird das Material wieder sorgfältig einge-

---

[4] vgl. in diesem Band: Bernd Wollring: Zur Sicht auf die „Sachen" – Notizen zum Kontaktfeld von Mathematikunterricht und Sachunterricht in der Grundschule.

sammelt und erneut arrangiert. Insgesamt produziert der Junge vier Osterkörbchen. Dabei entwickelt er einen besonderen Blick für die Beschaffenheit der Pflanzen. Er sucht nach „Saftmoos", weil dieses weiche, wasserhaltige Moos mit längeren Fasern den Pflanzenstengeln den besten Halt gibt. Nach kurzer Zeit weiß er genau, in welcher Reihenfolge er die Pflanzen arrangieren muss: Pflanzen mit weichem Stengel steckt er zuerst in das Hütchen und befestigt sie danach mit Moos, Pflanzen mit hartem Stengel können später in das Moos gesteckt werden. Zu seinem Vater sagt der Junge: „Ich kann dir genau sagen, wie jede Pflanze behandelt werden muss, ob sie einen harten oder einen weichen Stengel hat." Der Junge sucht gezielt nach „etwas Blauem", – „Schau', da ist ein blaues Veilchen", sagt jemand von den Erwachsenen – nach „etwas Hartem" oder nach der Lieblingspflanze seiner Mutter.

Am nächsten Tag nennt der Junge von sich aus alle Pflanzennamen, die er am Vortag gelernt hat. Die Namen sind ihm geläufig, eine Zuordnung zu den Pflanzen gelingt aber nicht in allen Fällen.[5]

Für das Lernen im Sachunterricht ist eine solche Szene sicher vielfach interessant: Vom genauen Hinschauen bis zum Feststellen morphologischer Unterschiede bei Pflanzen hat dieses Kind Wichtiges gelernt, und zwar ohne didaktische Steuerung, ja, ohne dass es selbst bewusst lernend an „die Sache" herangegangen ist. Wichtig war der Sinn, den die Szene für das Kind hatte, und dieser Sinn hat vor allem mit den Beziehungen zu tun. Wie wichtig diese Beziehungen für Kinder sind, wie sehr sie alle offiziellen Lehr- und Lernbemühungen durchziehen, haben Gerold Scholz und ich auch in unserer Langzeitstudie festgestellt.[6] Beziehungen und deren Bedeutungen bleiben in der kognitions- und entwicklungspsychologischen Forschung aber unberücksichtigt, könnten und müssten aber in der Erwerbsforschung einbezogen werden, um die Fortschritte vom Bewusstsein der Kinder aus bestimmen zu können.

Schriftspracherwerb – so Christa Erichson – *ist nur als kognitiver Konstruktionsprozess erklärbar*, die Forschungsperspektive muss sich demnach den Konstruktionsprozessen des einzelnen Kindes zuwenden. Ich schließe mich dieser Feststellung auch für die Lernprozesse im Sachunterricht an. Aber die Konsequenzen, die sich daraus für Lernen im Sachunterricht ergeben, sind bisher kaum durchdacht. Es gab einen Versuch in den 70er Jahren, das CIEL-Projekt aus Reutlingen/Tübingen, bei dem versucht wurde, unterschiedliche Konstruktionen zur Erfassung von Wirklichkeit zum Gegenstand von Unterricht zu machen. Das war ein theoretisch hochinteressantes Projekt,

---

[5] Beobachtungen von Bettina Schaper, vgl. auch: Gertrud Beck/Gerold Scholz: Wie die Löcher in den Käse kommen. Vom Lehren, Lernen und Verstehen, in: Erziehung und Wissenschaft, Zeitschrift der Bildungsgewerkschaft, Frankfurt am Main, Heft 2, 1999, S. 11-13

[6] Gertrud Beck/Gerold Scholz: Soziales Lernen in der Grundschule, Rowohlt Verlag, Reinbek 1995; Gertrud Beck/Gerold Scholz: Beobachten im Schulalltag, Cornelsen Verlag Scriptor, Frankfurt am Main 1995.

aber es ging dabei nicht um die Konstruktionen der Kinder. Im CIEL-Konzept waren es gesellschaftlich-soziologisch eruierbare Konstruktionen, die dann wiederum an Kinder vermittelt werden sollten. Die kognitionspsychologische Forschung wiederum interessiert sich eher für gleiche Abläufe bei jedem Kind. Das hängt auch mit den verwandten Methoden zusammen. Das Herauslösen von Aussagen aus dem situativen Kontext wird immer ein anderes Forschungsergebnis bringen, als wenn versucht wird die Bedeutung komplexer Situationen zu erfassen.

Dass aus der Erwerbsforschung ein *verändertes Fehlerverständnis* resultieren muss, ist einsichtig, da Fehler nur am System gemessen als solche identifiziert werden können. Aus der Sicht des Erwerbsprozesses sind sie dagegen eher Anzeiger für derzeit realisiertes Leistungsvermögen. Übertragen auf den Sachunterricht muss man konstatieren, dass Vorstellungen von Kindern durchaus als Ausgangspunkt des Lernens gesehen werden. Sie werden aber meist nicht in ihrer konkreten Bedeutung für das Kind akzeptiert, sondern nur, um zu bestimmen, von wo nach wo der Unterricht die Kinder bringen muss. Das heißt, ein verändertes Fehlerverständnis kann sich vermutlich erst im Kontext einer differenzierten Erwerbsforschung entwickeln.

2. Stand der Forschung zum Sachunterricht

Der Sachunterricht hatte bei seiner Einführung als Unterrichtsfach in der Grundschule vor allem zwei Wurzeln: die Kritik der Heimatkunde und die Übernahme von Curricula aus dem Ausland, vor allem von naturwissenschaftlichen Curricula aus den USA. Er hatte keine eindeutige Bezugswissenschaft in der Universität. Lehrstühle für Sachunterricht gibt es inzwischen sowohl in erziehungswissenschaftlichen Fachbereichen als auch im Zusammenhang einzelner Fachdidaktiken. Von daher hat sich die Disziplin nur sehr mühsam als wissenschaftliche Disziplin etabliert. 1992 hat sich die Gesellschaft für Didaktik des Sachunterrichts (GDSU) gegründet, durch die die Diskussion um den Sachunterricht wieder neu in Gang gesetzt worden ist. Sie entstand aus einer Kooperation von Didaktikern der Naturwissenschaften und bis heute stehen nur zu oft einzelne Fachaspekte im Zentrum der wissenschaftlichen Bemühungen. Selbst die Diskussion unter den beteiligten Kolleginnen und Kollegen, was Sachunterricht sei und wie ein entsprechendes wissenschaftliches Studium aussehen sollte, ist kaum in Gang gekommen. Entsprechend gibt es bisher viel zu wenig Forschung zum Sachunterricht.

Um die Forschungslage etwas genauer zu umreißen, beziehe ich mich auf eine Zusammenfassung von Wolfgang Einsiedler[7], die er 1996 veröffentlicht hat. Einsiedler nennt darin vier Forschungsschwerpunkte:

- Erprobung neuer Curricula und Unterrichtsansätze
- Analysen von Lehrberichten, Schülermappen und Lehrplänen
- Forschungen zu Schülervorstellungen und Problemlösefähigkeit
- Forschung zum Anschauungsproblem im Sachunterricht,

wobei ich den vierten Punkt nicht als gleichgewichtig zu den drei erstgenannten Punkten einschätze. Für den von mir gewählten Schwerpunkt können die Entwicklungsforschung – Herr Wollring sprach von den „Designern" – und die Analyse von Dokumenten unberücksichtigt bleiben. Für die Forschung zu Schülervorstellungen gilt weitgehend meine zuvor genannte Kritik an der kognitions- und entwicklungspsychologischen Forschung. Ich zitiere hierzu aus einer Veröffentlichung der GDSU, in der Ernst Kirchner an einer Stelle, wo es um Schülervorstellungen geht, das Ziel formuliert:

„Um Alltagsvorstellungen durch naturwissenschaftliche Vorstellungen zu ersetzen".[8] Es erscheint mir leider als typisch, dass Vorstellungen von Kindern nur erhoben werden, damit man weiß, wogegen man ankämpfen muss.

In Bezug auf die Einordnung der Sachunterrichtsforschung in internationale Theoriestränge unterscheidet Einsiedler zwei Ansätze. Zum einen nennt er ältere Ansätze wie „Conceptual Change". Hier geht es nicht um die Akkumulation von Wissen, sondern um die Transformation vorhandener Wissensstrukturen, eine Forschungsrichtung in den USA, die bereichsspezifisch konzipiert ist, z.B. für Bereiche wie Gerechtigkeitsdenken, spezielle biologische Vorstellungen zu Leben, Ernährung, Atmung usw. Daneben beschreibt Einsiedler neuere Ansätze, bei denen es um die Integration und Differenzierung inhaltlichen Wissens geht.

„Wissen wird nicht einfach transportiert, sondern das Individuum konstruiert seine kognitiven Strukturen am besten im Kontext von Aufgaben, die aus authentischen Situationen erwachsen. Die Aufgaben sollen das Verstehen von Umweltgegebenheiten ermöglichen, und sie sollen in einem sozialen Prozess, in einem kommunikativen Austausch gelöst werden." (Einsiedler, S. 16).

Diese amerikanischen Forschungen sind meiner Ansicht nach noch nicht rezipiert, geschweige denn in Forschung umgesetzt worden.

---

[7] Wolfgang Einsiedler: Probleme und Ergebnisse der Sachunterrichtsforschung, Berichte und Arbeiten aus dem Institut für Grundschulforschung der Universität Erlangen-Nürnberg, Nr. 83, 1996.

[8] Ernst Kirchner: Humanes Lernen in den Naturwissenschaften? - Über den Umgang mit Schülervorstellungen im Sachunterricht, in: Brunhilde Marquardt-Mau/Helmut Schreier (Hrsg.): Grundlegende Bildung im Sachunterricht, Probleme und Perspektiven des Sachunterrichts, Bd. 8, S. 146.

Nimmt man noch die klinische Untersuchungen von Elard Klewitz und die Untersuchungen zu Lehr- und Lernprozessen von Kornelia Möller hinzu, so ist die Forschungslage im Sachunterricht, die auch nur ansatzweise sich um Erwerbsprozesse bemüht, bereits weitgehend beschrieben. Erwerbsforschung in dem von Christa Erichson beschriebenen Sinn gibt es nicht, Anregungen durch ausländische Forschungen sind denkbar, wurden aber bisher nicht aufgegriffen.

3. Konsequenzen

Wenn man diese Forschungslage zusammenfasst, bleibt für mich eigentlich nur eine Konsequenz: Es fehlt Forschung zu Aneignungs- und Erwerbsprozessen der Kinder.

Für mich wäre ganz wichtig, wenn es als ersten Schritt Dokumentationen von Lernverläufen einzelner Kinder gäbe, die deren Handeln in authentischen Situationen festhalten – wie in dem Beispiel mit den Osterkörbchen –, um neue Vorstellungen darüber zu entwickeln, was in den Gefühlen und Gedanken von Kindern vor sich gehen kann, wenn sie sich sachunterrichtlich bedeutsamen Phänomenen nähern. Erst aus solchen Beobachtungen müsste sich dann ergeben, ob es möglich und sinnvoll ist, für einzelne Bereiche so etwas wie die Landkarten zu entwickeln, wie sie im Beitrag von Christa Erichson für den Schriftspracherwerb und das mathematische Lernen konzipiert wurden. Als Beispiel sei an zwei Themen ein wenig genauer durchbuchstabiert, was das heißen könnte:

Thema „Wasser"

Das Thema Wasser eignet sich deshalb besonders gut für Überlegungen, wie Kinder sich den Phänomenen ihrer Umwelt nähern, weil es nicht einer spezifischen wissenschaftlichen Disziplin zugeordnet werden kann, sondern einsichtig macht, dass notwendigerweise die Zugangsweisen der Kinder im Zentrum des Sachunterrichts stehen müssen.[9] Aus Überlegungen, wie sich die Kinder dem Phänomen Wasser nähern, haben Gerold Scholz und ich vier mögliche Bedeutungen des Themas für Kinder gefunden: Wasser bedeutet positives Lebensgefühl, Wasser ist ein interessantes Phänomen, Wasser ist Teil der Alltagskultur und Wasser ist ein Thema der Erwachsenen. Von diesen Zugängen aus könnten sich Kinder unterschiedliche Wege zu sachlich wichtigen Aspekten des Themas erschließen. Aus einer Sachanalyse heraus, die sich nicht auf einzelne wissenschaftliche Disziplinen, sondern auf die Bedeutung des Wassers für die Menschen bezieht, schlagen wir vier Aspekte

---

[9] Gertrud Beck/Gerold Scholz: Wasser - ein Thema für vier Jahre Lernen, in: Die Grundschulzeitschrift, Heft 117, 1998, S. 6-11.

als besonders wichtig vor: Wasser ist fluid, kann aber auch seinen Aggregatzustand verändern; Wasser hat Kraft, die positive und negative Wirkungen erzielen kann; Wasser ist ein notwendiges Lebensmittel für Pflanzen, Tiere und Menschen; und Wasser ist ein Symbol von hoher Aussagekraft. Es wäre nun denkbar zu beobachten, wie sich Kinder konkret in Situationen verhalten, was sie tun, welche Theorien sie entwickeln, auf welchen Wegen sie ihr Wissen über Wasser und ihren Gebrauch des Wassers umstrukturieren. Sind es die in der zitierten Karte benannten Stationen, die ihre Vorwärtsbewegung markieren und die weitgehend herkömmlichen Themen des Sachunterrichts entsprechen oder suchen sich Kinder ganz andere Wege, Schritte, Haltepunkte, Wiederholungsschleifen usw.? In welchen Situationen geschieht das? Welche Bedeutung haben einzelne Sachfragen im Kontext der eigenen sozial vermittelten Bedeutung?

Thema „Holocaust"

Erst seit einigen Jahren wird diskutiert, ob und in welcher Form der Holocaust an den europäischen Juden Thema des Grundschulunterrichts sein könnte und sollte.[10] In den USA gibt es im Gegensatz dazu seit langem eine entsprechende Tradition. Heike Deckert-Peaceman promoviert zur Zeit in Frankfurt mit einem Forschungsvorhaben, das ein sehr gut dokumentiertes Beispiel der „holocaust education" rezipieren soll. Sie hat Kontakt mit einer Lehrerin in den USA, die seit Jahren im dritten Schuljahr intensiv am Thema Holocaust arbeitet. Dieser Unterricht ist durch Videomitschnitte dokumentiert. Frau Deckert-Peaceman versucht nun, diese Videodokumente zu analysieren. Sie stößt dabei auf die Notwendigkeit, Kategorien zu entwickeln, die in der Sache begründet sind, z.B. Täter, Opfer, Zuschauer, Helfer (um nur einige wenige relevante Begriffe zu nennen). Sie stößt aber vor allem auf die Notwendigkeit, die Bedeutung des jeweiligen Sachzusammenhangs für das einzelne Kind in der jeweiligen Situation genauer zu interpretieren. Und genau diese über Bedeutungen vermittelten Lernwege herauszufinden, stelle ich mir als eine ausgesprochen notwendige Ergänzung für die Forschung im Sachunterricht vor.

Sowohl im Unterricht als auch in didaktisch nicht gesteuerten Situationen müssten also Lernprozesse dokumentiert und daraufhin interpretiert werden, welche Annäherungen an Sachverhalte die Kinder wirklich vollziehen, um aufgrund solcher empirischen Befunde neu über Lernen im Sachunterricht nachdenken zu können.

---

[10] Gertrud Beck: Holocaust als Thema in der Grundschule, in: Die Grundschulzeitschrift, Heft 97, 1996, S. 11-17; Jürgen Moysich/Matthias Heyl (Hrsg.): Der Holocaust. Ein Thema für Kindergarten und Grundschule? Krämer Verlag, Hamburg 1998.

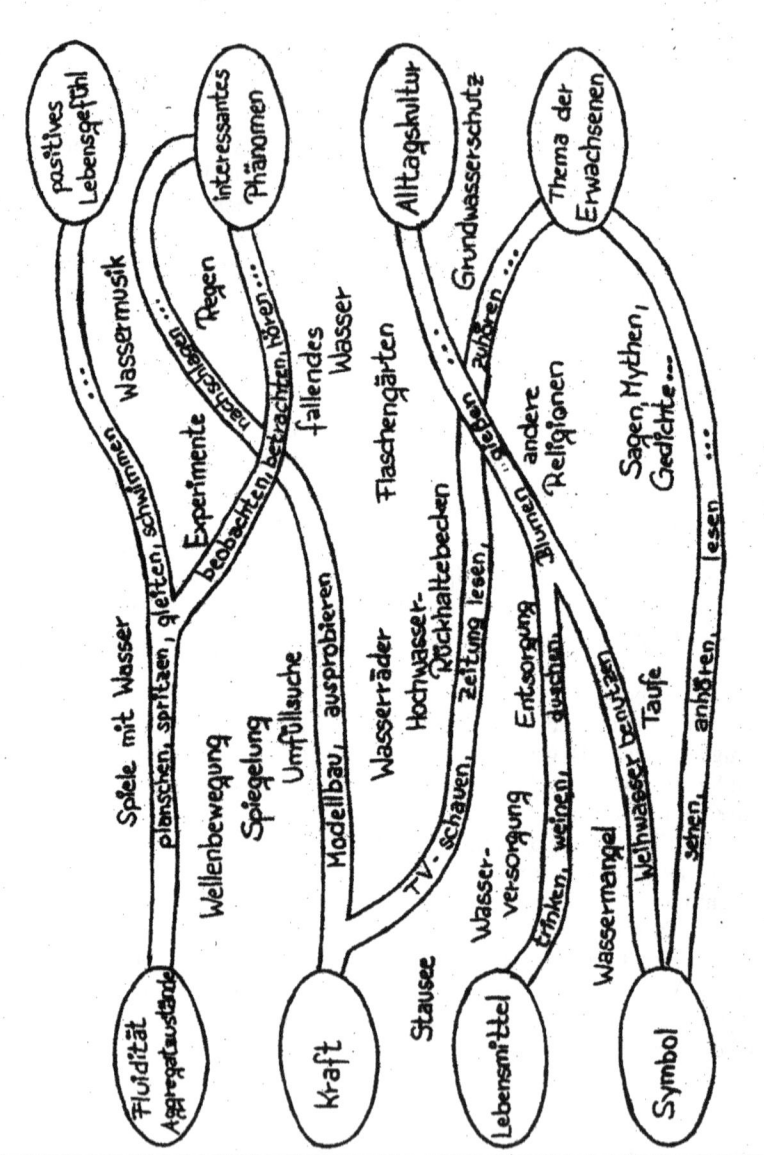

Zeichnung: Susanne Rauterberg, 2000

Marcus Rauterberg[1]

Die Diskussion
Perspektiven eines teilnehmenden Beobachters

0 Vorbemerkungen:

Im Folgenden gebe ich aus der Position eines teilnehmenden Beobachters die im Anschluß an die Referate geführte Diskussion so wieder, dass ihre Offenheit erhalten bleibt, sie gleichzeitig aber auch für diejenigen verständlich wird, die bei der Tagung nicht anwesend waren.

Um die Spontanität und Offenheit der Diskussion nicht der Darstellung zu opfern, habe ich gelegentlich eine ‚dialogische Darstellungsform' gewählt. Der dadurch bedingte Konjunktiv erleichtert nicht das Lesen, gibt aber den Diskurscharakter (und die z.t. in ihm enthaltene Leidenschaft) ansatzweise wieder. Beiträge, die ich dazu aus der Diskussion wörtlich zitiere, können aufgrund des nur auditiven Mitschnitts der Diskussion nicht namentlich gekennzeichnet werden, werden aber *kursiv* hervorgehoben.

Die Rekonstruktion des Diskussionsprozesses wurde insbesondere dadurch erschwert, dass nicht anhand einer thematischen Tagesordnung vorgegangen wurde, sondern nach Rednerliste Beiträge mit Bezügen zu den verschiedenen Themenbereichen, die ich in den folgenden Perspektiven entwickle, abgegeben wurden. Hier mußte die thematische Stringenz für die schriftliche Dokumentation erst erstellt werden. An einigen Stellen ergänze ich die Diskussion um Fragen, die mir im Kontext der Diskussion relevant erscheinen.

Mit der zusammenfassenden Dokumentation unternehme ich nicht den Versuch, nachträglich Tagungsergebnisse zu fixieren, denn Intention auch der dritten Tagung in der Reihe ‚Sache(n) des Sachunterrichts' war nicht, fertige Ergebnisse zu produzieren, sondern prozessorientiert Anregungen für die jeweiligen fachdidaktischen Diskurse der TeilnehmerInnen zu erreichen.

1 Die Perspektiven auf die Diskussion: Ein Überblick

In der ersten Perspektive auf die Tagungsdiskussion steht die Frage der Erwerbsforschung im Mittelpunkt, die in den drei Eingangsbeiträgen thematisiert worden war . Die zweite Perspektive ‚Fremdblicke' greift ergänzend zu

---

[1] Wir danken Michael Brunner für die Transkription der Vorträge.

den Eingangsreferaten, die vorwiegend im Blick auf die eigene Disziplin der jeweiligen ReferentInnen Forschungsergebnisse und -desiderate formulierten, die Einschätzungen der je anderen Disziplinen auf. Diese ‚Fremdblicke' auf der Tagung zu thematisieren war intendiert. In drei fachdidaktisch homogenen Gruppen war der eigene Blick auf die anderen Fachdidaktiken vorbereitend diskutiert worden. Insbesondere mit dieser Perspektive wurde dem tagungsleitenden Ansatz nachgekommen, die Grundannahmen der Disziplinen zu vergleichen.

In der dritten Perspektive trage ich Anschlüsse und Differenzen zwischen den Begriffen des Lehrens und Lernens aus den Referaten und der Diskussion zusammen.

Perspektive vier schließt an die Forderung des Mathematikdidaktikers Wollring an, dass fachdidaktische Forschung auch ausbildungsrelevant sein müsse.[2] In der daraus entwickelten Perspektive ‚Lehre in der Didaktik der Mathematik, des Schriftspracherwerbs und des Sachunterrichts' werden Einschätzungen der momentanen Lehrsituation in den drei Fachdidaktiken rekonstruiert.

Abschließend werden Konsequenzen aus der Diskussion für den Sachunterricht und eine Perspektive für die Tagungsreihe ‚Sache(n) des Sachunterrichts' formuliert.

2 Perspektive I: Erwerbsforschung

Allen TagungsteilnehmerInnen war vor der Tagung der Aufsatz „Erfahrungsoffener Schriftspracherwerb und Überlegungen zur Übertragbarkeit auf das Mathematiklernen" von Christa Erichson zugesandt worden.[3] Dieser umreißt Erwerbsforschung in einem bestimmten Verständnis für den Schriftspracherwerb und fordert sie für die Mathematikdidaktik ein.[4]

Drei untereinander mehr oder weniger differente und ausformulierte Ansätze von Erwerbsforschung, wurden in den Eingangsreferaten von Christa Erichson, Gertrud Beck und Bernd Wollring vorgestellt. Innerhalb dieser und der Beiträge in der Diskussion herrschten nicht nur unterschiedliche Auffassungen über den Sinn und das Erkenntnisinteresse solcher Forschungen, sondern auch über deren Fragestellungen, Methoden und Blickwinkel. Letztlich war selbst die Bezeichnung einer Forschungsrichtung, die den Prozeß des Erwerbs von Wissen – im Sinne von Erkenntnis und Können – in den Blick nimmt, nicht einheitlich, wobei auch Unterschiedliches bezeichnet wurde.

---

[2] vgl. in diesem Band: Bernd Wollring: Zur Sicht auf die „Sachen" – Notizen zum Kontaktfeld von Mathematikunterricht und Sachunterricht in der Grundschule.
[3] vgl. in diesem Band: Christa Erichson: Erfahrungsoffener Schriftspracherwerb und Überlegungen zur Übertragbarkeit auf das Mathematiklernen.
[4] vgl. ebd.

„*Da gibt es auch einen Unterschied in der Begrifflichkeit. Also, das was ich in diesem Sinne unter Erwerbsforschung verstehe, vermute ich mal, ist etwas anderes, als das, wovon Sie sagen, das haben wir schon gemacht.*"

So nutzte der Mathematikdidaktiker Wollring in seinem Referat den Terminus „Forschungen zu Eigenproduktionen"[5], was die Analyse und Dokumentation von kindlichen Lösungen zu mathematischen Problemstellungen meint, im Kontext von Forschungsansätzen, die Christa Erichson und Gertrud Beck mit „Erwerbsforschung" bezeichneten.

Aus der Diskussion lassen sich zwei grundsätzlich differente Auffassungen von Erwerbsforschung rekonstruieren. Vor dieser Differenzierung stelle ich zunächst zur groben Orientierung die Standpunkte der drei Fachdidaktiken zur Erwerbsforschung dar, wie sie die Referate darstellen.

2.1 Die Fachdidaktiken und Erwerbsforschungen:

Christa Erichson konstatiert innerhalb der Deutschdidaktik in Abgrenzung zu Vergleichsforschungen einen Ansatz von Erwerbsforschung, der auch den Schriftspracherwerb von Kindern außerhalb des Deutschunterrichts umfaßt. Didaktische Schlußfolgerung aus dieser Erwerbsforschung ist für sie der Versuch, im Unterricht ‚authentische Situationen' zu schaffen.

Gertrud Beck lehnt sich in ihrem Vortrag an den Ansatz von Erichson an. Sie sieht jedoch diese Forschung im Sachunterricht bisher nicht umgesetzt, „*... ja, sie wird z.T. nicht einmal als notwendig erkannt. Wenn Forschungsdesiderate zum Sachunterricht aufgezählt werden, wird keineswegs auf die fehlende Erwerbsforschung hingewiesen.*"[6] Fokus innerhalb der Erwerbsforschung ist für Beck die Beziehung der Kinder zu den Sachen des Sachunterrichts.

„*Sowohl im Unterricht als auch in didaktisch nicht gesteuerten Situationen müssten also Lernprozesse dokumentiert und daraufhin interpretiert werden, welche Annäherungen an Sachverhalte die Kinder wirklich vollziehen, um aufgrund solcher empirischer Befunde neu über Lernen im Sachunterricht nachdenken zu können.*"

Bernd Wollring beschreibt für die Mathematikdidaktik einen Ansatz, der sich, im Gegensatz zu Beck und Erichson, nicht an außerschulischen sondern an schulischen Lernprozessen und dabei speziell an Eigenproduktionen von Kindern orientiert. Die Mathematik, das mathematische System mit seinen Konventionen steht dabei im Mittelpunkt.

---

[5] vgl. Wollring a.a.O.
[6] vgl. in diesem Band: Gertrud Beck: Erwerbsforschung als Desiderat der Sachunterrichtsforschung.

Damit intendiert der vorgestellte mathematikdidaktische Ansatz stärker als der von Gertrud Beck für den Sachunterricht geforderte Ansatz die Vermittlung des Fachsystems. Aber auch für den Sachunterricht gilt, dass sich Erwerbsforschung nicht loslösen kann von Fachsystem und Gegenstand.

„Man kann das Vorwissen der Kinder nur erfassen, wenn man die Sache im Blick hat."

Daraus folgt für den Sachunterricht, der nicht über ein eindeutiges fachwissenschaftliches Bezugssystem verfügt, die – besondere – Situation, über die Didaktik Bezüge herstellen zu müssen. Das heißt, die Aufgabe der wissenschaftlichen Didaktik ist die Rekonstruktion der jeweiligen Eigenlogiken von Wissenskultur und Wissensaneignung als Voraussetzung für eine Reflexion über intendierte Bezüge.

2.2 Differenzierung: Zweimal Erwerbsforschung

Sinnvoll scheint mir vor dem Hintergrund der geführten Diskussion und der Referate eine Differenzierung der Erwerbsforschungen anhand des ‚Lernortes' vorzunehmen, der bei der Forschung in den Blick genommen wird. Ansätze der Erwerbsforschung lassen sich dann danach unterscheiden, ob sie den Lernort weit, im Sinne der Begegnung der Kinder mit ihrer Umwelt, oder eng, auf didaktisch initiierte Situationen konzentriert, begreifen.

Damit läßt sich als ein erster Ansatz der konturieren, der das Lernen von Kindern am Ort der didaktischen Unterweisung untersucht.
Die Fragestellungen könnten hier lauten:
- Wie sind die Kinder mit dem Gelehrten zurechtgekommen?
- Ist es aufgrund der Lehre zum intendierten Lernergebnis gekommen?

Dieser Ansatz untersucht, was Kinder in didaktisch inszenierten Situationen gelernt haben und zieht daraus Rückschlüsse u.a. auf die Formen der Inszenierung von Unterricht.

Dabei lässt er die Begegnungen und das Lernen der Kinder in Bezug auf Gegenstände, die die jeweilige Fachdidaktik als ihre beansprucht, außerhalb didaktischer Situationen unberücksichtigt. Folglich werden vorschulische und außerschulische Theorien und Erklärungen der Kinder sowie deren Entstehungsprozesse bei diesem Ansatz nicht in den Blick genommen und es kann auf dieser Basis keine Didaktik entwickelt werden, die daran anschließt. Diese Forschung ist nicht als Langzeitforschung angelegt, sie ist nicht am Lernen der Kinder ‚an sich' interessiert, sondern am Lernen der Kinder in der schulischen Lehre. Zielperspektive dieses Ansatzes ist die Optimierung der Lehre, deren Effizienz am Lernen bzw. ‚Gelernt-Haben' der Kinder gemessen wird.

Vor dem Hintergrund dieses Ansatzes wurde aus der Mathematikdidaktik für sich in Anspruch genommen, Erwerbsforschung betrieben zu haben. Die gewonnene Erkenntnis manifestiere sich beispielsweise in Mathematiklehrbüchern darin, Kindern statt nur einem jetzt mehrere verschiedene Zugänge zum Zahlbegriff anzubieten.

Der zweite Ansatz der Erwerbsforschung, der sich aus Referaten und Diskussion konturieren lässt, spricht in seinem Verständnis der Mathematikdidaktik ab, Erwerbsforschung betrieben zu haben. Bleibt man bei der Unterscheidung der Ansätze anhand der betrachteten Lernorte, wird dieser im zweiten Ansatz entgrenzt.

Diese Fragestellungen könnten lauten:
- Wie gehen Kinder mit ihrer Umwelt um?
- Wie begegnen Kinder ihrer Umwelt, konstruieren sich Bilder über sie und werden in ihr handlungsfähig?
- An welchen Punkten revidieren Kinder ihre bisherigen Theorien und entwickeln neue?
- Was macht die Plausibilität einer Theorie für ein Kind aus?

Die Umwelt umfasst in diesem Ansatz auch das Lernen in didaktisch inszenierten Situationen, darüber hinaus aber zugleich das außer- und vorschulische Lernen der Kinder. Methodisch sollen in Langzeitstudien *„Situationen, in denen Lernen stattfindet"* beobachtet werden. Intention dieses Ansatzes ist nicht primär die Effektivierung von Unterrichtskonzeptionen, sondern zunächst die Erlangung neuer Forschungsperspektiven für die Lernforschung. Dabei geht dieser Ansatz von einem Lernverständnis aus, das erfolgtes Lernen nicht nur am intendierten kognitiven Lehr- oder Lernergebnis misst, was außerhalb didaktisch geleiteter Situationen auch kaum möglich wäre.

„Lernprozesse, Verstehensprozesse vor allen Dingen, wenn man es so fasst, sind überhaupt nicht greifbar als kognitive Prozesse, sondern sind eigentlich – ein schwieriges Wort ist ganzheitlich, sage ich nie – aber nur begreifbar als ein Bündel von emotionalen, sozialen – wie auch immer man das fassen will – (...) sind eigentlich nur greifbar als Persönlichkeitsentwicklung."

Damit wird auch die Notwendigkeit von Langzeitstudien innerhalb dieses Ansatzes deutlich. Bestreben jeder Fachdidaktik ist auch, dass die Lernenden zunehmend etwas von den jeweiligen Gegenständen der Disziplin verstehen. Nur in Langzeitstudien könnte ein ‚verspätetes' Verstehen der Kinder bezogen auf diese Gegenstände noch beobachtet werden. Entsprechend der oben gestellten Fragen, wann und warum Kinder ihre Theorien über Sachen revidieren, wurden Anlässe hierzu vielleicht nicht in der konkreten Unterrichtsstunde und nicht bis zum Zeitpunkt ‚t' gegeben, an dem das Wissen laut der didaktischer Planung oder des Forschungskonzepts abgefragt werden muss.

Ein solcher Ansatz stellt Lehrmodelle in Frage, die auf der Annahme basieren, dass Lernen mit didaktischen Konzepten u.a. in Bezug auf seinen

Zeitpunkt gesteuert werden kann. Im Sinne dieses Verständnisses von Erwerbsforschung wären Kinder unbelehrbar aber durchaus lernfähig.

„Und wir lehren und lehren und lehren, und es geschieht auf der anderen Seite auch ein Lernen, aber es kann passieren, dass das, was wir lehren und was gelernt wird meilenweit auseinander liegt und gar keine echte Beziehung hat in dem Sinne, wie wir sie beim Lehren uns vorgestellt haben."

Vielleicht sollte an der Frage weiter gedacht werden: Wer weiß, was in der Schule (von Lehrenden, Lernenden und Forschung unbemerkt) alles verstanden wurde und wird?

Beispielhaft wurde aufgezeigt, dass die Komplexität einer Lernsituation für die Kinder nicht im Lerngegenstand oder im Fachlichen liegen muss. In einer die Person Kind auf den Schüler reduzierenden Forschungsperspektive kann dies jedoch nicht in den Blick geraten.

„Was in der konkreten Situation (, in der die Kinder in Gruppen ein Additionsspiel spielten, MR) eigentlich passierte bei Kindern (...). Ich habe nichts getan, außer zu protokollieren, was in dieser Situation alles geschah und das war so irre. Das Addieren war das geringste. Es liefen die Prozesse zwischen den anwesenden Kindern, wer in welcher Reihenfolge (...), es liefen die ganzen außerschulischen Beziehungen, es liefen Auseinandersetzungen mit Begriffen wie ‚Tod'. Was hat Mathematik mit Tod zu tun? Für Kinder hat es etwas damit zu tun. Das ist nämlich das Verrückte. (...) Und für uns wäre es doch ungeheuer wichtig (zu wissen, MR), was passiert in einer Situation und zwar nicht nur von der Sache aus, sondern auch von dem lernenden Menschen aus und dessen Beziehungsgeflecht in dem der drin steht. (...) Die Komplexität liegt dann zum Teil nicht in der Sache, sondern für die Kinder liegt die Komplexität in der Situation. Das sehen (Studierende im Praktikum, MR) nicht, weil sie von der komplexen Situation nur ihre Sachperspektive wahrnehmen, wenn sie sie beherrschen. (...) Sie haben dann eine Perspektive und merken nicht, in welchem komplexen Zusammenhang das Lernen eines bestimmten Kindes stattfindet. Und das ist der Punkt, an den ich meine, wir müßten mit der Forschung dran kommen. Ich glaube, dass wir auf forschungsmethodischer Seite echte Probleme haben. (...) Ich glaube, dass die Beobachtung ein zentrales Moment für die Forschung und auch für die Lehrerausbildung ist."

Letztlich bleibt auch eine Erwerbsforschung im Sinne des skizzierten zweiten Ansatzes immer auf die Konstruktionen, die die Forschenden entwickeln, bezogen. Sie nehmen an, dass in einer bestimmten Situation Lernen stattfindet.

„Für eine Illusion halte ich es, diese (Systeme der Kinder, MR) mit den Erwachsenen-Kategorien letzten Endes deuten zu können. Da bin ich sehr sehr

vorsichtig. (...) Man muss sehr aufpassen, nicht in den Slang verfallen zu sagen, wir wissen jetzt wie sie denken."

Bezüglich beider skizzierter Ansätze der Erwerbsforschung bleibt die Frage, ob Lernen beobachtbar ist und nicht letztlich nur die Reproduktion des von Lehrkräften oder durch Umweltbegegnung Gelehrten beobachtet wird.

Eine Erwerbsforschung im Sinne des zweiten skizzierten Ansatzes wurde in der sachunterrichtsdidaktischen und in der mathematikdidaktischen Forschung als Desiderat gesehen, im Bereich des Schriftspracherwerbs eher umgesetzt vermutet. Überlegt wurde, ob verhindert werden sollte, auf Basis der Erwerbsforschung Unterrichtsmodelle zu entwickeln, die wieder versuchen, die Unterrichtssituation anhand präkonstruierter Modelle und nicht anhand der Kinder und ihres Lernens zu steuern.

„Selbst wenn wir uns mit Erwerbsforschung auseinandersetzen, besteht dann nicht die Gefahr, dass wir genau dasselbe machen, dass wir sozusagen auf der Kindseite daran arbeiten (...) ein Modell zu haben, dass wir nun wissen, wie es denn nun läuft und darauf ein entsprechendes Curriculum zu konstruieren. (...) Es gibt auf der anderen Seite ja auch noch den Lerngegenstand, das Thema, von dem aus man ja auch konstruieren könnte, (...) Im Schriftspracherwerb haben wir zur Zeit das Problem, da gibt es die eine Gruppe von Leuten, die sehr stark auf der Kindseite arbeitet und daran arbeitet entsprechende Modelle zu konstruieren, (...) dann gibt es auf der anderen Seite die Leute, die von der Linguistik her anfangen zu gucken. Stichwort phonetisch/ phonologischer Schrifterwerb, Bedeutung der Silbe beim Schriftspracherwerb. (...) Sie konstruieren auch Modelle und sagen (...), die Silbe ist soundso konstruiert, hat die und die Struktur, daraus ergibt sich dieses Modell für die entsprechende Didaktik. Ist auch nicht so ganz neu. (...) Aber was ist die Lösung daraus bzw. die Konsequenz daraus? Was ich daraus schlussfolgere ist, man muss vor allen Dingen verhindern, daraus wieder Modelle zu entwickeln. Sei es, dass die linguistisch konstruiert sind, sei es dass sie psychologisch konstruiert sind."

„Was soll die Erwerbsforschung bringen?"

Diese Frage wurde eingangs der Diskussion gestellt und steht für eine Situation, in der die kritische Distanz gegenüber dem jeweils anderen Ansatz relativ groß war. Im Verlauf der Tagung scheint eine Offenheit gegenüber den Potentialen und den Schwierigkeiten des jeweils anderen Ansatzes entstanden zu sein. Insbesondere für den Sachunterricht, den Gertrud Beck in der Gefahr sieht in einem „offenen Unterricht" aufzugehen[7], könnten sich aus einer Erwerbsforschung neue Perspektiven zur Konturierung der Disziplin ergeben,

---

[7] vgl. ebd.

die, wie die Perspektive ‚Fremdblicke' auf den Sachunterricht zeigt, notwendig sind.

3 Perspektive II: Fachfremde Blicke auf die Didaktiken des Sachunterrichts, der Mathematik und des Schriftspracherwerbs: Forschungsergebnisse und -defizite

Was ich unter der Perspektive ‚Fremdblicke' beschreibe, war Schwerpunkt der Diskussion am Samstag. Provoziert wurde sie durch die in ‚fachhomogenen Gruppen' am Freitagabend vorbereiteten Thesen über die je anderen Disziplinen.

Die Perspektive des ‚Fremdblicks' ist letztlich nicht zu isolieren von den Einschätzungen der je eigenen Disziplin. Fachfremde Defizitvorwürfe wurden von den VertreterInnen der Disziplinen gekontert. In die ‚Fremdblicke' fließen somit zumindest implizit auch Einschätzungen der eigenen Disziplinen ein. Die Diskussion um die ‚Fremdblicke' wurde leidenschaftlich, z. T. mit einer gewissen Aggressivität geführt. Dennoch war, so wurde ohne Widerspruch am Ende der Tagung festgestellt, eine Auseinandersetzung und Kommunikation über die Disziplingrenzen hinweg möglich, ohne dass der Eindruck entstanden wäre, permanent aneinander vorbeizureden.

„Wenn wir uns Mühe geben, uns zu verstehen, ist der Überschneidungsbereich größer als ich vorher befürchtet habe. Ich nehme nicht an, dass wir uns vollständig verstehen. Das geschieht wahrscheinlich nie."

Das verbindende Band zwischen den drei Didaktiken wurde in der Grundschulpädagogik *„durch den Zwang sich auf eine gewisse Zielgruppe einstellen zu müssen"* vermutet, *„die es einem nicht so ganz einfach macht, weil man nie weiß, was die Antwort bedeutet auf die Frage, die man grade gestellt hat. Weil man immer unterstellen kann, die meinen etwas ganz anderes als ich denke was sie meinen. Das bringt uns ja in gewisse Probleme in Bezug auf die Zielgruppe Kinder."*

Innerhalb der Diskussion um die ‚Fremdblicke' auf die anderen Disziplinen wurde deutlich, dass sich Fragen, Vorwürfe und Defizitanalysen besonders an den Sachunterricht richten.

„Zum Schriftspracherwerb haben wir (die Gruppe der Mathematikdidaktiker-Innen, die am Vorabend vorbereitend zusammen saß, MR) uns eigentlich kaum verständigt. Aber das liegt nicht daran, dass wir das nicht interessant finden, sondern es gibt so etwas wie ein curriculares Programm im Deutschunterricht. Natürlich kann man daran ein bisschen herumzetern und sagen, da könnte man auch mal wieder durchkämmen. Aber das ist kosmetisch im Vergleich zu dem, was wir im Sachunterricht sehen."

Möglich scheint, dass die Mathematikdidaktik, die sich durch die Existenz eines klar formulierten Bezugssystems verwandt mit der Deutschdidaktik verstand, einige Standpunkte stellvertretend für beide Disziplinen formuliert hat.

„Das liegt auch daran, dass die Spracherwerbsforscher (...) aus ihrem Bezugsfach vielleicht doch harte Standards erben. Die Spracherwerbsforscher sind in meinem Weltbild linguistisch ausgebildet und können in diesen Kategorien denken. So ist es in der Mathematikdidaktik auch. Man weiß schon was harte Methoden sind (...). Und was ist im Sachunterricht? Der ist auch von der Forschungsmethodik her nicht konsolidiert. Es ist an vielen Stellen hart an der Grenze zur Kunde, was da läuft. Und deshalb sehe ich in der Bezugnahme zum Schriftspracherwerb (...) gar keine Probleme. Da wird es auf Synergieeffekte hinauslaufen."

Mit diesem Zitat soll keineswegs die Heterogenität innerhalb der beiden Disziplinen und zwischen ihnen negiert werden, jedoch die von VertreterInnen des Schriftspracherwerbs und der Mathematikdidaktik formulierte ‚Familienähnlichkeit' in der Konfrontation mit dem Sachunterricht, als einer anders strukturierten Disziplin, herausgestellt werden.

Innerhalb der Diskussion um die ‚Fremdblicke' wurde versucht, die Ebene des theoretischen Diskurses beizubehalten, was nicht immer gelang.

- Zum Einen ist der Sachunterricht (wie auch jedes andere Fach) in der Praxis von Disziplinfremden besonders gut beobachtbar. Klischees und Vorurteile sind herrlich verifizierbar.
  „(...) – und sie dürfen mich gerne kreuzigen – anstatt des Bäume–Umarmens und Frösche–Küssens, im Sachunterricht."[8]
- Zum Anderen wird die ‚Mission' des eigenen Faches in der Praxis durch die Existenz anderer Fächer und deren Umgangsweisen mit begrifflich gleichen Gegenständen gefährdet gesehen. Dass es dabei nicht immer um die gleiche Sache geht, wird am Thema ‚Zeit' verdeutlicht:

Sachunterrichtsdidaktikerin: *„Und das Thema Zeit ist ein hochspannendes Thema zumindest zwischen Mathematik und Sachunterricht (...). Wenn in der Mathematik im zweiten Schuljahr mit Zeit gerechnet wird, geht das überhaupt? Oder müssen nicht zuerst mal mit Zeit (...) durch Erfahrungssättigung oder Besinnlichung die Möglichkeiten vorhanden sein, das wahrzunehmen, bevor ich überhaupt damit rechnen kann. Denn das ist eine kulturelle Konstruktion, die über lange Jahrhunderte entstanden ist und ich muss eigentlich erstmal kapieren als Kind, was für eine Sorte Abstraktion das ist, die darin liegt, dass ich eine Uhr benutze.*

---

[8] Eine Ausage aus dem Referat von Bernd Wollring, die er in der schriftlichen Ausgabe des Vortrags leider nicht wiederholt hat.

Was muss da eigentlich vorher passieren? Das ist für mich ein Skandal, dass genau dieses Thema im zweiten Schuljahr im Mathematikbuch einfach aufgegriffen wird als Möglichkeit zum Rechnen und irgendwann im zweiten Schuljahr vielleicht auch mal Zeitmesser im Sachunterricht gebaut werden. Aber das muss nicht zwingend was miteinander zu tun haben."

Mathematikdidaktiker 1: *„Also wir fangen im ersten Schuljahr mit der Zeit an, und im Prinzip sollte der Sachunterricht froh sein, dass wir mit der Zeit rechnen."*

Mathematikdidaktiker 2: *„Aber wirklich!"*

Mathematikdidaktiker 1: *„Also der Sachunterricht sollte hier einen Dank aussprechen, dass die Mathematik die Zeit behandelt. Sie wird nichts falsch machen!"*

Sachunterrichtsdidaktikerin: *„Doch! Das ist ja mein Problem."*

Ausgehend vom Ärger über die Praxis in den anderen Fächern entwickelte sich eine spannungsgeladene Theoriediskussion über die je anderen Disziplinen.

Ich stelle im Folgenden zunächst die ‚Fremdblicke' zwischen der Mathematikdidaktik, als Vertreterin einer Didaktik mit Bezugsdisziplin und der Didaktik des Sachunterrichts dar. Als zweiten ‚Fremdblick' rekonstruiere ich die Blicke des Schriftspracherwerbs und des Sachunterrichts auf die Mathematikdidaktik. Den ‚Fremdblicken' auf den Schriftspracherwerb wird abschließend noch ein Absatz gewidmet.

3.1 ‚Fremdblick' zwischen der Mathematikdidaktik und der Didaktik des Sachunterrichts

Der Mathematikdidaktik wird von sachunterrichtsdidaktischer Seite vorgeworfen, sie fokussiere in ihrer Forschung nur das schulische Lernen, sie sei nicht daran interessiert, wie Kinder Mathematik bzw. Rechnen außerhalb und vor der Schulzeit sehen, in einer Situation also, in der sie (noch) nicht mit der Mathematik, die Gegenstand des Mathematikunterrichts in der Schule und der Fachdidaktik ist, konfrontiert wurden.

Die Didaktik der Mathematik würde über eine veränderte Forschung im Sinne einer Erwerbsforschung neue Gegenstände, insbesondere für den Anfangsunterricht, erhalten können; sie wolle jedoch daran festhalten, die Kinder in ihr System und den Zahlbegriff einzuführen.[9]

Ein Mathematikdidaktiker bestätigte diese Intention. Eine Erwerbsforschung im genannten Sinne sei nicht nötig, bzw. die andere Erwerbsforschung sei in der Mathematikdidaktik z. B. schon darin manifestiert, dass heute in

---

[9] Oder: Sie wolle daran festhalten, ihr System und den Zahlbegriff in die Kinder einzuführen.

Mathematiklehrbüchern verschiedene Zugänge zum Zahlbegriff angeboten würden, also Kinder den für sie gangbarsten Weg zum System auswählen könnten. Die sich entwickelnde Diskussion innerhalb der ‚Fremdblicke' fand im Verhältnis von Sache und System in den drei Disziplinen ihre zentrale Frage.

„*Aber dahinter steht eine Frage (...) nach dem Verhältnis von System und Sache. Es geht in beiden Fächern, Mathematik und Deutsch, darum, dass sie sich für die Sache eigentlich nicht interessieren. Es handelt sich jeweils um die Einübung in eine Art disziplinärem Denken oder Sprechen. (...) Während der Sachunterricht in Anspruch nehmen würde zu sagen: Das machen wir nicht. Also das, was sie sozusagen als Mangel dieses Faches ausgewiesen haben, ist aus unserer Perspektive zunächst mal ein Gewinn. (...) Aber der Kern der Frage ist noch mal die nach dem Verhältnis von System und Sache. Das ist im Sachunterricht in einer spezifischen Weise gegeben. Die kann man als Mangel oder als Problem beschreiben, die kann man aber auch positiv beschreiben, als Möglichkeit.*"

Ob Mangel oder Möglichkeit, in jedem Fall entsteht für den Sachunterricht aus dieser Situation eine spezifische Problemlage, die auch in der Eigensicht der FachdidaktikerInnen gesehen wird.

„*Der Sachunterricht hat keine Wissenschaft, auf die er sich bezieht. Ich sage manchmal aus Spaß, wir bräuchten eine ‚Sachwissenschaft', aber die gibt es natürlich nicht. Immer wenn wir über eine Sache sprechen, kommen wir auf die Sprachspiele der verschiedenen Wissenschaften zurück. Gleichzeitig sagen wir aber, der Sachunterricht ist kein propädeutisches Fach, er orientiert sich nicht an den einzelnen Schulfächern, auch nicht an den einzelnen Wissenschaften, sondern er muss seinen Gegenstand in einer für den Sachunterricht spezifischen Weise konstituieren. Und dann kommt man gewissermaßen auf die Frage der Methode der Konstruktion. Aber die ist nicht von vornherein gegeben. Es gibt keine Möglichkeit, sich auf die Methoden, die Konstruktionsweisen, die Sprachspiele einer einzigen Wissenschaft zurückzuziehen. Und hier kriegen wir ein erkenntnistheoretisches Problem, nämlich, wie kann man überhaupt Gegenstände erkennen, ohne sich auf bestimmte Wissenschaften beziehen zu können. Bzw., das haben wir dann als Vorteil rausgestellt, wir sind gewissermaßen (...) in der Situation vor den Wissenschaften. Wir könnten eigentlich gucken, wie Wissenschaften oder Begriffe oder wie Sprachen entstehen.*"

Bei allem Misstrauen dieser Situation des Sachunterrichts gegenüber wurden ausgerechnet aus dem Kreis der MathematikdidaktikerInnen zwei historische Beispiele genannt, in denen Nicht-Wissenschaftler „*großartige*" Leistungen im wissenschaftlichen Sinne erbracht haben.[10] Insofern hat diese Situation offenbar schon eine Faszination.

Deutlich wurde, dass Lernen im Sinne einer Sachunterrichtsdidaktik nicht eine Einführung in das Sprachspiel eines Systems sein könne. Das Handeln im Sachunterricht wolle ebenfalls auf eine Systematik hinaus, deren Kontur jedoch bedauerlicherweise nicht konkretisiert wurde.

Bezüglich des Gegenstandes des Sachunterrichts wünschten sich die MathematikdidaktikerInnen mehr naturwissenschaftliche Komponenten.

„Der Sachunterricht ist in seinem realen Existieren ideologisiert. Es sind ganz bestimmte ökologisch-politische Standpunkte, die dort mehr verstärkt werden als analytisch-technische. Das muss man konstatieren von außen. Die Frage ist, ob der Sachunterricht sich dieses Politikums bewusst ist. Es kommt natürlich zum Teil auch durch die Vermischung mit den gesellschaftswissenschaftlichen Aspekten. Aber als Mathematiker beklagen wir, dass bei der Verhandlung von Sachunterrichtsprojekten die Analytizität des Denkens nicht eingefordert wird. Das ist in der Mathematik grundsätzlich anders."

In der Analyse lägen im Sachunterricht Defizite, in der Mathematik Stärken.

„Aber da im Sachunterricht auch die Gegenstände verhandelbar sind, ist das im Moment so, als wenn man in einen laufenden Mixer guckt, wenn man versucht, da so `ne Frucht rauszufischen." *„Es geht damit immer ein gewisses Geschimpfe auf den Sachunterricht an, das sich im Wesentlichen an der nicht Fixierbarkeit seiner Gegenstände entzündet. (...) Von da aus, wenn man als Mathematikdidaktiker den Sachunterricht in der Schule beobachtet, dann gerät man ein bisschen unter Spannung, weil da wird gewissermaßen – im Slang gesprochen – die Zeit verbraten, die uns fehlt."*

Dennoch wird von der Mathematikdidaktik der ‚link' zum Sachunterricht in den Gegenständen gesehen. Um den attestierten Zeitmangel des eigenen Faches in der Schulrealität zu mildern, erfolgten auf mathematikdidaktischer Seite Überlegungen, Teile des Sachrechnens in den Sachunterricht zu verlegen. Dieser Vorschlag führte in der Gruppe der SachunterrichtsdidaktikerInnen zu einem ‚Imperialismusverdacht' gegenüber der Mathematikdidaktik.

„Der machte sich oberflächlich fest an einem Argument (...), das eben auch wieder kam, das war das der Zeit. Da geraten wir in eine Konkurrenz um knappe Zeiten. Es geht um Terraingewinne und Terrainverluste."

Der Sachunterricht greift die Frage nach seinem Gegenstand als berechtigt auf. *„Können wir uns eigentlich auf Grundwissensbestände einigen?"*

---

[10] Sobel, Dava: Längengrad. 1998. Robert Kanigel: Der das Unendliche kannte. Das Leben des genialen Mathematikers Srinivasa Ramanujan. 1995.

Die Frage wurde aus der Eigensicht positiv beantwortet.[11] Aus der mathematikdidaktischen ‚Fremdsicht' sei im Sachunterricht neben der ungeklärten Gegenstandsfrage, ebensowenig ein System zu erkennen. Dies wird als Problem aus der Perspektive der Sachunterrichtsdidaktik zugestanden, jedoch immer auch als positive Option gesehen.

3.2 Mathematikdidaktik im ‚Fremdblick' des Sachunterrichts und des Schriftspracherwerbs

Wie sich in der vorausgehenden ‚Fremdsicht' schon abzeichnet, entstand auch in dieser Fremdsicht die Hauptkontroverse mit der Frage nach dem Verhältnis von Sache und System. Als Defizit der Mathematikdidaktik wurde aus dem ‚Fremdblick' formuliert, sie lasse Kind und Sache aus dem Blick, sei geradezu auf ihr System fixiert. Das Kind mit seinem System und seinen Theorien fände in der Mathematikdidaktik zu wenig Beachtung.

„(...) Im Vorschulbereich ist eine unglaubliche Fülle von Lernen gelaufen, über dessen Art wir sehr wenig wissen – bisher. Wir wissen durch die kognitionspsychologische Forschung, es gibt Punkte (...) Die brandharte Aussage ist, in der Mathematik und im Sachunterricht (...) ist diese Forschung im Grunde genommen nicht gelaufen. Wir gehen immer noch von dieser Forschung aus, die kognitionspsychologisch bestimmte Punkte und bestimmte Abfolgen aber nur punktuell ermittelt hat, meistens in künstlichen Situationen, in Situationen, die im Grunde genommen nicht daraufhin überprüft worden sind, was die Situation für das Zustandekommen des erforschten Ergebnisses (gebracht hat, MR). Da werfe ich der Kognitionspsychologie vor, dass sie blind ist gegenüber den Bedingungen, in denen sie ihre eigenen Ergebnisse erhoben hat und das bezeichne ich als das Desiderat."

Die Mathematikdidaktik nimmt diese Kritik an, gesteht zu, wenig in realen Unterrichtssituationen über das mathematische Lernen von Kindern zu forschen und das vorschulische Mathematikverständnis nicht in den Blick zu nehmen. Insbesondere forschungsmethodische Schwierigkeiten würden bei der Einbeziehung von Kinderinteraktionen entstehen.

„Kind-Kind Interaktion wird schwer hebbar."

Die Kritik am Sachunterricht, zu wenig auf ein System Bezug zu nehmen, dreht sich an die Mathematikdidaktik gerichtet um. Von sachunterrichtsdidaktischer Seite wurde die Mathematikdidaktik gefragt, ob sie neben ihrem System auch noch einen Gegenstand ausweisen könne.

---

[11] Innerhalb der Gesellschaft für Didaktik des Sachunterrichts werden zur Zeit die ‚Elementaria des Sachunterrichts' (Perspektivrahmen) diskutiert und zusammengestellt.

„Jetzt mal frech dagegen formuliert: ‚Hat eigentlich die Mathematik einen Gegenstand oder ist sie das nur selber, also so zu sagen das System?'"

Die Sache wäre in der Mathematikdidaktik ebenfalls randständig, sie würde nur zum Transport des Fachsystems (miss-) gebraucht.

„Und sie (die Kollegen in der Mathematikdidaktik und im Schriftspracherwerb, MR), in Anführungsstrichen, missbrauchen die Sache, die möglicherweise dann sogar noch von ihnen in Misskredit gestellt wird, zum Transport ihrer eigenen Fachlogik. (...) Sind die Steine noch Steine, wenn man mit ihnen zählen lernt oder sind das dann eigentlich nur noch irgendwelche Krücken, (...)?"

3.3 Im ‚Fremdblick': Der Schriftspracherwerb

Einige Kritikpunkte am Schriftspracherwerb als einer Disziplin mit Bezugswissenschaft wurden in den anderen ‚Fremdblicken' bereits angesprochen. Insbesondere die Frage nach der Stellung der Sache in dieser Disziplin hatte hier Gewicht. Insgesamt fiel die Kritik am Schriftspracherwerb aus der Sicht der Disziplinfremden moderat aus, da ihm eine Erwerbsforschung und *„eine Sensibilität für die Eigenproduktionen der Kinder"* zugesprochen wurde. Das System sei im Schriftspracherwerb klar erkennbar, das Kind würde einbezogen, so dass das Verhältnis von Kind, Sache und System als ausgeglichen angesehen wurde und wenig Anlass zur Kontroverse gab.

4 Perspektive III: Lehren, Lernen und Unterricht in der Didaktik der Mathematik, des Schriftspracherwerbs und des Sachunterrichts

- *„Man kann Mathe nicht lehren!"*
- *„Man kann Mathe lernen!"*
- *„Kinder sind unbelehrbar!"*
- *„Es mag Lehreffekte geben, die keine sind, obwohl wir angenommen haben, dass sie existieren. Aber ich glaube, es gibt Lehreffekte, die sind verheerend, insofern sind Menschen schon belehrbar."*

Diese Zitate deuten die Heterogenität und Breite in der Perspektive ‚Lehren, Lernen und Unterricht' an.

Einigkeit herrschte darin, dass fraglich geworden sei, ob aus dem Lehrprozess Angaben über den Lernprozess abgeleitet werden können. Der Zweifel an der Effizienz des traditionellen Verständnisses vom Zusammenhang von Lehre und Lernen entsteht aus Beobachtungen der Schulpraxis und ihrer Ergebnisse. Durch Tests in Seminarveranstaltungen an Universitäten zeige sich, dass Studierende als Ex-SchülerInnen über viel ‚falsches' Wissen zu

Unterrichtsthemen ihrer 13-jährigen Schulkarriere verfügen. Hier scheint eine effektive Lernmethode für ‚falsches' Wissen vorzuliegen, die korrigierende Funktion schulischer Bemühungen steht damit in Frage.

Die schulische Lerninszenierung basiert seit langem auf der normativen Idee eines guten Unterrichts mit der Intention, viel und richtiges Lernen erreichen zu können. Darauf baut ein Lehrerausbildungssystem auf, das darauf abzielt, mit präkonstruierten Unterrichtsentwürfen vor ganz konkrete Kinder zu treten, bisher ohne dabei der Beobachtung der Kinder, ihrer Lernwege und der sozialen Interaktion einen relevanten Raum gegeben zu haben. Die Rechnung scheint zunächst aufzugehen, geben doch die SchülerInnen in zeitnahen Tests das Gelehrte weitgehend richtig wieder. Das wurde und wird positiv beurteilt, führte aber dennoch nicht dazu, dass HochschullehrerInnen und VertreterInnen der Wirtschaft letztlich mit den Ergebnissen schulischen Tuns zufrieden sind. Veränderungsbedarf wurde auf der Tagung angesichts dieser Praxisbeobachtungen konsensuell gesehen. Theoretisch können dafür grundsätzlich zwei Ansatzpunkte differenziert werden:

- Veränderungen innerhalb des bisherigen Systems, also Korrekturen auf der Lehr-Seite des Unterrichts für mehr, besseres und richtiges Wissen beim Lernenden. Hier kann die Frage gestellt werden, ob mehr des Selben zum Erfolg führt. Möglich wäre auch, dass in dem Modell ein systematischer Fehler in der Annahme vorliegt, über die Lehre das Lernen linear beeinflussen zu können.
- Eine zweite Möglichkeit zur Verbesserung schulischer Lehre stellt einige traditionelle Grundannahmen über Lehr-Lern-Situationen in Frage. *„Und wir lehren und es geschieht auf der anderen Seite auch ein Lernen, aber es kann passieren, dass das, was wir lehren und was gelernt wird, meilenweit auseinander liegt und gar keine echte Beziehung hat in dem Sinne, wie wir sie beim Lehren uns vorgestellt haben."*

Dazu einige Aspekte:

4.1 Leitbilder von Lehr-Lern-Situationen

„Was passiert beim Lehren beim Lernen?"

Diese ungewöhnlich formulierte Frage verweist darauf, dass anderes Denken über den Zusammenhang von Lehren und Lernen ganz grundlegende Leitbilder des Verständnisses von diesem Verhältnis tangiert, die wir alle in mindestens 13 Schuljahren aufgebaut und in denen wir uns (gesellschaftlich) eingerichtet haben. Schulisches Lernen ist in diesem Denkmodell an das Lehren gekoppelt, wird von ihm abhängig gedacht. Entkoppelt man es gedanklich, entsteht ein noch unbestimmter Raum, ein Bruch, der auf der Tagung für schulisches Lernen von Kindern als fruchtbar eingeschätzt wurde, den zu ertragen jedoch ein hoher Anspruch ist, den wir Kindern – sofern es gelingt – in der Schule permanent zumuten (wollen).

"Es gibt ja eigentlich die Situation, dass gesellschaftlich ein bestimmtes Phänomen immer mit einem bestimmten Deutungsmuster verbunden wird. Warum ist eigentlich der Apfel immer ein biologisches Thema? Es könnte ja auch sonst was anderes sein. (...) Und wenn die Schule einen Sinn machen soll, dann kann sie nicht die Wirklichkeit außerhalb der Schule wiederholen, sondern dann muss sie genau diese Außenwirklichkeit in Frage stellen."

Der Druck zur Veränderung einer Theorie, der durch solche Brüche entstehen soll, müsste für Kinder, Forscher und Gesellschaft schon hoch und real empfunden werden, damit nicht sehr schnell wieder auf alte Erklärungsmuster, oder in diesem Fall Unterrichtsmodelle, zurückgegriffen wird. In der Schule müssen Lernende parallel dazu zumindest eine Zeit lang in der Lage sein, das Gelehrte wiederzugeben. Dies ist in der real existierenden Schule vielleicht bis zur nächsten Prüfung der Fall. Es scheint aber, dass aus den schulisch initiierten Problemen kein Druck für das eigene Leben und das eigene Lernen entsteht, woraus eine nachhaltige Theorieveränderung resultieren könnte.

Der ‚link' zum eigenen Leben, der Versuch, Lernen als Möglichkeit zu verbesserten Handlungsmöglichkeiten im eigenen Leben begreifbar zu machen, wird als ein Ansatz zur Verbesserung von Lernergebnissen erwogen. Dazu entwickelte sich die Frage, ob Aufgaben in einer Weise gestellt werden können, die das Ziel und das Leben der Kinder tangiert.

"Gelingt es Erwachsenen, Kindern Aufgaben zu stellen, die dann für diese Kinder zu ihrem Ziel werden können, das sie bearbeiten wollen?"

Darf Schule das? Kann Schule den Versuch verantworten, Kinder in Situationen zu versetzen, in denen sie ihre Theorien als unzureichend erfahren, jedoch noch nicht auf neue Theorien und Handlungsmuster zurückgreifen können?

"Dass Geschichten (in Kritzelbildern grafisch bzw. schriftlich, MR) fixiert werden können, wissen sie (die Kinder, MR) schon relativ früh und lesen es der Omi vor, was sie da geschrieben haben. Und dann kommt (...) für uns Forscher (...) ein gewisser Bruch in dem Moment, wo sie diese Laut-Buchstabe-Korrespondenz entdecken, und dann nicht mehr spontan schreiben können, also spontan jetzt lange Texte schreiben können, sondern gerade eben zwei, drei Wörter (...), die wesentlich mehr bedeuten in den Köpfen der Kinder."

Der Bruch des eigenen System am Fachsystem führt zu einer, zumindest zeitweise, verminderten Handlungsfähigkeit. Darf Schule bzw. muß Schule das fordern? Wie kann sie das legitimieren? Mit der Annahme, dass im Verzicht auf Brüche und in der Distanz zum außerschulischen Leben ein Erklärungsansatz für die mangelhaften Ergebnisse schulischen Arbeitens liegt?

4.2 Zwischen Lehre und Lernen: Die zwei Seiten des Vermittlungsbegriffs

Der Begriff der ‚Vermittlung' kann zwei fast gegensätzliche Bedeutungen haben:

- Einmal bezeichnet er den Prozeß der schulisch inszenierten Verbindung zwischen Kind und Sache und daran anschließend den Versuch, das, was gelehrt wird, auch als das Gelernte ausweisen zu können. Dieser Vermittlungsbegriff beruht auf der Unterstellung einer kausalen Beziehung zwischen Lehren und Lernen.
- Der andere Vermittlungsbegriff beruht auf der Annahme einer arbiträren Beziehung zwischen Lehren und Lernen. Vermittlung meint hier, die Möglichkeit zu eröffnen, in der das lernende Kind die Beziehung zwischen Lehren und Lernen selbst herstellen muss.

Denken wir Lehren und Lernen in diesem Sinne als different, sollte sich dies auch auf der begrifflichen Ebene manifestieren. In der Debatte um Erwerbsforschung wurde immer wieder betont, wie wenig über die Prozesse auf der Seiten der Lernenden gewusst wird. Natürlich kann man etwas, von dem man nicht weiß, was oder wie es ist, bezeichnen, andererseits verdeckt die geklärte begriffliche Ebene oftmals die Unklarheit des realen Vorgangs. Insofern sollte hier vielleicht zunächst eine Begriffslücke bleiben.

Es gab jedoch Vorschläge, wie Lehren ohne den kausalen Vermittlungsanspruch neu formulierbar wäre:

„Lehre, verstanden als verstehende Hinwendung zum Kind und das Explizit-Machen dessen, was da bereits gezeigt wird, um dann die Handlungsmöglichkeiten der Kinder zu erweitern"

Positiv wurde für den auf Schülerseite intendierten Prozeß der Begriff des „Verstehens" anstelle des Lernbegriffs aufgenommen.

„Es ist ein Begriff in den Mittelpunkt gerückt, der heißt Verstehen und nicht Lernen."

4.3 Zwischen Lehre und Verstehen: Der Gegenstand

Nimmt man Lehren und Lernen als voneinander getrennt an, betrachten Lehrende und Lernende dann den gleichen Gegenstand? Bringen Lehrende einen Gegenstand mit, erscheinen auf der anderen Seite der Lücke bei 25 SchülerInnen andere, ohne dass dies von Lehrenden und Lernenden bemerkt wird? Beispielhaft wurde der Hintergrund dieser Frage im Referat von Gertrud Beck am Thema „Wasser" erläutert.[12] DidaktikerInnen kamen auf letztlich vier Dimensionen, die Wasser für Kinder haben könnte. Ob sie diese (in der konkreten Unterrichtssituation) haben, kann nicht beantwortet werden, vermutet wurde, dass auch beim Thema Wasser die kindlichen Zugänge stark von den Kontexten der Begegnungssituation und den Vorerfahrungen mit Wasser abhängen, die in die vorgängigen didaktischen Überlegungen nicht einbezogen werden können.

In Anbetracht der aufgezeigten Desiderate in der Erwerbs- bzw. Verstehenswegforschung und des z. Zt. von politischen und wirtschaftlichen Repräsentanten wieder verstärkt eingeforderten konsensuellen Wissens wäre es folgerichtig (und in dem Sinne wünschenswert), wenn die Gegenstandsvorstellungen des Kindes/ des Lernenden keine Beachtung fände, da ihnen zumindest für das intendierte Lernergebnis keine Relevanz zugesprochen wird.

Das Kind als ‚tabula rasa' in Bezug auf die Sachen des Schriftspracherwerbs, des Mathematik- und des Sachunterrichts würde in der Grundschule angefüllt mit mathematischem, schriftsprachlichem und sachunterrichtlichem Basiswissen, um auf dem didaktisch vorgeplanten Weg den nächsten normierten Schritt zu tun. Der Sachunterricht bräuchte diesen Ansatz nicht zu übernehmen, sofern er die / seine Sache in ihrer etymologischen Bedeutung als Verhandlungssache begreift. Lehren und Verstehen im Sachunterricht könnte bedeuten, auszuhandeln, was die Sache des Unterrichts ist. So könnten im Verhandlungsprozeß verschiedene Perspektiven der Kinder, – durch die LehrerInnen eingebracht – der Gesellschaft und der Wissenschaften im Unterricht öffentlich gemacht und in ihrer Perspektivität reflektiert werden. Dabei wären Brüche der eigenen Perspektiven an denen der anderen möglich. Was falsch und richtig ist, wird insbesondere bei sozialen Phänomenen schwer zu entscheiden, noch schwerer zu begründen sein. Im naturwissenschaftlich-mathematischen Bereich, wurde von der Mathematikdidaktik angeregt, müßte, über die Funktionalität der ausgehandelten Ergebnisse für das Handeln in der realen Welt, ihre Beurteilung und ggf. eine Revision der eigenen Modellbildung erfolgen. Die erarbeitete Lösung stände unter dem Anspruch, dem Problem gerecht werden zu müssen. Mit der gedanklichen Einbeziehung einer Lücke zwischen Lehren und Lernen verändert sich der Lehrgegenstand auf seinem Weg zum Lerngegenstand. Muss in der Schule

---

[12] vgl. Beck a.a.O.

seinem Weg zum Lerngegenstand. Muss in der Schule über den gleichen Gegenstand zum gleichen Ergebnis gekommen werden? Dies tangiert das Verständnis des Fehlers innerhalb der Lehre.

4.4 Zwischen Lehre und Verstehen: Zur Bedeutung des Fehlers

Ein zentraler Aspekt der Spracherwerbsforschung liegt nach eigenen Angaben in der Erarbeitung einer anderen Bedeutung des Fehlers für das Lernen.

Der Fehler – z.B. in der Orthographie – würde als Ergebnis einer in sich logischen Theorie des Kindes verstanden. Für Lehrende sei der Fehler Ansatzpunkt, um die Theorie des Kindes sehen und verstehen zu können, für das Kind sei er notwendig, um sich mit seiner zunächst funktionalen Theorie auseinandersetzen zu können.

Lernen wird in diesem Verständnis nicht von seinem Ergebnis her gesehen, sondern als Prozeß, der Revision von Theorien anhand von Fehlern. Hier wäre noch über einen Begriff nachzudenken, dem weniger das Image des Defizitären anhaftet.

Zur Bewertung von Fehlern in didaktischen Situationen bleiben Fragen, wie zum Beispiel:

- Kann man den Zeitpunkt festlegen, an dem ein Lernziel erreicht sein muss?
- Sollte sich Lehre darauf beschränken (oder erweitern), komplexe und relevante Situationen bereitzustellen, denen Lehrende einen ‚Lernherausforderungscharakter' zuschreiben?
- Inwieweit dürften die dann sogenannten „Lernbegleiter" in den Lernprozeß eingreifen, insbesondere, wenn seine Ergebnisse im Sinne der herrschenden gesellschaftlichen oder wissenschaftlichen Auffassung als falsch anzusehen sind?

Zum Umgang mit solchen Fragen wäre zunächst das grundsätzliche Verständnis des Fehlers zu klären, was laut Sachunterrichtsdidaktikerin im Sachunterricht auf breiter Ebene bisher nicht erfolgt sei. Die Mathematikdidaktik sieht einen Wandel ihres Fehlerverständnisses. Der Fehler würde heute nicht mehr als Defizit betrachtet werden.

Wird Verstehen als Prozeß verstanden, in dem Theorien, die als unzulänglich erkannt wurden, modifiziert werden, wäre der Fehler die grundlegende Basis für letztlich richtiges Wissen. Der Fehler wäre nicht mehr Defizit im Lernprozeß, sondern dessen Ausgangspunkt.

4.5 Zwischen Lehre und Verstehen: Aufgaben und Situationen als Ausgangspunkte des Verstehens, Disziplinierung und andere Ziele

Die Frage der Aufgabenstellung und der Lernsituation, insbesondere der ‚authentischen Situation' wurde wiederholt diskutiert. Lernen sei die *„Kon-*

struktion kognitiver Strukturen in authentischen Situationen anhand von Aufgaben ". Aufgaben zuzulassen, die dieser Anforderung genügten, wurde als große Herausforderung an die Lehrenden verstanden, die didaktisch weiterführen könnte.

„Wer stellt die Aufgabe? Ist es der Erwachsene, der denkt, dass er die Aufgaben stellen muss? Oder ergibt sich die Aufgabe – automatisch ist ein schlechtes Wort – (...) in der konkreten Begegnung mit einem Sachverhalt beim Kind selbst?"

Damit wären die Gegenstände des Unterrichts weniger die Sachen ‚an sich', als vielmehr die situativen Beziehungen der Lernenden zu den Sachen. Das steht im Konjunktiv! In der z.Zt. realen Situation wird den – vorgegebenen – Themen des Sachunterrichts eine gegenteilige Intention unterstellt, die gerade die persönliche Verbindung eliminieren soll.

„Wenn ich mir Schulbücher, viele Schulbücher oder Lehrpläne angucke zum Sachunterricht, dann geht es da überhaupt nicht um die Frage, was soll man im Winter anziehen oder was soll man im Sommer anziehen, sondern dann geht es um eine Disziplinerziehung. Du sollst lernen, dass.... Die ganzen sozialen Themen sind im Grunde genommen reine Disziplinthemen, die naturwissenschaftlichen Themen sind reine Disziplinthemen, indem sie darin einüben, in eine bestimmte Denkweise zu kommen, die eine gewisse Distanz zu sich selber voraussetzt usf.."

Die im Zitat gesehene Disziplinierungsfunktion der Arbeit an den Sachen würde ins Abseits geraten, sofern auf die eigenen Beziehungen der Lernenden zum Gegenstand zurückgegriffen würde.

Andere DidaktikerInnen sahen weniger die Aufgabenstellung, sondern vielmehr die Situation als ersten Schritt für die Anbahnung von Lernprozessen an.

„Wie können wir im Sachunterricht Situationen schaffen, in denen Kinder ihr Verständnis von der Welt zunächst einmal formulieren? Es geht mir nicht primär um die Aufgabenstellung, sondern es geht mir eher darum, Situationen bereitzustellen, an denen Kinder mit Sachverhalten, Phänomenen in Berührung kommen und dann erstmal ihr Verständnis der Welt formulieren. Und dann sehe ich die Aufgabe des Sachunterrichts nicht darin, konkrete Fragestellungen zu formulieren, die das System da irgendwo im Hintergrund haben, sondern es geht mir darum, mit den Kindern gemeinsam ihre Fragestellung zu formulieren. Das können sehr unterschiedliche Fragen sein, die sich von den Interessen der Kinder her festmachen und ihren Vorerfahrungen, ihren Theoriebildern. Und dann ist es die Aufgabe des Unterrichts, diese kindlichen Theorien weiterzuentwickeln."

Ist Disziplinierung das eigentliche Lehrziel scheinen die von Christa Erichson eingeführten ‚authentischen Situationen' und auch Situationen, in denen auf Theorien und Fragen der Kinder eingegangen wird, nicht erstrebenswert. Wo könnte dabei die disziplinierende, gesellschaftlich konsensuelle Deutung über die Sachen wieder eingeführt werden?
Der Vorschlag Erichsons in der Schule mit ‚authentischen Situationen' zu arbeiten, wurde auch vor dem Hintergrund anderer Überlegungen kritisch in Frage gestellt:

- Kann es ‚authentische Situationen' in der Schule überhaupt geben oder ist Schule per se inszeniert?
- Wer beurteilt die Authentizität einer schulischen Situation? LehrerInnen und DidaktikerInnen, die strukturell ‚authentische Situationen' schaffen oder die Kinder, die die Situation als identisch mit ihrer außerschulischen Lebenssituation erkennen?
- Inwieweit nehmen Kinder wahr, ob eine Situation authentisch oder inszeniert ist und entwerfen entsprechend unterschiedliche Handlungsmuster?
- Inwieweit kann aus ‚authentischen Situationen' ein Bruch entstehen, der zur Befassung mit diesem Gegenstand herausfordert? Ist die ‚authentische Situation' nicht gerade die Situation, die nicht – mehr – eine besondere ist, vielmehr den Charakter hat, schon geklärt zu sein? Hat das Kind, haben wir nicht in ‚authentischen Situationen', die uns einmal fragwürdig schienen (damals (!) war die Frage), die von uns als zu klärende Aufgabe begriffen worden waren, auch Lösungen gefunden, die so weit trugen, dass wir mit ihnen leben konnten, ohne sie zu revidieren?

Betont wurde mehrfach, dass das Ziel des Lehrens sein müsse, Lernen zu evozieren, das über die bisherigen Erfahrungen hinausgeht. Dabei stellt sich wieder die Frage des Ziels: Kann Schule als gesellschaftliche Institution darauf verzichten, Zielnormen aufzustellen? Welche Toleranz wäre bei der Zieldefinition akzeptabel?

Wenn man den Zielraum als gesellschaftlichen oder wissenschaftlichen Konventionsraum versteht, ergibt sich dann nicht auch für Kinder, die in einer Gesellschaft leben, die existentielle Notwendigkeit, dieser Konventionen mächtig zu sein, nicht nur um am Erwerbsleben, sondern um am sozialen Leben, an Kommunikation und Interaktion der Gesellschaft teilhaben zu können? Der Konventionsdruck, so formulierte Wollring in seinem Referat, sei im bisherigen Mathematikunterricht gegenüber den beiden anderen Fächern sicher besonders hoch.[13] Zu oft würde lediglich Wert auf die Kenntnis und korrekte Anwendung der Konvention gelegt und wenig die Entscheidungspotenz der Ergebnisse mathematischer Operationen für das reale Leben

---

[13] vgl. Wollring a.a.O.

gesehen.[14] Die teilweise in der Sachunterrichtsdidaktik geführte Diskussion um ‚Ästhetische Bildung' kann den Sachunterricht möglicherweise etwas vom Konventionsdruck einer wissenschaftsorientierten Sachkunde befreien.[15]

Für den Sachunterricht ergibt sich allerdings oftmals mehr die Frage, wo denn die Konvention, auf die er abzielt, überhaupt zu sehen ist, sofern er sich nicht propädeutisch auf die Schulfächer der Sekundarstufe bezieht. In Ermangelung einer wissenschaftlichen Bezugsdisziplin flossen und fließen in den Sachunterricht Konventionen verschiedener Bezugsdisziplinen ein, wie von Gertrud Beck dargestellt, vorwiegend naturwissenschaftliche,[16] möglicherweise auch traditionell heimatkundliche, wobei deren Konventionen erst noch geklärt werden müssten. Für den Schriftspracherwerb und die Mathematikdidaktik liegen aus den jeweiligen Bezugswissenschaften klare Konventionen vor, die auch Sache der jeweiligen Didaktiken und des Unterrichts sein können; aber, was über die disziplinäre Konvention Hinausgehendes? Da ist der Sachunterricht mit seiner, zumindest auf der begrifflichen Ebene, lange propagierten Kindorientiertheit und der Orientierung an der Lebenswelt der Kinder auf einem anderen Weg, wobei fraglich bleibt, an welcher Stelle in der didaktischen Planung und im Unterricht die Kindorientierung real und programmatisch zum Tragen kam und kommt.

5 Perspektive IV: Lehre in der Didaktik der Mathematik, des Schriftspracherwerbs und des Sachunterrichts

Die Perspektive der Lehre in den drei Fachdidaktiken geht von den in den Referaten und der Diskussion formulierten Defiziten an der universitären Lehre und den von den TeilnehmerInnen der Tagung beobachteten Defiziten in der Unterrichtspraxis der Fächer aus.

Bernhard Wollring konstatiert unterschiedliche Einstellungen der GrundschullehrerInnen zu den drei Unterrichtsfächern. Um die Sprachschöpfungen seien die LehrerInnen bemüht, der Sachunterricht sei glaubwürdig, da die LehrerInnen die Gegenstände auswählten, die ihnen ein Anliegen seien, nur in Mathematik hielten die LehrerInnen eine große persönliche Distanz zum Gegenstand, gäben ihn nur an die SchülerInnen weiter.[17] Daraus formuliert er ein Problem für die mathematikdidaktische Ausbildung. Die Lehre an der Universität würde lediglich zu einer Bevorratung mit mathematischem

---

[14] vgl. ebd.
[15] Ein Blick in Lehrpläne insb. aus der Zeit von 1970 bis 1980 offenbart zwar nicht ein eindeutiges wissenschaftliches Bezugssystem, jedoch anhand der seitenlangen Lehr- und Lernzielkataloge den hohen Konventionsdruck, der von staatlicher Seite auf die Sach-Kunde ausgeübt wurde.
[16] vgl. Beck a.a.O.
[17] vgl. Wollring a.a.O.

Wissen führen. Dieses wird von den Mathematikdidaktikern als unverzichtbares Werkzeug und notwendiges Hintergrundwissen für den Nachvollzug kindlicher Erklärungen, jedoch als Ziel der universitären Lehre nicht ausreichend erachtet. Mathematik als Grundlage von Entscheidungen, von Beurteilungen für das Handeln in der Welt zu begreifen, wäre ein Ziel der Lehre, das in der LehrerInnenausbildung nicht erreicht sei.

Vor diesem Hintergrund kann Wollrings Aussage, dass im Mathematikunterricht die *„Mathematik zur Stärkung der Urteilskraft"* bei den nicht fachdidaktisch ausgebildeten Lehrkräften zu wenig gepflegt werde, auch auf einen Teil der gelernten MathematiklehrerInnen ausgeweitet werden. Dies darf nicht als arrogante Herabsetzung der MathematiklehrerInnen verstanden werden, sondern als Situation, die – wenn ich Wollring richtig verstehe – als Folge aus einem von ihm gesehenen Defizit in der Ausbildung resultiert, das mit dem gesellschaftlichen Verständnis von Mathematik korreliert und im Studium offenbar nicht gebrochen wird.

Für Wollring geht es in Forschung und Ausbildung zukünftig nicht nur darum, *„Lehr-Lern Verfahren für mathematische Techniken zu optimieren."* Vielmehr zielt er ab auf eine *„ganz bestimmte geistige Grundhaltung in der Mathematik. Nämlich, auf eigene Weise mit formalen Instrumenten schöpferisch tätig zu sein, um Befunde und Urteile zu fällen."* Kinder täten dies von sich aus. Im Mathematikunterricht würden Kinder, sofern man ihnen Raum ließe, eigenständig *„tools"* zur Problemlösung generieren. Diese würden von Grundschulkindern sogar je nach Adressat modifiziert werden.

Dieses Verständnis soll sowohl in die universitäre Lehre als auch in die Fortbildung einfließen, was aber an der momentan von Wollring ausgemachten konsumptiven Grundhaltung der Lehrkräfte scheitere.

Das Bewußtsein zu wecken, dass Bedeutung und Nutzen der Mathematik über das mathematische System hinausgeht, dass die Lehre in der Mathematik etwas anderes, als die Weitergabe des Systems ist, sieht Wollring als Vertreter der Mathematikdidaktik als Aufgabe, der sich die Disziplin in Zukunft verstärkt widmen müsse.

Eine andere Blickrichtung auf die Lehre wird von der Sachunterrichtsdidaktik vertreten. Hier soll das Kind schon in der universitären Ausbildung mehr in den Blick genommen werden.

Ausdrücklich wird gegen frühe schulpraktische Studien innerhalb des Studiums argumentiert. Das Kind würde im Schulpraktikum aufgrund der Unerfahrenheit junger Studierender im Unterrichten schnell aus dem Blick geraten, bzw. gar nicht in ihn hinein. Am Anfang des Studiums seien Studierende im Praktikum zu sehr auf den Inhalt, ihr didaktisches Konzept und dessen Durchführung konzentriert. Das Kind gerate in dieser Situation leicht in die Rolle des potentiellen Störers dieser Konzepte.

„Wir sind am Experimentieren mit einer Fülle von Veranstaltungen (zu den schulpraktischen Studien, MR), die ganz anders gehen, die thematisch orien-

tiert sind, die sehr stark das Beobachten-Lernen ins Zentrum stellen, die sehr häufig mit Beobachtungsaufträgen verbunden sind. Also, ich kann mein letztes Beispiel gerade benennen. (...) Die Leute sind jetzt seit einem guten halben Jahr in der Schule drin. Und allmählich, wenn sie was erzählen, kommt der Satz: ‚Am Anfang hab ich ja gedacht, aber jetzt...' Und ich merke sehr deutlich, wie die jetzt anfangen, sehr viel mehr bei den Kindern zu sehen, weil sie am Anfang immer nur das Unterrichtskonzept im Kopf haben. ‚Ich als Lehrerin soll lehren!' und dieser Perspektivwechsel zu ‚Was tun die Kinder?', ‚Was machen die eigentlich?', das kostet Zeit, bis man wirklich sich dem zugewandt hat. Ist aber dann hochinteressant, und für mich im Moment eigentlich der Weg, der auch ein wissenschaftliches Studium legitimiert. Also Beobachtung ist praktisch für alle unsere Zusammenhänge eine der wissenschaftlichen Methoden, und es ist auch für die Professionalität der handelnden LehrerInnen ein ganz wichtiges Moment."

Auch VertreterInnen der Mathematikdidaktik sprachen sich gegen frühe schulpraktische Studien aus, jedoch anders begründet:

„Ich bin ein erklärter Gegner früher unterrichtspraktischer Versuche im Studium, weil ich im Gegensatz zu dem, was mir bei den Pädagogen begegnet, die den schulpraktischen Studien orientierende Funktion zuschreiben, eher die professionalisierende Funktion sehe. Man dürfte ruhig etwas vom Fach verstehen, bevor man die (...) ‚Lizenz zur Unterweisung' kriegt, muss man erstmal die Fähigkeit zum Gucken haben. Und die frühen Unterrichtsversuche haben die teuflische Wirkung, dass die alten Routinen transportiert werden. Und da ist die Mathematik ein ganz besonderes Opfer."

Aus dieser Position wird bei Studierenden vor der Lehrpraxis ein Sach- und Systemverständnis gefordert. Diese Forderung sollte der Sachunterricht auch für sich überlegen. Eine unreflektierte Tradierung von Themen und eine unkomplexe Aufarbeitung, der dem Sachunterricht vom Schriftspracherwerb unterstellten komplexen Gegenstände, wurde von mathematikdidaktischer Seite für den Sachunterricht diagnostiziert.

„Für den Sachunterricht wurde dagegen (von der Gruppe Schriftspracherwerb, MR) die Auffassung vertreten, dass dort grundsätzlich komplexe Gegenstände und damit auch komplexe Aufgabenstellungen schon (...) selbstverständliche Voraussetzung seien, so dass eigentlich nicht das Problem sei, komplexe Aufgabenstellungen zu formulieren, sondern das Problem sei eher, Komplexitätsreduktion zu betreiben."

Dabei ist auch zu fragen, ob die universitäre Lehre im Sachunterricht LehrerInnen die Komplexität (von scheinbar einfachen bzw. eindeutigen Sachen z.B. Post oder Brot) sehen läßt und zugleich, ob sie sehen, dass Kinder auf ihre Weise sehr wohl auch mit Komplexität umgehen.

Eine Reduzierung der Komplexität aus Gründen einer vermeintlichen Kindgemäßheit (a lá Heimatkunde) ist vor diesem Hintergrund nicht begründbar. Auch wenn die Sachunterrichtsdidaktik nach ihrer Vorstellung von Komplexitätsreduktion gefragt wurde, könnte gerade die Offenlegung von Komplexität in den Sachen des Sachunterrichts zu seinem Auftrag in der Lehrerbildung zählen. Zu überlegen wäre, ob es nicht insbesondere durch die Komplexitätsreduzierung im realen Sachunterricht zu der Disziplinierungsfunktion kommt, die ihm konstatiert wurde. Die Mathematik sieht sich, angesichts des oben formulierten sehr eingeschränkten Verständnisses von Mathematik bei den Studierenden, ebenfalls in der Situation, als Fach zur Disziplinierung aufgefasst zu werden.

„Sie (die Mathematik, MR) ist dort (in der Grundschule, MR) eines der Standardfächer zur geistigen wie mentalen Disziplinierung. Ihr Pech ist, dass man allgemein annimmt, bei mathematischen Fragen sei ‚richtig oder falsch' auch für Nichtmathematiker leicht zu entscheiden und überhaupt die für dieses Fach allein angemessene Differenzierung zur Leistungsbeurteilung"

Einem auf die gesellschaftliche und wissenschaftliche Konvention reduzierter Sachunterricht droht im Prinzip das Gleiche. Wird im Unterricht nur eine Perspektive auf die Sachen anerkannt und wird diese Perspektive nicht in ihrer historischen Bedingtheit reflektiert, kann eine vergleichbare Situation wie im Mathematikunterricht entstehen. Anhand der gesellschaftlichen, politischen oder wissenschaftlichen Konvention kann über richtig und falsch entschieden werden. Lernen im Sachunterricht reduziert sich dann, wie in der Diskussion formuliert, darauf, das Gelehrte (richtig) wiederzugeben.

Die Situation der Lehre in den drei Fachdidaktiken wurde, was ihre Organisation und die erreichten Ergebnisse sowohl in fachwissenschaftlicher wie in fachdidaktischer Hinsicht angeht, kritisch gesehen. Vorgeschlagen wurde, eine abgeschlossene Berufsausbildung als Eingangsqualifikation für das Studium des Lehramtes an Grundschulen zu verlangen.

Diese Forderung hat in Zeiten, in denen die Verkürzung von Ausbildungszeiten, ein Mangel an Ausbildungsplätzen und eine Effektivierung in allen Bereichen die (bildungs-) politische Debatte bestimmen, nicht unbedingt gute Chancen, umgesetzt zu werden. Sie könnte aber einen verstehensreichen Bruch in Arbeits- und Ausbildungsbiographien bringen, in denen sonst „Schule, Hochschule, Schule" stehen.

*6 Perspektive V: Perspektive der Tagungsreihe
„Sache(n) des Sachunterrichts"*

Als erfreuliches Ergebnis im Bereich des ‚interdisziplinären Verstehens' kann auf die Tagung rückblickend vermerkt werden, dass die Differenzen innerhalb der beteiligten Fachdidaktiken nicht unbedingt kleiner sind, als die zwischen ihnen. Somit war der geplante Vergleich von Grundannahmen der drei Fachdidaktiken durchaus möglich.

Als eine der Konsequenzen der Diskussion für den Sachunterricht wurde am Ende der Tagung formuliert, dass sich eine Theorie der Didaktik des Sachunterrichts in anderer Weise als die anderen Didaktiken der Frage stellen muss, wie sie ihre Inhalte und Gegenstände konstruiert. Auch die Erwerbsforschung kann ihre Fragen an die Art und Weise der Theoriebildung von Kindern nur im Kontext bestimmter Sachauffassungen verfolgen. Da die Inhalte des Sachunterrichts eben nicht deckungsgleich sein können mit den Inhalten der Fachwissenschaften und den gesellschaftlichen Auffassungen, stellt sich für den Sachunterricht die Frage, ob es die einzelnen Fachwissenschaften übergreifende Großtheorien gibt, die eine Konstruktion der Sachen für den Sachunterricht ermöglichen.

Teil IV
‚Sache(n) des Sachunterrichts'

Lehren aus den Farbenlehren

Einleitung

„Es fehlt also und fehlt noch fortgesetzt die wirkliche Evidenz, in welcher der Erkennend-Leistende sich selbst Rechenschaft geben kann nicht nur über das, was er Neues tut und womit er hantiert, sondern auch über alle durch Sedimentierung bzw. Traditionalisierung verschlossenen Sinnes-Implikationen, also über die beständigen Voraussetzungen seiner Gebilde, Begriffe, Sätze, Theorien." (E. Husserl)

Die vierte Tagung der Reihe ‚Sache(n) des Sachunterrichts' bezieht sich auf eine der Grundfragen des Sachunterrichts. Am Beispiel der Farbtheorien Newtons und Goethes soll erörtert werden, wie der Sachunterricht zu seinen Gegenständen kommt. Die Gegenstände des Sachunterrichts liegen in der didaktischen Diskussion der Disziplin und letztlich auch im Unterricht in einer durch die Wissenschaften zugerichteten Form vor. D.h. selbst wenn man den Sachunterricht nicht als propädeutisch für die Realienfächer der Sekundarstufen auffaßt, liefern diese und ihre Bezugswissenschaften die Erzählungen über die Gegenstände. Die diesjährige Tagung beschäftigt sich mit der Frage, wie die Wissenschaften zu ihren Konstruktionen der Gegenstände kommen. Damit soll die Bedingtheit des Konstruktionsvorganges in den Blick genommen werden.

Die mit dem Stichwort ‚Konstruktion' verbundene Diskussion der letzten Jahre hat darauf aufmerksam gemacht, daß vielleicht das, was als Gegenstand erscheint, erst durch die Methode seiner Erzeugung zu dem wird, als das es erscheint. Die Gegenstände des Sachunterrichts wären insofern durch eine bestimmte Methode erst zu dem geworden, als was sie im Unterricht behandelt werden. Das ist etwas anderes als die in der Didaktik des Sachunterrichts bekannte Methode der Zuordnung bestimmter Themen zu bestimmten Fächern. Vor diesem Hintergrund ergibt sich für den Sachunterricht die Grundfrage: Wie wird aus einem Phänomen ein Gegenstand des Sachunterrichts?

Seit Paul Feyerabend ist klar, daß sich diese Frage nicht nur mit der Kategorie der Wahrheit beantworten läßt. Methoden und deren Gegenstände werden durchgesetzt, setzen sich durch oder verschwinden zeitweise oder auf lange Zeit. Was sich durchgesetzt hat, bestimmt die Themen und Inhalte des Sachunterrichts.

Am Beispiel der Farben soll erörtert werden, mit welchen Methoden Gegenstände zu dem werden, als das sie im Sachunterricht erscheinen.

Bekanntlich gibt es mit der Newtonschen und der Goetheschen Farbenlehre zwei konkurrierende Erklärungsmodelle, die in ihren methodischen Verfahren der Bestimmung ihres Gegenstandes völlig unterschiedlich sind. Damit stellt sich je nach Methode die Beschreibung und Erklärung eines Phänomens anders dar.

Auf die Tagung haben wir mit dem Zirkusdirektor a.D. Matthias Schenk vom Schloß Freudenberg in Wiesbaden und Prof. Bernd Lingelbach vom Institut für Augenoptik der Fachhochschule Aalen je einen Experten für die beiden Farbenlehren eingeladen. Die Farbigkeit der beiden Beiträge hat den TeilnehmerInnen der Tagung die unterschiedlichen Methoden (oder in diesem Fall besser Sichtweisen) der Entwicklung der jeweiligen Farbtheorie und deren historischen und biographischen Hintergrund verdeutlicht. Eben die Farbigkeit der Vorträge und die Vortragsweisen machen eine schriftliche Wiedergabe in diesem Band unmöglich. Insofern findet sich als Dokumentation der Tagung im Jahr 2000 lediglich der Beitrag „‚Die Konstruktion der Erkenntnis und die Erkenntnis der Konstruktion' – vom Nutzen der Wissenschaftstheorie für die Didaktik" von Prof. Otfried Hoppe, der Erziehungswissenschaften an der Universität Lüneburg lehrt. Hoppe thematisiert die Frage der wissenschaftlichen und gesellschaftlichen Durchsetzung von konkurrierenden Theorien, ohne sich dabei auf Farbtheorien zu beschränken. Dabei stellt er systemtheoretisch ‚Blinde Flecken' wissenschaftlicher Erkenntnis sowie die Nutzen einer ausschließlichen Orientierung am Paradigma der Wahrheit für Wissenschaft und Didaktik in Frage.

Marcus Rauterberg

Otfried Hoppe

Die Konstruktion der Erkenntnis und die Erkenntnis der Konstruktion:
Vom Nutzen der Wissenschaftstheorie für die Didaktik

WOLF ENGELHARDT gewidmet

Da Sie hoffentlich über den Titel des Vortrags[1] schon intensiv nachgedacht haben, kann ich Ihnen die erfreuliche Mitteilung machen, dass Sie damit den kompliziertesten Teil schon hinter sich haben. Es wird im folgenden ziemlich einfach; und darin könnte eine Schwierigkeit liegen, weil eine Beschäftigung mit elementaren Prämissen vielleicht eher ungewöhnlich und nicht vertraut ist.

Ich möchte mit Ihnen eigentlich nur *eine* elementare These auseinander falten:
Konstruktion und Erkenntnis sind zirkulär aufeinander bezogen.

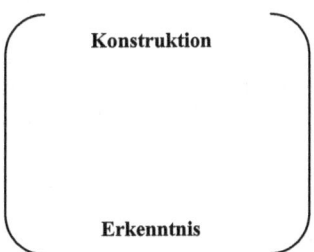

Diese These möchte ich in dreierlei Hinsicht vorstellen:
- in allgemeinen Überlegungen,
- in systemtheoretischer Reflexion
- und als Diskussionspunkte zur Didaktik.

---

[1] Der vorliegende Text ist ein bearbeitetes Vortragsmanuskript, der Vortragsstil ist dabei weitgehend beibehalten.

I. Allgemeine Überlegungen

Durch Erkenntnis produzieren wir vieles z. B. Wahrheit, Fakten, Eigenschaften von etwas. Aber umgekehrt gibt es schon immer Wahrheit, Fakten, Eigenschaften, die unserer Erkenntnis vorausgehen, auf denen sie aufbaut und die sie in ihre Konstruktion einbaut, ohne sie zu erkennen.
Es gibt also keine voraussetzungslose Erkenntnis; es gibt nur bedingte Wahrheit. Voraussetzung und Bedingung sind die blinden Flecken jeder Erkenntnis.
Daraus folgen unmittelbar zwei Konsequenzen, eine traurige und eine fröhliche:

1. Aufgrund dieser Einschränkung kann Wahrheit nicht mehr das Gefühl der Sicherheit vermitteln; und wenn man einen Fortschritt trotzdem auf Wahrheit aufbaut, geht man ein nicht kalkulierbares Risiko ein.
2. Es lohnt sich nicht mehr, dass man sich gegenseitig Wahrheiten vorrechnet oder auf den Kopf schlägt. Da könnte man in der Zeit lieber etwas tun, was mehr Spaß bringt.

Sie merken sicher, dass ich mich schon aus dem wissenschaftlichen Streit zwischen Newton und Goethe davongeschlichen habe. Die Zirkelstruktur wird von der Wissenschaft nämlich bewusst ausgeblendet. *Wissenschaft* fixiert nur den Weg von der Erkenntnis zur Konstruktion, die sie dann gern als Wahrheit oder Tatsache deklariert. *Theorie* durchläuft dagegen den ganzen Kreis. Und wenn man das häufig genug mitgemacht hat, verliert die sogenannte Wahrheit an Reiz und Bedeutung und man kann auch anderes sehen, z.B. das, was gut schmeckt oder Spaß macht. Die Erzväter der Theorie z.B. Buddha in Indien und Epikur im antiken Griechenland haben das schon praktiziert und empfohlen.

Für den praktischen Umgang mit Theorie ergibt sich daraus eine dringende Empfehlung:

Bei Theorie geht es nicht um Wahrheit; man kann Theorie nicht prüfen, in dem man prüft, ob sie mit einer „Wirklichkeit" übereinstimmt. Theorie heißt übersetzt: Wahrnehmung oder Beobachtung. Man kann sich auf sie einlassen, um zu sehen, was man dann sehen kann. Eine auf „Wahrheit" gerichtete Wissenschaft schreibt das Denken fest, Theorie setzt es in Bewegung. Wissenschaftstheorie beschäftigt sich mit den Festschreibungen der Wissenschaft, um sie in Bewegungsmöglichkeit zu transformieren.

Die Trennung von Wissenschaft und Theorie möchte ich in einem kleinen historischen Diskurs erläutern:

Dass „Wahrheit" mit wissenschaftlicher Erkenntnis identifiziert wird, ist historisch gesehen relativ neu. Dieser Wahrheitsbegriff trat an die Stelle eines religiösen Wahrheitsbegriffs, der in den Glaubenskriegen des 16. und 17. Jahrhunderts verschlissen wurde. Bei Descartes etwa wird deutlich, dass der neue Wahrheitsbegriff die Funktion des alten, Sicherheit, Planbarkeit, Ordnung und Beherrschung zu garantieren, übernehmen konnte. Sein berühmter Satz

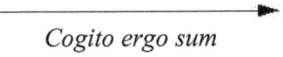

Cogito ergo sum

konstruiert eine Linie, die nur vom Denken zum Sein führt. Das „cogito" hat zuvor alles angezweifelt, was es anzweifeln konnte. Es ist also scheinbar ‚reines' voraussetzungsloses Denken. Nur was mit diesem Denken erkannt wird, ist deshalb Wahrheit im Sinne von Wirklichkeit. Hätte Descartes aus der Linie einen Kreis gebildet, also eine Rückkopplung vom „ich bin" zum „also denke ich" gedacht, wäre sein Denken durch Materialität und Körperlichkeit des „Ich" verunreinigt worden.

Die Entwicklung von Wissenschaft seit dem 17. Jahrhundert hängt nicht nur von diesem Axiom linearer Erkenntnis ab, sondern steht auch mit anderen Veränderungen in Zusammenhang:

- Ökonomisch verliert der Grundbesitz an Bedeutung zugunsten von Wirtschaft und Kapitalbildung
- Sozial gesehen bildet sich eine neue Führungsschicht, legitimiert durch Wissenschaft, Fortschritt und politische Rationalität aus
- Durch Bildung wird Rationalität zum Legitimationsprinzip überhaupt; dadurch wird die Macht derjenigen etabliert, die diese Rationalität produzieren und verteilen: die Intellektuellen bzw. die Kulturelite.

Eine Position als „Marktführer" im Kultur- und Bildungsbereich ist *die* Machtposition überhaupt. Goethe und Schiller schaffen sie nachhaltig mit ihrer Weimarer Klassik (auf Kosten anderer Richtungen); Goethe versucht es auch mit seiner Farbenlehre.

Die politische Restauration am Anfang des 19. Jahrhunderts engt die Macht der Intellektuellen in vielen Bereichen drastisch ein (z.B. durch die Zensur), lässt sie aber im Wissenschaftsbereich weitgehend unangetastet; deshalb kann sie sich da zu dem entfalten, was dann später der Leitspruch besagt: Dem Ingenieur ist nichts zu schwör.

Eine parallel verlaufende Konstruktion von *Theorie* ist Ende des 18. Jahrhunderts bei Kant ausformuliert, wird dann in der Philosophie weiterentwickelt, in Wissenschaft und Kultur aber nur selektiv benutzt – besonders als Legitimation der einen oder anderen Programmatik. Die wissenschaftliche Erkenntnispragmatik setzt sich im Geflecht von Macht und Machbarkeit gegen die Reflexivität der Theorie durch. Dass in der theoretischen Physik oder in der mathematischen Logik die Übergänge von Wissenschaft zu Theorie gefunden und formuliert wurden, hat das pragmatische Verständnis von Wissenschaft bisher wenig verändert. Wahrheitsthesen, die irgendwann einmal in ein soziales System als Operatoren eingeführt worden sind, werden durch die Macht dieses Systems geschützt. Während technische Entwicklungen, die wirtschaftlich verwertbar sind, relativ kurze Zyklen ausbilden, sind Setzungen z.b. im Bildungssystem schwer veränderbar, weil das System selbst mit ihnen identifiziert ist. Eine kleine Auswahl solcher ‚Wahrheiten', die im System Schule/Lehrerbildung zur Zeit impliziert sind, kann das verdeutlichen:

- Die Welt ist wissenschaftlich erkennbar
- Sie wird dadurch verfügbar und in Unterrichtsgegenstände transformierbar
- Diese Erkenntnis-Verfügbarkeit lässt sich in Machbarkeit umsetzen, die Fortschritt und Wachstum produziert
- Jeder Mensch kann dieses Erkennen erlernen
- Bezogen auf Entwicklungsphasen kann jeder Mensch im Prinzip gleich schnell und auf dem selben Wege zu den selben Erkenntnissen gelangen
- Dieser „Weg" ist rational erkennbar (als Methode); die rationale Methode kann durch Rationalität in Handeln (Unterricht) übersetzt werden
- Unterschiedliche Ergebnisse dieses Prozesses sind den einzelnen Lernenden mit Hilfe rationaler Messvergleiche zuzuschreiben (Prüfungen und Zensuren)
- Auftretende Probleme sind rational erklärbar als Abweichung (Behinderung, soziale Deprivation), als Versagen der LehrerIn oder als Versagen der SchülerInnen (Faulheit, Uneinsichtigkeit, Interesselosigkeit ...)

Wenn man den Wahrheitswert auch nur einiger dieser Thesen bestreitet, müsste man an Schule und Lehrerbildung Grundsätzliches ändern. Wenn man solche Thesen durch liberale Handhabung etwas abmildert, verändert man sie nicht. Sie werden nur dem kritischen Blick entzogen. Wenn sie z.B. in empirischer Forschung ohne Diskussion fortgeschrieben werden, entstehen Verzerrungen etwa dadurch, dass anders formulierte Konzepte daran gemessen werden, ob sie die Lernergebnisse produzieren, die den hier formulierten Wahrheitsthesen zugeschrieben werden.

Auf weitere Probleme der impliziten Wissenschaftsgläubigkeit möchte ich mit zwei offenen Fragen nur hinweisen.

1. Können wir das, was wir durch die Verknüpfung von wissenschaftlicher Erkenntnis, Machbarkeit und Fortschritt in Unordnung gebracht haben, mit Hilfe desselben Rezepts wieder in Ordnung bringen?
2. Nach einer Vermutung eines Biologen kennen wir bisher nur ca. 10 % der Insektenarten, die es auf der Erde gibt. Was „machen" wir mit den übrigen 90 %, wenn wir für die 10 % Naturschutz „machen"?

Dass solche Fragen offen sind, macht uns „anfällig für Theorie".

II. Systemtheoretische Reflexionen

1. Beobachtung als Funktion

Newton und Goethe erheben beide mit ihrer jeweiligen „Farbenlehre" den Anspruch auf Wissenschaft und legitimieren ihn mit den üblichen Kriterien; mit diesen werden sie auch in der vergleichenden Diskussion gemessen. Solche Kriterien sind:
- die Annahme einer objektiven Erkenntnis
- die Gleichsetzung von empirisch und objektiv
- die Annahme, dass Fakten die Lösung von Problemen seien (z.B. von Erkenntnisproblemen)
- eine zweiwertige Logik: Wahrheit hat Ausschließungsfunktion, d.h. etwas ist oder es ist nicht (wenn die Aussage A und B sich widersprechen, kann nur eine von beiden wahr sein).

Nur aufgrund dieser Konstruktion von Wahrheit kann es einen Streit, also einen Entscheidungsbedarf zwischen Newton und Goethe geben. Anstelle dieser „Wahrheit" lässt sich das zirkuläre Verhältnis von Konstruktion und Erkenntnis als *Funktionstheorie* beschreiben. Die grundlegende Funktion ist die Beobachtung von etwas.

Wo wir um Wahrheit streiten, können wir stattdessen auch Beobachtungen vergleichen. Dabei lassen sich mindestens zwei Elemente unterscheiden: die Beobachtung als Prozess und das Beobachtete als Ergebnis eines Prozesses.

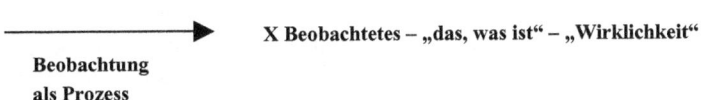

Beobachtung als Prozess   X Beobachtetes – „das, was ist" – „Wirklichkeit"

Man nennt diese einfache Konstruktion in der Systemtheorie eine Beobachtung 1. Ordnung. In ihr sieht der Beobachter das Beobachtete, sich selber jedoch nicht. Wir können die Beobachtung noch einmal in einer Beobachtung 2. Ordnung beobachten.

Beobachtung als Prozess

In dieser Beobachtung sehen wir,
- dass die „Wirklichkeit" eine Beobachtung 1. Ordnung ist
- und, dass diese Beobachtung von einem Beobachter ausgeht.

Wir sehen, was der Beobachter 1. Ordnung sieht und dass er es sieht. Wir sehen aber nicht, was wir nicht sehen.

Von dieser Konstruktion aus kann man einfach darauf schließen, dass die Beobachtung 2. Ordnung von einem Beobachter 2. Ordnung ausgeht (der an der noch leeren Spitze des Dreiecks in der Graphik oben einzutragen wäre).

Wir können nicht außerhalb von Funktion denken. Wenn wir eine Beobachtung an der „Wirklichkeit" überprüfen, vergleichen wir immer nur eine Beobachtung mit einer anderen. Das gilt auch da, wo wir Beobachtung von etwas als Beobachtung einer Wirkung auf etwas anderes inszenieren. Newton und Goethe inszenieren z.B. ihre Beobachtungen der Farbe unterschiedlich; der eine beobachtet bei seinen experimentellen Veränderungen Wirkungen, die er mit dem Begriff „Wellen" beschreibt, der andere konstruiert andere Wirkungen und nennt sie „Empfindungen".

Das ergibt zwei unterschiedliche Beobachtungsfunktionen mit unterschiedlichen Resultaten. Bei Newton sieht ein unbewegter Beobachter die Differenzen als Bewegungen von etwas. Bei Goethe liegt der Fokus darauf, dass ein unbewegtes Etwas von einer sich verändernden Beobachtung aufgenommen wird. Das eine ist so wahr oder so unwahr wie das andere.

Beide sind als Wissenschaft gültig. Die Gültigkeit ist von einer Entscheidung abhängig, die *vor* der experimentellen Beobachtung liegt und deren selbstverständliche Grundlage ist.

Jenseits von einer derart eingeschränkten Gültigkeit hat Wissenschaft nichts zu bieten. Die unüberschaubare Fülle heterogener wissenschaftlicher Gültigkeiten, führt zu deren Beliebigkeit. Sie erzwingt Auswahlentscheidungen, deren Kriterien vorerst unklar sind. (Eine Auswahl innerhalb von Wissenschaft erfolgt z.b. subjektiv oder zufällig oder durch Mehrheitsvotum oder je nach Mode.) Das Festhalten an der ausschließlichen Wahrheit der einen oder anderen Gültigkeit innerhalb der Wissenschaft kann zu ‚theoretischer Unmündigkeit' führen. Solche Wahrheit verdeckt Möglichkeiten anderer Beobachtungen, anderer Entscheidungen und einer Neudefinition von Verantwortung.

Die Einsicht, dass Beobachtetes grundsätzlich eine Funktion der Beobachtung ist, bedeutet, dass beide immer auch kontingent sind und mit der logischen Form der Möglichkeit operieren; diese Logik führt über eine zweiwertige Logik hinaus: „ist möglich" ist der dritte Wert, und jede Aussage bestimmt sich in der Relation zwischen „ist", „ist nicht" und „ist möglich".

Dadurch wird es in Theorie möglich, Wissenschaft nicht nur mit dem Kriterium wahr – nicht wahr zu beurteilen sondern auch mit „relevant – nicht relevant", „produktiv – nicht produktiv".

Das Insistieren auf Gültigkeit der zweiwertigen Logik widerspricht der Erkenntnistheorie seit Kant. Die Faszination der sogenannten Wahrheit ist nicht erkenntnistheoretisch, sondern sozialpsychologisch zu erklären: Sie schafft Verfügbarkeit, Hierarchie, Machtstrukturen und die Identifikation damit. Ihr soziales und politisches Alibi ist der ‚Fortschritt'.

2. Autopoiesis

In systemtheoretischer Perspektive ist Welt oder Wirklichkeit unendlich komplex. Jeder individuelle oder soziale Organismus lebt in dieser Welt, in dem er auf seine spezifische Weise die Welt auf eine Umwelt reduziert, und zwar durch Beobachtung und durch Handeln. Mit dem Handeln wirken wir wieder auf die Umwelt ein, und zwar auf die, die wir in ihrer Komplexität nicht erfassen können. Wir lösen damit reaktive Wirkungen aus, die wir nicht erkennen und nicht kalkulieren können. Diese Wirkungen können uns aber irgendwann als sekundäre Auswirkungen betreffen.

Abb. 4   *Komplexität und ihre Reduktionen*

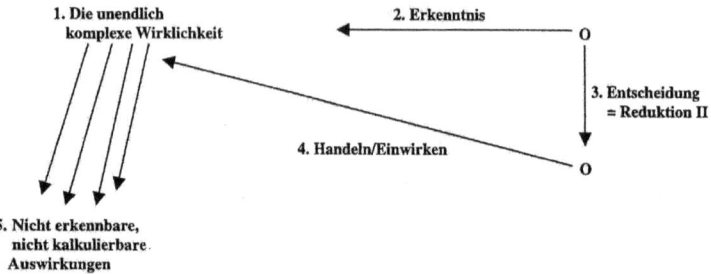

Dieses Schema lässt sich auch in Thesen umformulieren, wie z.B.

1. Wahrheit als Dogma der Verfügbarkeit durch Wissenschaft führt zu Verantwortungslosigkeit gegenüber einer Wirklichkeit, die wir nicht erkennen können.
2. Wenn wissenschaftliche Erkenntnisse (aus unterschiedlichen Bereichen) als Wahrheiten Grundlage von Didaktik bilden, produziert das Wissenschaftsgläubigkeit – bei allen Beteiligten in je spezifischer Weise. Wissenschaftsgläubigkeit ist Kennzeichen fehlender Rationalität bei denjenigen, die diese Gläubigkeit für sich und andere produzieren.

3. Die Wahrnehmung möglicher Entscheidungskriterien

Ob wir das Kriterium wissenschaftlicher Wahrheit zur Grundlage machen oder bewusst andere Kriterien wählen, können wir entscheiden, wenn wir die Möglichkeiten sehen. Wir können und müssen zwischen unterschiedlichen Funktionen als Sichtweisen entscheiden. Das gilt für uns in doppelter Hinsicht, denn wir entscheiden

- als individuelles Subjekt
- als Mitglieder sozialer Organisation (z.B. als Wissenschaftler oder Lehrer).

In beiden Fällen bedeutet Leben nicht bloß Anpassung, sondern Autopoiesis, also „Selbstproduktion".

Jede Form von Wahrnehmung ist Funktion unserer Autopoiesis. Mit spezifischen Unterscheidungskriterien produzieren wir Entscheidungsmöglichkeiten. Wir produzieren so unser individuelles Bewusstsein und soziale Strukturen durch Kommunikation.

Es gibt unterschiedlich strukturierte Entscheidungskriterien, die – wie jede semantische Einheit – keine fixierten Bedeutungen bilden, sondern im Gebrauch der Sprache und des Denkens ständig in ihren Möglichkeiten weiterentwickelt werden.

Die folgende Anordnung von Beispielen wird gewählt, um daran unterschiedliche Strukturen des Bewusstseins und der Kommunikation zu verdeutlichen.

IV
recht – unrecht
wahr – nicht wahr
gut – böse
gläubig – ungläubig
gesund – krank

III
Es ist aktuell
Es ist wichtig für unsere Zukunft
Wir wollen das
Wir wollen das tun
Wir – die anderen

II
Es ist gut
Es geht
Es geht weiter
Es ist so in Ordnung
Das gehört sich
Man muss, man soll, man darf

I
Ich kann
Ich mag
Ich habe Angst
Ich habe Vertrauen

In dieser Übersicht weniger ausgewählter Kriterien taucht Wahrheit nur an einer Stelle auf – als eine Perspektive unter vielen. Die Anordnung der Begriffe in vier Ebenen soll auf eine Unterscheidung hinweisen, die im folgenden näher erläutert wird:

- In I stehen Ausdrücke, in der ich mich auf mein individuelles Bewusstsein beziehe, um für mich eine Entscheidung zu konstruieren oder um sie vor anderen zu ‚begründen'. Über solche Kriterien kann man nicht diskutieren.
- In IV geht es ganz im Gegenteil um Kriterien, mit denen über mich entschieden und verfügt wird, und zwar unabhängig davon, ob ich sie für mich akzeptiere oder nicht. Diese Kriterien werden in speziellen sozialen Strukturen ‚verwaltet': im Rechtssystem, in der Wissenschaft, der Moral, der Kirche oder im Gesundheitswesen. Es geht dabei also nicht darum, ob ich mich z.B. krank fühle, sondern ob ich krankgeschrieben werde oder nicht.
- In II und III geht es um Kriterien, die von einem sozialen Konsens abhängen, der nicht bei einer Institution einklagbar ist. In II drückt sich dieser Konsens als Selbstverständlichkeit aus; in III basiert er auf Kommunikation, die wir gezielt und bewusst herbeiführen oder auch nur behaupten. (III ist die Ebene der großen und kleinen Politik.)

In dieser Struktur werden Gültigkeiten in unterschiedlicher Weise konstruiert. Die Übergänge zwischen den Ebenen sind fließend. Wir wechseln im Interesse unserer Autopoiesis die Kriterien und die Gültigkeitsebene im Bewusstsein und in der Kommunikation. Die Sprache begünstigt das; die genannten Begriffe machen auch in anderen Spalten Sinn. Und es muss dann notfalls geklärt werden, welchen spezifischen Gültigkeitsanspruch jemand gerade verwendet oder vortäuscht, wenn er ein bestimmtes Kriterium argumentativ einsetzt.

4. Funktion und System

Im Unterschied zu vielen gängigen Theorien bemüht sich die Systemtheorie nicht darum, die Unterscheidung zwischen sozial und individuell in irgendeiner geglückten Identität des Individuums oder der Gesellschaft zu verrechnen. Im Gegenteil: Sie postuliert in bestimmten Bereichen eine Autonomie des Sozialen und ebenso grundsätzlich eine Autonomie des individuellen Bewusstseins. Autonomie bedeutet, dass ein System in einem permanenten Prozess sich selbst erhält; es nimmt dabei seine spezifische Funktion wahr, dadurch dass es diese produziert. Ein System ist die „Einheit seiner Differenz" (Luhmann); durch interne Unterscheidungen wird es den Anforderungen seiner komplexen Umwelt gerecht; es entwickelt interne Komplexität.

Durch Rückkopplung der Differenz an die Einheit entwickelt sich diese und stabilisiert sich zugleich.

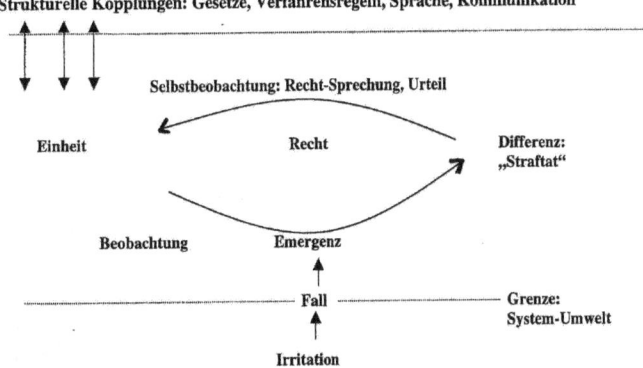

Abb. 6 Strukturen der Autopoiesis eines sozialen Systems: das Recht als System

Erläuterungen zu Abb. 6:

- Das System kann sich als Einheit nur herstellen, wenn es Unterscheidungen, Differenzen erzeugen kann. Diese tauchen im System auf (Emergenz), aber nur, wenn das System sie wahrnehmen kann. Das Rechtssystem entscheidet, was es als Fall bearbeitet. Ein verlorenes Fußballspiel der Nationalmannschaft ist eine Irritation für viele, aber nicht für das Recht. Daraus wird kein Rechtsfall.
- Die Differenz ist eine interne Feststellung darüber, dass ein Regelungsbedarf besteht – Regelung im Sinne des Systems. Wenn man von der Straftat her auf das Recht sieht, kommt man zu einem Urteil; das gesprochene Urteil stellt die Einheit des Rechts wieder her.
- In diesem Prozess ist das Rechtssystem an Kommunikationsstrukturen angekoppelt. Diese bilden konstante Bezugspunkte, entscheidend ist aber das, was das System im Prozess der Autopoiesis daraus macht: Wie wird ein Gesetz interpretiert, wie werden Zeugen befragt, welche Verfahrensregeln werden wie angewendet?
- Welche strukturelle Koppelungen für die Autopoiesis des Rechtssystems möglich sind, entscheidet das System sozusagen im Interesse seines Fortbestehens. Wenn der Rechtsprozess aufgrund von Bestechungsgeldern entschieden wird, ist das Rechtssystem am Ende – es sei denn es macht sich selbst zum Fall und stellt sich durch einen Prozess wieder her.

In Entsprechung zu dieser knappen Skizze eines sozialen Systems lässt sich das psychische System wie folgt darstellen und erläutern:

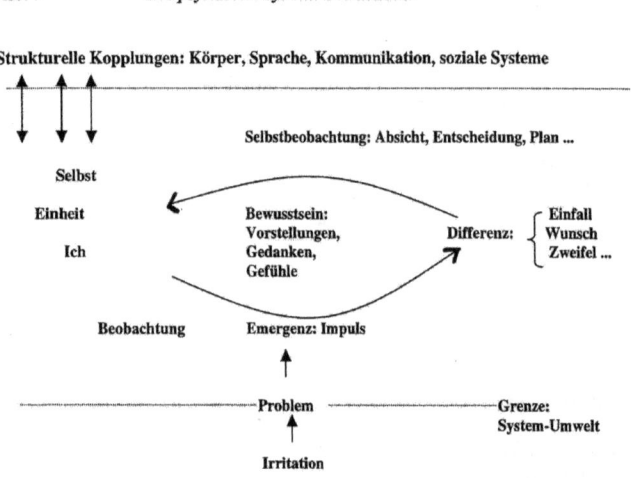

Abb. 7 *Das psychische System: Bewusstsein*

Erläuterungen zu Abb. 7

- Bewusstsein ist kein Zustand, sondern ein permanenter Prozess. Es gibt Bewusstsein nur, wenn dieses sich auf sich selbst bezieht. Es muss sich also von sich unterscheiden, um sich durch Selbstbeobachtung auf sich selbst zu beziehen. Lernen ist Bewusstsein; es gibt also Lernen nur, wenn dieses sich auf sich selbst bezieht. Alles Lernen entscheidet sich im Bewusstsein des Lernenden.
- Alle dem Bewusstsein zugeschriebenen Leistungen wie Identität und Wissen sind nur als Prozesse zu verstehen nicht als Speicher, Abbildungen, Ablagerungen o.ä. Die Stabilität ist immer nur die Stabilität von Prozessen: das Bewusstsein schließt immer wieder an sich selbst an und es schließt an externe Strukturen an. Es muss aber diesen Anschluss ständig neu herstellen.
- Auch die Koppelung an Sprache schreibt das Bewusstsein nicht fest. Meinen eigenen Text kann ich nur verstehen, wenn ich ihn denke – ge-

nauso wie bei einem fremden Text. Wenn ich einen Satz im Kopf wiederhole, weiß ich das nur, wenn ich ihn jedes Mal denke. Und ich weiß nie, wie ich ihn vorher gedacht habe; ich kann jetzt nur denken, wie ich denke, dass ich ihn vorher gedacht habe.
- Jedes individuelle Bewusstsein ist ein autonomes System. Man kann niemandem in den Kopf sehen oder greifen – nicht einmal sich selbst. Bewusstsein ist nur indirekt z.b. über Sprache zugänglich; es geht aber niemals in Sprache auf, sondern operiert für sich selbst: ich kann mich jederzeit fragen, ob ich meinen Gedanken gut ausgedrückt habe. Ich kann also auch bei einem anderen niemals aus dem, was er sagt, mit Sicherheit erschließen, was er denkt.

Der Bewusstseinsprozess verläuft in allen Phasen simultan, auch wenn wir stärker mal die Seite der Differenz und mal die Seite der Einheit fokussieren.
Bewusstsein produziert sich z.B. darin, dass es individuellen Sinn produziert. In dem Gefühl oder Gedanken: „das ist sinnvoll für mich" wird Einheit erzeugt als Übereinstimmung zwischen etwas Besonderem (Differenz) und dem, was ich für mich im Bewusstsein bin. Die „dreiwertige Logik" dieses Prozesses lässt sich so darstellen:

Abb. 8 **Der Sinn als Funktion des psychischen Systems**

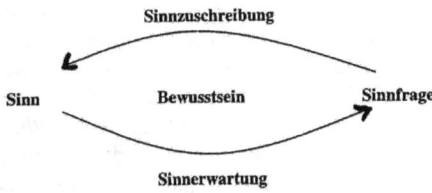

Im Hinblick auf die Aspekte einer dreiwertigen Logik ist dieser Prozess wie folgt zu erläutern:
1. *Ist:* Etwas Bestimmtes wird ausgewählt, es macht in *einer* bestimmten Perspektive Sinn für einen bestimmten Entwicklungszustand eines bestimmten Bewusstseins
2. *Ist nicht:* Anderes wird aus dieser Zuordnung von Sinn von diesem Bewusstsein in diesem Moment ausgeschlossen, damit etwas unterscheidbar ist
3. *Ist möglich:* Sinn bedeutet zugleich, dass die ausgesprochene positive Bewertung in die Zukunft weist. An das, was sinnvoll ist, kann ich an-

knüpfen, damit kann ich weitermachen. Sinn konstruiert also zugleich Sinnerwartung und damit die Frage, ob das, was kommt, sinnvoll sei.
„Das Bewusstsein ist die Einheit seiner Differenz".

5. Zweierlei „Wahrheit"

Auch individueller Sinn operiert in sozialer Koppelung, denn Bewusstsein entwickelt sich nur innerhalb sozialer Strukturen. Seine interne Struktur wird zugleich als soziale Koppelung erfahren. Einheit des Bewusstseins bedeutet also auch Sicherheit durch erlebte soziale Zustimmung; Differenz bedeutet auch Angst und Risiko, soziale Sicherheit zu verlieren. Alles Lernen spielt sich in der Balance zwischen Angst und Vertrauen ab. Selbstvertrauen ist gekoppelt an das Vertrauen zu anderen und von anderen und an das Vertrauen zu sich selbst und von sich selbst.

Innerhalb dieser Struktur wird vom Kind ‚Welt' erlernt. Sie spielt sich als bewusstseinsinterne Repräsentanz in dem permanenten Prozess ab, in dem das Bewusstsein sich produziert. ‚Welt' ist also ‚meine Welt', ist vertraut und gewiss als Einheit, sie ist aber auch ‚andere Welt' und mit Risiko oder mit Angst verbunden als Differenz; Vertrauen zur Stabilität der Einheit lässt risikoreiche Differenz zur ‚Neugier' werden, die das Bewusstsein sich weiterentwickeln lässt.

Was so gelernt wird, ist stabil und stabilisierend. Es ist nicht wahr im wissenschaftlichen Sinne, es ist vertraut und sicher in dem Sinne, dass es damit weitergeht und dass ich damit weitergehen kann. Sicherheit und Vertrautheit eröffnen Möglichkeiten für Entwicklung im *sozialen Konsens.*

Wissenschaft als soziales System produziert Gültigkeiten die – in Analogie zum Rechtssystem – kontrollierbar sind anhand der *Methode* ihrer Konstruktion. Der „Wahrheitswert" der individuellen und sozialen „Gültigkeiten" (die im Abb. Nr. 5 auf den Ebenen I und II dargestellt sind) kann *nicht* methodisch überprüft werden, weil er nicht durch eine beobachtbare Methode entsteht. Diese Wahrheiten sind vertraute Selbstverständlichkeiten; sie gelten, weil ihre Gültigkeit nicht in Frage gestellt wird. Sie sind die Grundlage der individuellen und sozialen Autopoiesis. Elementare Raum- und Zeitstrukturen z.B. funktionieren nach diesem Programm (nah-fern, innen-außen, jetzt-früher-gleich ...).

Ohne diese Selbstverständlichkeiten würde die Zirkularität unsere Bewusstseins zusammenbrechen. Wenn wir die Radikalität der Differenzierung auf die Spitze treiben, d.h. wenn wir alles Selbstverständliche in Frage stellen, gibt es keine Einheit mehr, auf die wir uns im Bewusstsein beziehen können (vgl. den untenstehenden Text „Ein kleines Experiment am Abgrund"). Verständigung basiert auf Selbstverständlichkeiten des sozialen Konsens. Auch in der Wissenschaft benötigen wir viele Worte, deren Bedeutung wir selbstverständlich einsetzen, um einige wenige Begriffe zu erklären. Würden wir jedes Wort für erklärungsbedürftig halten, könnten wir nichts mehr erklären. Bedeutungen von Wörtern hängen in der Kommunikation von Bewusstseinsprozessen ab. Nur der *Gebrauch* eines Wortes kann vom Bewusstsein als Sinn konstruiert werden, nicht etwa das Wort selbst. Für Sinn von Sprache gilt also, was ohnehin für Sinn generell postuliert wurde: er funktioniert nach dreiwertiger Logik, d.h. er konstruiert weitere, noch nicht aktuelle Bedeutungsprozesse als Möglichkeit mit. Jeder sprachliche Sinn ist unabgeschlossen, ist offen für die Emergenz weiterer „Bedeutung" im Gebrauch der Sprache.

Im Interesse der ‚gültigen Wahrheiten', die nur ein ‚richtig oder falsch' zulassen, sind entsprechend ‚eindeutige' Definitionen von Sprachbedeutung erfunden worden; Wort und Bedeutung sollen in einem ‚Lexikon' oder in einem ‚Code' korreliert und festgeschrieben sein. Wenn es so wäre, erschiene genau diese Produktivität der Sprache ausgeschlossen, die wir im Denken und Sprechen nutzen, um individuell und sozial Bewusstsein als fortschreitenden Prozess und als Weiterentwicklung zu erfahren und zu gestalten.

Wenn im übrigen Bedeutung sich so festzurren ließe, könnte ein soziales System wie das Recht sich auf die Eindeutigkeit des Gesetzestextes verlassen und müsste nicht die aufwendige Kontrolle der Verfahren sicherstellen, in denen diese Texte die aktuelle Bedeutung erhalten, die als Möglichkeit in ihnen schon immer angelegt ist. Nur die Wissenschaft erlaubt sich – um ihren Glauben an die ausschließliche zweiwertige Wahrheit aufrechtzuerhalten – permanent mit der Fiktion einer Unterscheidung von ‚richtig oder falsch' im Feld der Bedeutung zu operieren – wobei sie zugleich Ergebnisse solcher Operation bei anderen falsifiziert, aber nur, um das Falsifizierte durch eine ebenso konstruierte ‚Wahrheit' zu ersetzen. (Man darf an der gesellschaftlichen Produktivität dieser mit öffentlichen Mitteln bezahlten Praxis wohl zweifeln.)

Jede sprachliche Verständigung operiert mit vorausgesetzten Sicherheiten und Selbstverständlichkeiten, die *nicht* durch methodisch definierte Bedeutungen erklärbar sind; auch jede methodische Definition setzt solche nicht definierten Selbstverständlichkeiten voraus. Ihre Produktivität liegt darin, dass sie Sicherheit und Vertrauen bieten (auch das Vertrauen, verstanden zu werden) und zugleich kontingent sind, also offen für Veränderung und Entwicklung von neuer Funktion und Bedeutung.

Ein kleines Experiment am Abgrund

An einem schönen Sommernachmittag sitze ich in meiner Wohnung. Ich habe Lust, irgendwo im Freien Kaffee zu trinken. Ich greife zu meinem Schlüsselbund – und in diesem Moment frage ich mich zum ersten Mal, wieso kannst du dich blindlings darauf verlassen, dass nachher, wenn du zurückkommst, dieser Schlüssel funktionieren wird? Wenn nun in der Zwischenzeit jemand, der nur darauf wartet, das Schloss in der Tür auswechselt? Dann stehe ich draußen. Und wie soll ich beweisen, dass dieses meine Wohnung ist, wenn der andere in der Wohnung ist und den passenden Schlüssel hat? Soll ich zur Polizei gehen? Aber die wird vielleicht misstrauisch, würde mich vielleicht für verwirrt halten und zu einem Psychiater bringen. Und der würde bestimmt etwas finden; wenn etwas sicher ist auf der Welt, dann dieses, dass Psychiater andere zu Patienten machen. Und viele kommen da nie wieder raus. Also bleibe ich lieber in meiner Wohnung – da fällt mir ein, dass ich mich auch hier nur sicher fühle, weil ich nicht nachgedacht habe. Diejenigen, die etwas von mir wollen, können mich auch hier erreichen. Abhören werden sie mich ja sowieso. Aber ich habe in letzter Zeit ziemlich fest geschlafen. Wird vielleicht nachts durch eine unsichtbare Düse ein Betäubungsmittel in meine Wohnung gesprüht, so dass ich nicht merke, was hier nachts geschieht? Vielleicht ist die Katastrophe schon fast perfekt vorbereitet; es sieht zwar alles ganz normal aus, aber das fällt mir jetzt doch auf. Das ist vielleicht gemacht, um mich zu täuschen. Ich könnte ja telefonisch Hilfe holen; aber vielleicht verrate ich mich dadurch und beschleunige meinen Untergang? Ich habe vorhin noch mit meinem Bruder am Telefon geplaudert, eigentlich ganz lustig. Aber jetzt fällt mir ein, dass er manchmal etwas gepresst gelacht hat. Vielleicht ist er schon in der Hand von diesen Leuten und die zwingen ihn, ganz locker zu tun. Man kennt das ja von Geiselnehmern. – Soll ich die Polizei alarmieren und sagen, bei mir sieht alles ganz normal aus, aber genau das deutet auf etwas Schreckliches hin, das bald passieren wird? Da ist mir die Psychiatrie doch bestimmt sicher.
Ich sitze also an einem schönen Sommernachmittag in meiner Wohnung, habe den Schlüssel in der Hand und bin in einer ausweglosen verzweifelten Situation. – Und mit Nachdruck fordere ich Sie alle jetzt auf, nicht daran zu denken, was alles bei Ihnen zu Hause passiert sein könnte, während Sie hier herumsitzen und mir zuhören.

Diese sichere und zugleich offene Welt der produktiven Selbstverständlichkeiten wird für Schuldidaktik vorausgesetzt; sie wird als Absprungbrett in wissenschaftliche Erkenntnismanöver benutzt und dabei zugleich als uneigentlich oder vorläufig abgewertet. Sie wird ausgebeutet und soll durch Besseres ersetzt werden.

Da diese Welt aber eine sinnvolle Welt ist, in der immer wieder neuer Sinn entstehen kann, könnte man sie auch weiterentwickeln. Vor allem da, wo man Sinnentwicklung möchte, ist es kaum verständlich, weshalb man mit Anschluss an Wissenschaft subjektiven Sinn abbaut. (Es sei denn, man hält die Durchsetzung von sozialen und politischen Machtstrukturen gegen subjektiven Sinn für erstrebenswert.)

III. Thesen zur (Un-)Wahrscheinlichkeit des Gelingens von Didaktik

1. Lernen ist ein spezifischer Prozess des individuellen Bewusstseins. Ob gelernt wird und was und wie, entscheidet sich dort. Lehrangebote sind Umwelten des lernenden Systems.
2. In Schule und Unterricht treffen Bildung als soziales System und individuelle Bewusstseinssysteme zusammen. Das individuelle Bewusstsein ist dabei soweit eingeschränkt, dass es sich zur Bildung verhalten muss. Die gängige Vorstellung, dass dieses Verhalten eine Übernahme von Wissen sein könnte, scheidet also aus. Das Bewusstsein als System kann nichts von außen übernehmen. Es muss alles selbst produzieren im Anschluss an sich selbst. Lernen findet also auch ohne institutionalisierte Bildung und Nicht-Lernen findet auch im Rahmen von institutionalisierter Bildung statt.
3. Effektiv ist Lernen nur, wenn es anschlussfähig, also individuell sinnvoll ist. Wissenschaftlich legitimierte Sinnkonstruktionen von Unterricht beziehen sich auf die Legitimation des Lehrens, nicht auf den Sinn, den das lernende Bewusstsein in sich selbst erzeugt.
4. Wenn Lernen die Produktivität des individuellen Bewusstseins ist, steht es in keinem direkten Zusammenhang zu den Legitimationsanstrengungen, mit denen die Didaktik Lehrprogramme und Methoden aus wissenschaftlichen Erkenntnissen ableitet.
5. Lerninhalte, die aus wissenschaftlichen Erkenntnissen entwickelt werden, folgen der zweiwertigen Logik. Sie müssten also im Kopf der Lernenden in eine dreiwertige Sinnstruktur uminterpretiert werden, wenn sie effektiv sein sollen. (Oder sie müssten als Einstieg in eine wissenschaftliche Karriere fungieren.)
6. Alles Lernen wird im Bewusstsein durch Sinnzuweisung interpretiert und gewertet. Sinn operiert in zweifacher Hinsicht kontingent: Er knüpft an sinnvolle Möglichkeiten an und eröffnet neue Möglichkeiten. Versuche,

das Denken auf die Dichotomie von „ist oder ist nicht" bzw. „richtig oder falsch" zu fixieren behindern oder verhindern Sinn und damit Lernen (das mehr ist als Gedächtnisleistung).
7. Sinn ist immer positiv und produktiv. Zu demonstrieren, dass etwas keinen Sinn macht, ist im individuellen Bewusstsein sinnlos, weil es keinen Anschluss für Sinn bietet. Demonstrierte Sinnlosigkeit stellt eher einen Versuch dar, das Bewusstsein zu stoppen oder zu blockieren.

Frankfurter Beiträge zur Erziehungswissenschaft
Fachbereich Erziehungswissenschaften der
Johann Wolfgang Goethe-Universität

Reihe Kolloquien:

Frank-Olaf Radtke (Hg.)
Die Organisation von Homogenität – Jahrgangsklassen in der Grundschule
Kolloquium anläßlich der 60. Geburtstage von Gertrud Beck und Richard Meier, Frankfurt am Main 1998

Frank-Olaf Radtke (Hg.)
Lehrerbildung an der Universität – Zur Wissensbasis pädagogischer Professionalität
Dokumentation des Tages der Lehrerbildung an der Johann Wolfgang Goethe-Universität, Frankfurt am Main 1999

Heiner Barz (Hg.)
Pädagogische Dramatisierungsgewinne – Jugendgewalt. Analphabetismus. Sektengefahr
Frankfurt am Main 2000

Gertrud Beck, Marcus Rauterberg, Gerold Scholz, Kristin Westphal (Hg.)
Sachen des Sachunterrichts
Dokumentation einer Tagungsreihe 1997 – 2000
Frankfurt am Main 2001; Neuauflage 2002

Brita Rang und Anja May (Hg.)
Das Geschlecht der Jugend – Dokumentation der Vorlesungsreihe Adoleszenz: weiblich/männlich? im Wintersemester 1999 / 2000
Frankfurt am Main 2001

Reihe Forschungsberichte:

Thomas Höhne/Thomas Kunz/Frank-Olaf Radtke
Bilder von Fremden – Formen der Migrantendarstellung als der „anderen Kultur" in deutschen Schulbüchern von 1981-1997
Frankfurt am Main 1999 (auch veröffentlicht unter: www.rz.uni-frankfurt.de/~bfischer/vw-zwischenber.pdf)

Uwe E. Kemmesies
Umgang mit illegalen Drogen im ‚bürgerlichen' Milieu (UMID). Bericht zur Pilotphase
Frankfurt am Main 2000

Reihe Monographien:

Matthias Proske
Pädagogik und Dritte Welt – Eine Fallstudie zur Pädagogisierung sozialer Probleme
Frankfurt am Main 2001

www.ingramcontent.com/pod-product-compliance
Lightning Source LLC
Chambersburg PA
CBHW072130160426
43197CB00012B/2054